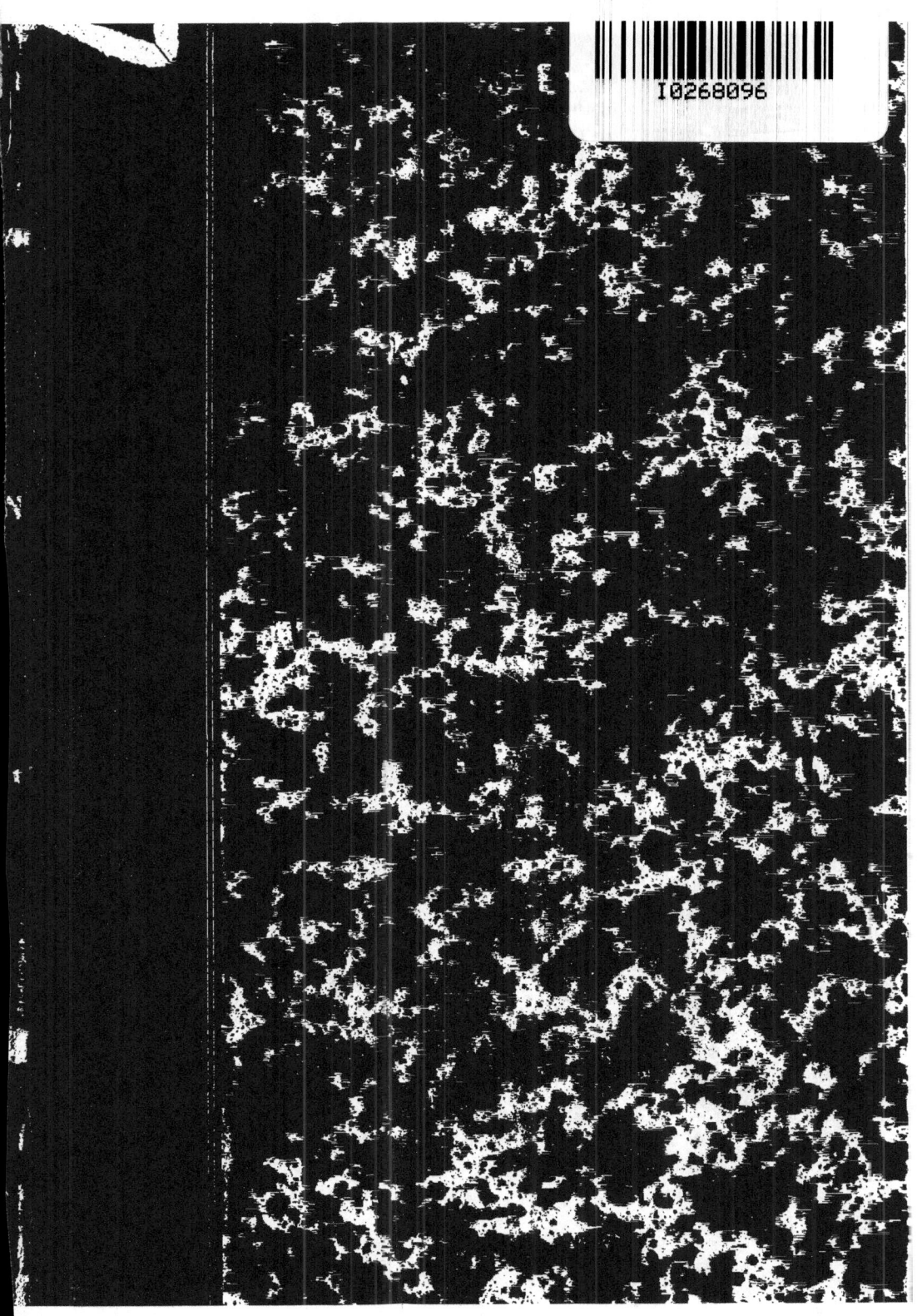

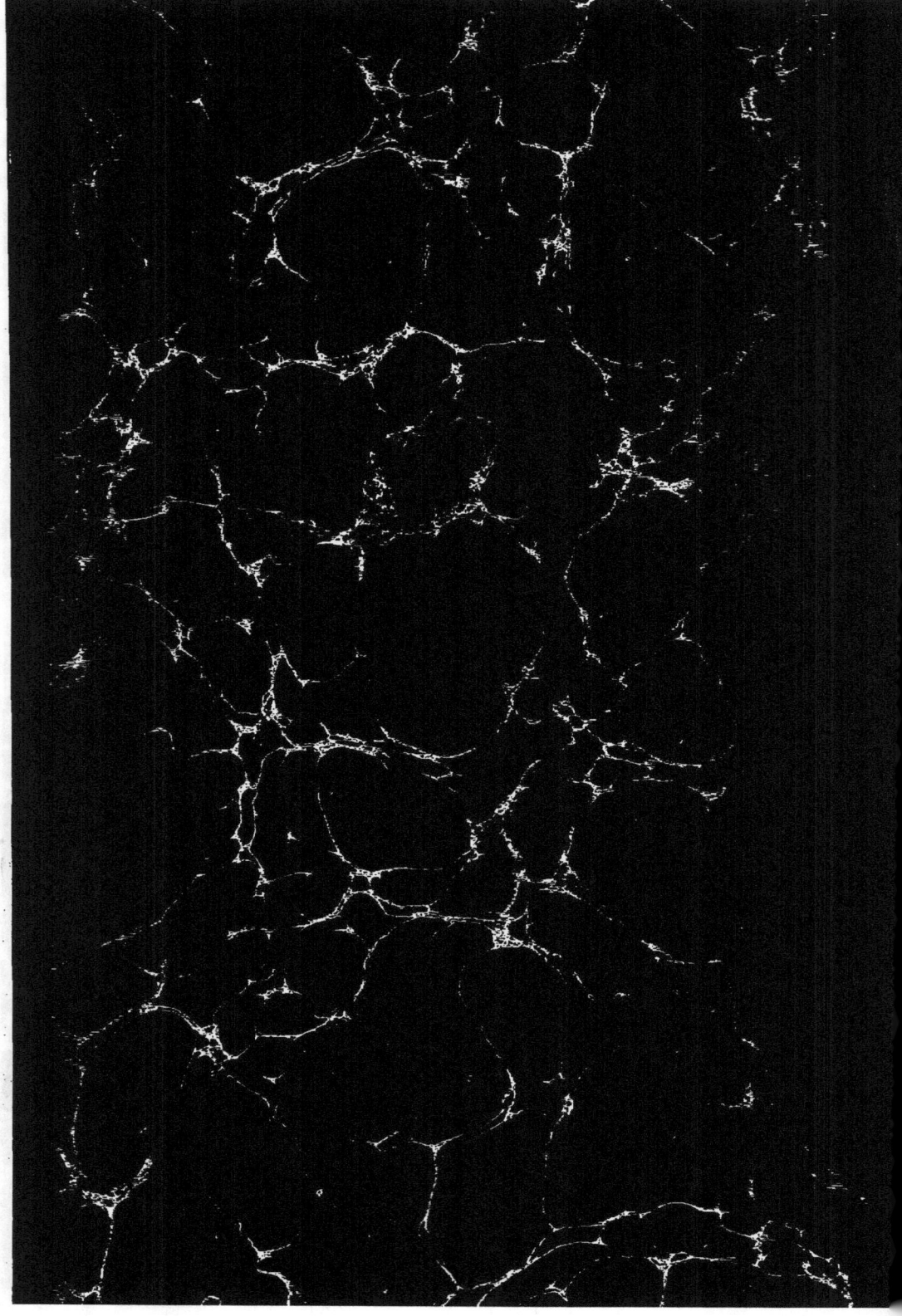

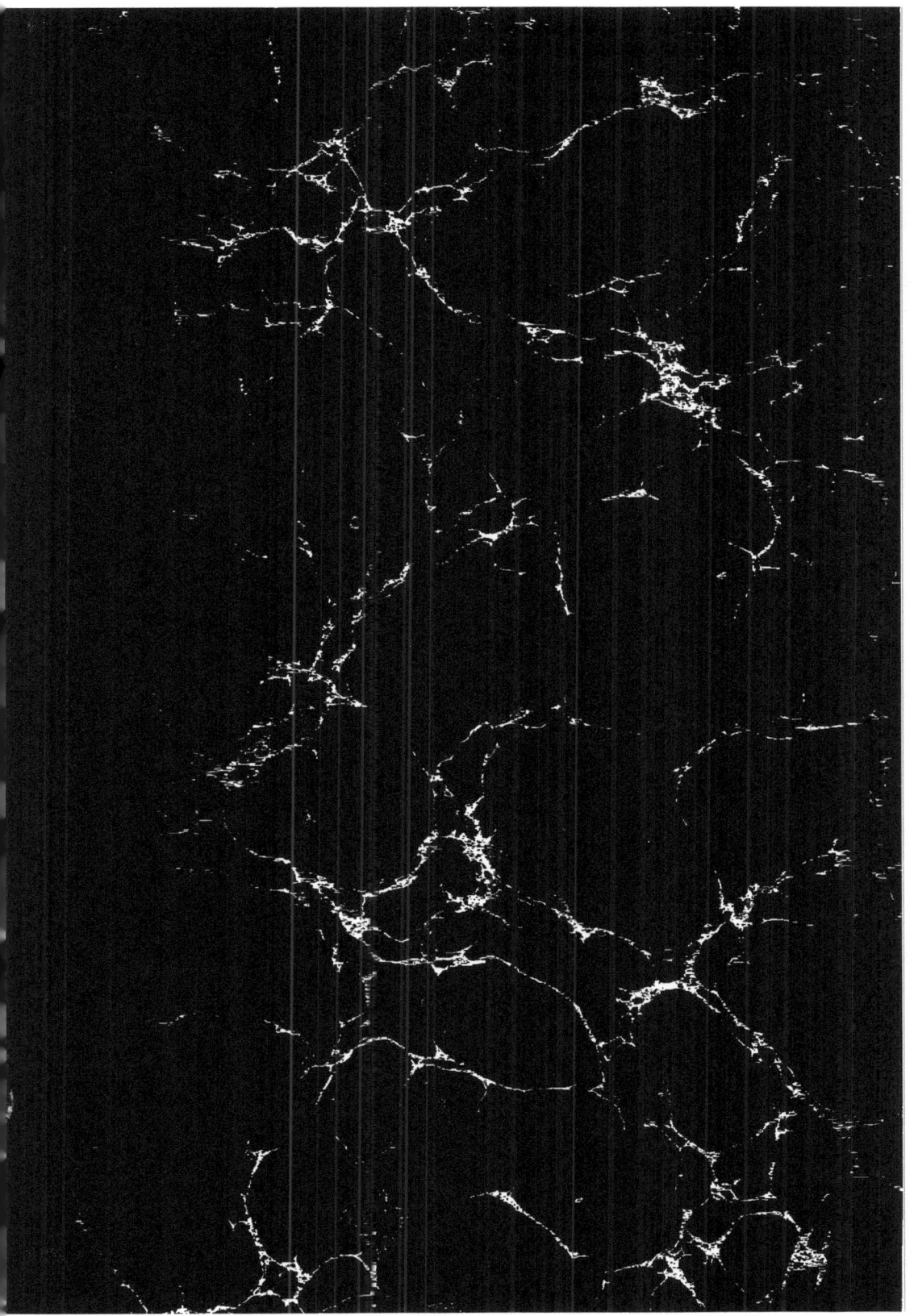

V

L'HARMONIE

VULGARISÉE

MÉTHODE NOUVELLE ET RAISONNÉE

POUR APPRENDRE L'ORIGINE ET L'EMPLOI DE TOUS LES ACCORDS ; AVEC UN GRAND
NOMBRE D'EXEMPLES TIRÉS DES OEUVRES LES PLUS CONNUES
DES MAITRES ANCIENS ET MODERNES

A L'USAGE DES GENS DU MONDE ET DES ÉCOLES

ET POUR SERVIR DE PRÉPARATION AUX ÉTUDES DE HAUTE COMPOSITION

PAR P. L. MERCADIER

CHEVALIER DE LA LÉGION-D'HONNEUR

Professeur d'harmonie, auteur de l'*Essai d'Instruction musicale*

OUVRAGE ADOPTÉ PAR LE CONSERVATOIRE

PARIS

PERROTIN, ÉDITEUR DE LA MÉTHODE WILHEM

RUE FONTAINE-MOLIÈRE, 41

HACHETTE ET CIE, RUE PIERRE-SARRAZIN, 14

1861

(Droit de traduction réservé.)

AVERTISSEMENT

Il nous est permis de recommander au public le livre utile que nous publions, parce que les meilleurs juges en musique ont encouragé l'auteur à l'écrire, et qu'il n'a rien négligé pour mériter leurs éloges. Le titre de ce livre indique les services qu'il ne peut manquer de rendre, et sa place est marquée partout où il y aura un piano, car il n'est personne qui, après avoir appris la musique élémentaire, ne veuille, sous la conduite d'un guide si facile à suivre et si sûr, s'élever par degrés jusqu'à la connaissance intime de cet art admirable et délicieux.

Rien n'égale le charme et la jouissance que l'étude de l'harmonie fait connaître à ceux qui s'y livrent. Les œuvres des maîtres n'ont plus de mystère pour eux, et en même temps qu'ils apprennent à les analyser et à en saisir jusqu'aux beautés les plus délicates, ils peuvent se sentir eux-mêmes sollicités par le désir de s'essayer dans la composition : après des études bien conduites, rien ne leur manque pour y réussir.

Mais ce n'est pas pour créer des compositeurs sans aptitude que M. Mercadier a composé ce traité d'harmonie : il a voulu éclairer et former le goût des personnes qui étudient la musique, plutôt que suppléer la nature, et il a évité de donner à son ouvrage, en y accumulant les exercices, le caractère d'un livre de pédagogie stérile.

Si l'harmonie est en général si peu connue, cela tient aux livres qui l'enseignent. Composés presque toujours pour des élèves spéciaux, et écrits dans une langue spéciale, ils ne donnent presque jamais d'éclaircissements à l'esprit et le rebutent bientôt.

Notre livre, au contraire, exécuté avec le plus grand soin et avec élégance, a le mérite d'offrir à tous, à un prix comparativement très modique, une méthode véritablement nouvelle et raisonnée pour apprendre l'origine et l'emploi de tous les accords, et pour arriver sans fatigue et avec plaisir à l'analyse de toutes les œuvres des grands maîtres. On en appréciera la valeur à mesure qu'on le connaîtra mieux.

Ce que Wilhem a fait pour organiser l'enseignement populaire de la musique élémentaire, M. Mercadier le tente d'une autre façon, pour créer, dans la société française, un monde de musiciens et d'amateurs véritablement capables de goûter la bonne musique, d'en enseigner les secrets à leur tour, et capables même d'en mettre élégamment les règles en pratique. Nous croyons que c'est la première fois que l'harmonie est ainsi enseignée, avec cette logique aisée, avec cette clarté parfaite et avec cet heureux choix d'exemples qui donnent à la science la vie et le charme de l'art.

Appelé à un grand succès, parce qu'il répond à un besoin général, le nouvel ouvrage de M. Mercadier ne fera que justifier l'accueil qu'a reçu, il y a quelques années, son *Essai d'instruction musicale*, où, avant de vulgariser l'étude de l'harmonie, il réussissait à simplifier si habilement les difficultés de la transposition. Le Conservatoire et les principaux musiciens de notre temps n'ont pas hésité à adopter et à patronner cette première méthode. Le public tout entier adoptera le traité d'harmonie si neuf et si lucide que nous avons l'honneur de lui offrir.

C. P.

L'HARMONIE VULGARISÉE

PREMIÈRE PARTIE

ORIGINE COMMUNE DE L'HARMONIE ET DE LA MÉLODIE

§ 1. La réunion de plusieurs sons résonnant ensemble se nomme un *accord*.

Une succession régulière d'accords constitue *l'harmonie*.

Le mot *harmonie* est aussi employé pour désigner l'ensemble de nos connaissances sur les accords et sur leurs lois ; c'est dans ce sens que l'on dit : *un traité d'harmonie, un cours d'harmonie*.

§ 2. La *mélodie* ou le *chant* est formée par une suite de sons entendus séparément et produits, soit par une voix humaine, soit par un instrument de musique. On verra tout à l'heure comment l'harmonie et la mélodie découlent de la même source.

§ 3. Quand un accord est écrit sur la portée musicale en notes superposées, et que les notes dont il se compose sont entendues simultanément, on dit qu'il est *plaqué* ; ex. A (1).

Si les notes sont frappées plus ou moins précipitamment l'une à la suite de l'autre, on dit alors que l'accord est *brisé* ou *arpégé* ; ex. B (2).

La nature s'est chargée de nous faire entendre l'accord le plus agréable que l'on nomme *accord parfait*.

---

(1) Nos exemples sont à chaque page marqués A, B, C, etc., et à chaque page recommence le même système d'indications.

(2) Une voix seule et les instruments qui n'émettent qu'un son à la fois peuvent quelquefois exprimer un accord par la brisure ; quant à l'harmonie plaquée, les instruments à plusieurs notes simultanées, tels que l'orgue, le piano, la harpe, etc., ont seuls le privilége de pouvoir la produire ; voilà pourquoi leur utilité est si grande pour suivre avec fruit l'étude de l'harmonie. Par le plaqué, ils imitent plusieurs voix qui chantent ensemble, et par l'arpége, ils simulent la voix ou les instruments qui ne produisent les sons que successivement.

L'acoustique enseigne le moyen d'observer le phénomène qui produit cet accord. Connu sous le nom de *résonnance harmonique*, ce phénomène provient de l'existence simultanée de plusieurs sons dans les vibrations d'une seule corde. Ainsi, quand on met en mouvement une corde sonore tendue sur un instrument spécial, on n'entend pas seulement le son fondamental de cette corde, c'est-à-dire celui qu'elle rend en vibrant dans toute sa longueur, mais on entend encore plusieurs sons qu'on appelle les *harmoniques* du son fondamental ou *générateur*.

Il y a un très grand nombre de sons harmoniques.

On en distingue trois principaux : l'*octave*, la *douzième* et la *dix-septième*.

Cette distinction est facile à faire en s'adressant à l'expérience.

Que l'on frappe (sur un piano, par exemple) la touche qui correspond à l'*ut* aigu de la première octave, laquelle se figure ainsi sur une portée de cinq lignes munies d'une clé de *fa* quatrième ligne ; ex. A.

Voici l'agrégation des sons principaux que produira la résonnance de cette note ; ex. B.

Le générateur *ut* dont les harmoniques sont : 1° *ut*, l'octave supérieure ; 2° *sol*, la douzième de ce même générateur ; 3° *mi*, sa dix-septième.

§ 4. L'octave *ut* est de tous ces sons celui qui se rapproche le plus du générateur ; il en est en quelque sorte l'écho et semble ne former avec lui qu'un seul et même son. C'est pour ce motif que l'octave est considérée comme le *redoublement* du générateur et qu'elle prend comme lui le nom de fondamentale.

On peut donc supprimer le générateur sans rien enlever au caractère de l'accord ; nous n'aurons ainsi à comparer ensemble que les trois sons harmoniques qu'il engendre. Cette suppression étant faite, l'accord de la résonnance se réduit à ceci : ex. C.

La note *mi*, 17ᵉ du générateur *ut*, ou 10ᵉ de l'octave *ut*, peut, de la même manière, être portée à l'octave inférieure sans que le son paraisse changé ; mais alors, tout en donnant un son équivalent, cette note *mi* vient se placer entre la note *ut* octave du générateur et sa quinte supérieure *sol*, pour former avec *ut* l'intervalle de tierce majeure, *ut mi* ; ex. D.

Voici, pour nous résumer, le phénomène de la résonnance figuré sous les trois aspects dont il vient d'être question ; ex. A, B, C.

Remarquons ici que lorsque l'accord parfait majeur se présente avec une disposition de notes conforme à celle de l'exemple A ou de l'exemple B, il paraît plus agréable que lorsqu'il se produit sous l'aspect de l'exemple C. En voici la raison :

Les exemples A et B sont en rapport avec les trois espèces de voix humaines du grave, du médium et de l'aigu, dont l'ensemble est le plus harmonieux (1). Néanmoins c'est la disposition des notes de l'exemple A, amenée naturellement par une combinaison de trois voix égales, qui a motivé la règle généralement admise, établissant que tout accord à l'état primitif est formé par une superposition de tierces à partir de la note fondamentale.

La disposition des notes des exemples A et B se nomme l'*harmonie large*; celle de l'exemple C prend le nom d'*harmonie serrée*.

Si l'expérience ci-dessus indiquée, avec *ut* pour fondamentale, est faite sur une note quelconque, les sons harmoniques du générateur nouveau produisent un résultat analogue. Ainsi *ré*, par exemple, porte l'accord parfait majeur, *ré fa♯ la;* la note *mi* donne l'accord parfait majeur, *mi sol♯ si;* c'est-à-dire que tout son porte en lui-même l'accord parfait majeur dont il est la fondamentale.

§ 5. En harmonie, les intervalles sont généralement comptés du grave à l'aigu ; ainsi, la seconde de la note *ut* est *ré;* la tierce d'*ut* est *mi;* la quarte d'*ut* est *fa*, etc. Néanmoins, dans le cas où il est nécessaire de désigner un intervalle pris au-dessous d'une note donnée, on a le soin de signaler ce fait en disant que la seconde, la tierce ou la quarte est inférieure ou bien qu'elle est prise au-dessous de telle ou telle note. Par exemple, la tierce inférieure d'*ut* est *la;* la quarte inférieure d'*ut* est *sol*, etc. D'après cette règle, on désigne les accords par les intervalles de chacune de leurs notes à la plus grave. Ainsi, l'accord parfait majeur *ut mi sol*, se compose d'une tierce majeure *ut mi*, et d'une quinte juste *ut sol*. L'accord parfait mineur *ré fa la*, présente une tierce mineure *ré fa*, et une quinte juste *ré la*, etc.

---

(1) L'harmonie que l'on produit avec plusieurs voix ou plusieurs instruments de même diapason et de même timbre n'offre pas autant de ressources que celle qu'on obtient lorsqu'on fait marcher ensemble des voix ou des instruments de diapasons et de timbres différents. Ainsi, un *soprano*, un *ténor* et une *basse* formeront un trio vocal beaucoup plus agréable que trois voix égales.

Trois violons offriront un ensemble harmonique plus monotone qu'un trio composé d'une flûte, un violon et un violoncelle.

On a fait remarquer plus haut (§ 4) que, dans l'accord de la résonnance figuré suivant sa forme naturelle (ex. B, page 2), l'octave du générateur était le son qui avait le plus d'intimité avec ce son fondamental. Nous voyons dans ce même accord que la note *sol*, 12ᵉ du générateur, est, après l'octave, celle qui se rapproche le plus physiquement du générateur, et l'oreille nous apprend que c'est effectivement celle qui forme avec ce même générateur la consonnance la plus parfaite, après celle de l'octave; de sorte qu'après les deux sons qui forment l'intervalle d'octave, ceux qui ont entr'eux le plus d'intimité et en quelque sorte de parenté, sont ceux qu'on frappe à distance de douzième ou de quinte juste.

En insistant sur la production naturelle de l'accord parfait majeur, notre intention n'est pas de donner, par des calculs mathématiques, une preuve incontestable de tous les faits harmoniques connus; mais il fallait une base sur laquelle on pût établir un enchaînement logique de principes, et parmi les nombreux systèmes qui ont été imaginés, celui qui part de la résonnance d'une corde sonore nous a paru le plus juste et le moins hypothétique : c'est pourquoi nous l'avons adopté de préférence à tout autre.

C'est à l'illustre Rameau que revient l'honneur d'avoir le premier appliqué le principe de la résonnance à la démonstration des lois de l'harmonie. Il est vrai que la théorie exposée par ce célèbre musicien n'est pas toujours d'une clarté telle qu'on puisse le suivre sans effort; mais il faut convenir que le grain qu'il a semé a porté son fruit; car c'est à dater de cette époque remarquable dans l'histoire de l'art musical, que l'enseignement de l'harmonie est sorti de l'ornière de l'empirisme, et que la marche progressive de cette partie savante de la musique s'est manifestée par la création d'innombrables chefs-d'œuvre dans tous les genres de composition musicale (1).

Avec les trois sons seuls dont se compose l'accord parfait majeur *ut mi sol*, reproduits à leurs octaves supérieures ou inférieures, et en don-

---

(1) Les principes et la théorie posés dans les ouvrages de Rameau ont été souvent discutés et même contestés par des musiciens philosophes. D'Alembert a cherché à les éclaircir dans un ouvrage intitulé : *Éléments de musique*; d'autres savants ont suivi l'exemple de d'Alembert. Nous citerons en première ligne Mercadier de Belesta, qui publia en 1775 un ouvrage ayant pour titre : *Nouveau système de musique*, etc. Ce livre, aujourd'hui fort rare, est d'autant plus précieux pour nous, qu'il atteste pour la science musicale un véritable amour de famille dont nous avons hérité.

Pour qu'on ne puisse pas accuser le fils de partialité dans son jugement sur le livre de son père, nous citerons textuellement l'opinion du savant Chladni dans son *Traité d'acoustique* (page 15) :

« La manière dont j'ai montré ici la formation des accords parfaits est, quant au fond, la même dont s'est
» servi Mercadier de Belesta (*Nouveau système de musique*) qui a exposé plusieurs objets appartenant à la
» théorie numérique des sons, mieux que beaucoup d'autres. »

nant aux sons la durée relative qui convient pour établir un rhythme quelconque, on peut déjà former plusieurs mélodies, ex. A, B, C, D.

On voit par les exemples A, B, C, que les seules notes de l'accord parfait majeur *ut mi sol*, produites successivement, donnent naissance à des chants que l'on varie à volonté par les intervalles que fournissent les notes d'un accord parfait majeur. Dans tous les cas, on n'obtient ainsi que cette espèce de mélodie qu'on dit être du genre harmonique (1), et qui est spécialement propre à certains instruments à vent, tels que la *trompe marine*, le *clairon*, lesquels ne donnent que les notes de l'accord parfait majeur.

Au-dessous de chacune des mesures dont se composent les mélodies A, B, C, se trouve figurée en D, avec la clé de *fa*, un accord plaqué parfait majeur formé des mêmes notes que celles des chants A, B, C. Cette série d'accords constitue l'accompagnement harmonique naturel de ces mélodies.

§ 6. On peut donc dire avec raison que l'harmonie et la mélodie ont une origine commune (2); mais avec cette différence que la mélodie marche longtemps seule sans fatiguer l'oreille, tandis que l'harmonie, qui est destinée à lui servir d'ornement, deviendrait monotone si elle était exprimée par la répétition continuelle du même accord sans qu'on y pût jamais découvrir une intention mélodique quelconque.

Supposons que l'on veuille former une échelle de sons avec les seules notes de l'accord parfait *ut mi sol*. Quelqu'harmonieuse que soit cette échelle, il n'est pas possible de mettre une grande variété dans les airs que l'on construirait avec des notes dont le nombre est si restreint.

Il serait d'ailleurs plus avantageux, dans beaucoup de cas, de diviser les

---

(1) *Observations sur divers points d'harmonie*, art. 2. L'abbé Roussier.
(2) Mercadier de Belesta (*Nouveau système de musique*, page 10).

intervalles successifs afin d'avoir des sons plus rapprochés et à peu près à égale distance (1). La mélodie qui en résulterait serait nécessairement plus variée et aussi plus douce. Mais il est évident que les tons que l'on peut intercaler entre les notes de l'accord *ut mi sol*, ne sont pas arbitraires et qu'ils doivent avoir avec elles un rapport naturel et une intimité acceptée par l'oreille.

On sait déjà qu'ils ne peuvent pas être fournis par la note *ut* prise comme générateur, laquelle produit *mi* et *sol*; il est également impossible de prendre la note *mi* pour générateur, car son accord parfait majeur produit le *sol* ♯ qui est incompatible avec le *sol* naturel existant dans notre échelle de tierces *ut mi sol*. Or, ce *sol* forme avec *ut* un intervalle de quinte juste dont les termes sont à l'égard l'un de l'autre dans la relation la plus intime qui puisse exister entre deux sons, après toutefois le rapport d'octave (§ 5).

Il faut donc prendre *sol* pour second générateur des tons que l'on cherche; et puisque les deux fondamentales *ut* et *sol* sont entr'elles en parfaite relation, leurs harmoniques participeront nécessairement de cette intimité; on pourra donc frapper l'accord *sol si ré* après l'accord *ut mi sol*, et produire ainsi une succession harmonique à la fois rationnelle et agréable.

Ceci prouve que le rapport intime de deux fondamentales entraîne un rapport analogue entre leurs harmoniques; ce qui n'aurait pas lieu pour deux accords parfaits dont les fondamentales n'auraient pas entr'elles une relation suffisante établie par les lois de l'acoustique; car ils formeraient une succession blessante pour l'oreille; ex. A.

Il est évident que l'accord parfait majeur de *sol* ♭ entendu immédiatement après celui d'*ut* produit ici un effet désagréable, et que notre sentiment musical est profondément choqué d'une succession d'accords qui n'a pas sa raison d'être.

§ 7. Quant à la succession rationnelle des deux accords *ut mi sol* et *sol si ré*, abstraction faite du *sol* commun à ces deux accords et qu'il est inutile de répéter deux fois, on trouve dans *sol si ré* les deux sons *si ré* qui peuvent être ajoutés à l'échelle primitive *ut mi sol*, ce qui produira une échelle plus riche et composée des cinq sons suivants : *ut mi sol si ré*.

Si l'on porte la note *ré* à son octave inférieure on obtient :

ut ré mi sol si

---

(1) Mercadier de Belesta (*Nouveau système de musique*, page 22).

ce qui nous met en possession d'une espèce de gamme composée de cinq notes qui serviront à construire des chants plus variés que ceux des exemples précédents A, B, C, D, (page 5). Nous avons en effet deux notes de plus pour les former et nous disposons, pour les accompagner, de deux accords parfaits majeurs ut mi sol et sol si ré; ex. A.

Remarque. La première note sol, par laquelle ce chant commence, pourrait aussi être accompagnée par l'accord sol si ré, puisque cette note est commune à l'accord d'ut et à celui de sa quinte sol, sans que le caractère de la mélodie en reçût la moindre atteinte. Mais nous verrons plus tard que, pour l'accord final d'une phrase harmonique, le choix n'est pas arbitraire.

§ 8. Si l'on examine l'échelle formée avec ces cinq notes, auxquelles on peut ajouter l'octave supérieure de la première, c'est-à-dire le générateur ut, on trouve la combinaison suivante :

ut ré mi sol si ut.

A l'audition de cette espèce de gamme, notre sens musical est frappé de la disproportion qui a lieu dans les intervalles de ses divers degrés. Ainsi, la distance qui existe entre les deux notes mi et sol est plus grande que celle qui sépare ut de ré, ou ré de mi. Il en est de même pour la distance de sol à si qui dépasse celle d'ut à ré; l'intervalle de si à ut est plus petit que tous les autres.

Si l'on continue à procéder de la même manière que tout à l'heure, on est naturellement conduit à chercher un troisième générateur qui produise les deux sons qu'il est possible d'intercaler entre mi et sol et entre sol et si.

Aucun des cinq sons de l'échelle déjà formée ne peut servir, car la note ré, par exemple, produira le fa♯; la note si aura pour tierce majeure le ré♯; or, ces deux sons nouveaux sont incompatibles avec ceux de l'échelle ut ré mi sol si.

Pour trouver ce troisième générateur, le moyen le plus simple est de considérer la note ut comme étant l'harmonique placée à la quinte juste supérieure du troisième son cherché; et en effet, ut forme une quinte juste au-dessus de la note fa, donc le son fa doit être notre troisième générateur.

L'accord parfait majeur de *fa* étant *fa la ut*, les deux notes *fa* et *la* sont celles qui doivent servir à remplir les vides que nous venons de signaler dans l'échelle *ut ré mi sol si*. L'accord parfait majeur d'*ut* et celui de *fa* se trouvent ainsi dans un ordre de relation identique à celui qui a lieu entre *ut mi sol* et *sol si ré*.

En plaçant dans l'ordre diatonique, du grave à l'aigu, les notes des trois accords parfaits majeurs dont les fondamentales sont *fa, ut* et *sol*, on obtient la gamme suivante :

ut ré mi fa sol la si.

Cette gamme, que l'on complète par la répétition de la tonique (1) à l'octave supérieure, est, comme on vient de le voir, le produit immédiat de trois accords parfaits majeurs dont les fondamentales sont placées entr'elles à distance de quinte juste ; exemple :

fa   ut   sol.
_{quinte   quinte}

Les trois accords parfaits majeurs qui engendrent la gamme d'*ut* forment un ensemble de neuf sons ; mais observons que les deux notes *ut* et *sol* sont répétées chacune deux fois ; exemple :

ut mi sol
fa la ut   sol si ré

Pour arriver à placer les sept sons de l'échelle dans l'ordre diatonique du grave à l'aigu, en commençant par *ut*, il faut, comme on l'a déjà fait plus haut, placer la note *ré*, quinte de *sol*, à son octave inférieure et en former le second degré de la gamme. Par la même raison, le générateur *fa* et sa tierce *la* doivent être portés à leur octave supérieure pour occuper le quatrième et le sixième degré, exemple :

ut ré mi fa sol la si ut

Cette gamme, complétée par la reproduction de la tonique à son octave supérieure, comprend deux parties parfaitement semblables composées chacune de quatre sons dont l'ensemble forme un *tétracorde* (du grec *tetra*, quatre et *chordé*, corde).

ut ré mi fa   sol la si ut

---

(1) La première note d'une gamme, qui est en même temps le générateur principal, se nomme la *tonique* ; ce qui veut dire la note qui donne *le ton* et son nom à la gamme.

On remarquera que le mot *ton* prend deux acceptions bien distinctes : il est premièrement employé pour signaler l'intervalle d'un *ton* ou seconde majeure, et en second lieu il exprime le point de départ d'une gamme.

La similitude de ces deux tétracordes consiste en ce que chacun d'eux se compose de deux tons successifs suivis d'un demi-ton. Ils sont séparés par l'intervalle d'un ton (de *fa* à *sol*).

Cette réunion de deux tétracordes renferme ainsi cinq tons et deux demi-tons ; le premier demi-ton, que l'on trouve à partir de la tonique et en montant, est placé de la 3ᵉ note *mi* à la 4ᵉ *fa*, et le second demi-ton se trouve de la 7ᵉ note *si* à l'octave *ut*.

Telle est la constitution de la gamme majeure moderne dont la forme est, comme on vient de le voir, un fait naturel confirmé par l'observation de la résonnance harmonique. La voici figurée sur la portée musicale : A et B.

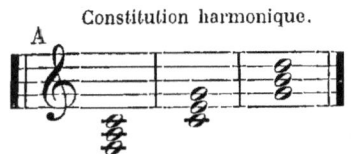
Constitution harmonique.

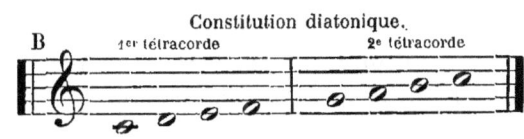
Constitution diatonique.
1ᵉʳ tétracorde — 2ᵉ tétracorde

§ 9. Remarquons ici que cette gamme n'a pas été déterminée par le procédé exposé ci-dessus, car elle était connue bien avant que le phénomène de la résonnance eût été observé. Les maîtres du moyen-âge l'avaient instinctivement trouvée, et la science acoustique n'a fait que confirmer l'excellence d'une échelle de sons déjà fixée par les perfectionnements successifs de l'art musical.

Les sept notes de la gamme, considérées comme étant les degrés de l'échelle musicale, sont désignées par : 1ᵉʳ, 2ᵉ, 3ᵉ, 4ᵉ, 5ᵉ, 6ᵉ et 7ᵉ degrés, suivant le rang numérique occupé par chacune des notes à partir de la tonique (1ᵉʳ degré) ; exemple :

1ᵉʳ degré	2ᵉ degré	3ᵉ degré	4ᵉ degré	5ᵉ degré	6ᵉ degré	7ᵉ degré
ut	ré	mi	fa	sol	la	si

La nécessité de distinguer, dans certains cas, les diverses fonctions remplies dans l'harmonie par les notes de la gamme, a donné lieu à d'autres dénominations très utiles.

Voici ces dénominations : Tonique, Sustonique, Médiante, Sousdominante, Dominante, Susdominante et Sensible ; exemple :

tonique	sustonique	médiante	sousdominante	dominante	susdominante	sensible (1)
ut	ré	mi	fa	sol	la	si

Le 1ᵉʳ degré *ut*, le 4ᵉ *fa* et le 5ᵉ *sol*, sont en outre désignés par la qualification de *notes tonales*, parce que ces notes engendrent le *ton* ou la gamme.

---

(1) *Essai d'instruction musicale*, page 104.

§ 10. Les notes *tonales* sont invariables dans le ton auquel elles appartiennent. On ne peut pas les modifier par un signe accidentel, surtout le dièse ou le bécarre suivant le ton, sans risquer de faire disparaître le ton primitif. Donnons-en une preuve en consultant le jugement de l'oreille. Nous ferons pour cela une légère anticipation en présentant des accords dont l'origine et l'emploi seront expliqués ultérieurement.

Supposons le ton d'*ut* majeur déterminé par la succession des accords suivants : ex. A.

Le sentiment musical indique, dans cet exemple, que l'accord de la troisième mesure, *sol ré fa si*, entièrement formé avec les notes de la gamme d'*ut*, fait éprouver le vif désir d'un retour sur l'accord de la tonique *ut mi sol*, ainsi qu'on le voit écrit en (a). Mais si, après l'audition de l'accord *sol ré fa si*, on frappe de nouveau cet accord en affectant le *sol* d'un dièse, soit *sol♯ ré fa si*, on sentira dès lors que l'impression du ton d'*ut* s'évanouit pour faire place au désir d'entendre l'accord *la ut mi ut*, lequel représente le ton de *la*; ex. B.

Ainsi, pour rester dans le ton d'*ut*, la note tonale *sol* ne doit subir aucune modification (1).

Supposons encore que l'accord *ut mi sol* ayant été frappé, on le fasse entendre de nouveau, mais en affectant cette fois l'*ut* par un dièse, soit : *ut♯ mi sol*, on se sentira aussitôt entraîné vers le ton de *ré*; ex. C.

Une dernière expérience sur la troisième note tonale *fa* va montrer que cette note est également invariable dans le ton d'*ut* majeur. Voici d'abord une série d'accords qui établit le ton d'*ut* majeur et dans laquelle la note *fa* reste dans son état naturel; ex. D.

---

(1) Les modifications dont il est ici question ne concernent pas celles qui ont lieu, soit par le dièse, soit par le bémol, et qui produisent des sons étrangers aux accords dont le rôle n'est pas changé pour cela.

Au reste, le principe qui règle ces notes accidentelles recevra son explication en temps utile.

Si après l'accord qui renferme le *fa* naturel en (a), on frappe le même accord avec le *fa* ♯, cette note devient ainsi la sensible du ton de *sol*, et le sentiment du ton d'*ut* majeur disparaît. Dans ce cas, l'oreille réclame impérieusement l'accord de la tonique en *sol*; ex. A.

Ces exemples montrent que les notes tonales ne peuvent être modifiées sans provoquer le sentiment d'un ton étranger à celui qu'elles doivent engendrer.

FORMATION DES GAMMES MAJEURES PAR QUINTES ASCENDANTES

§ 11. Quand on imagina de désigner les tons de la gamme diatonique par les syllabes : *ut ré mi fa sol la si* (1), la note *ut* se trouvant la première de la série, il fut tout naturel de la prendre pour tonique de la gamme majeure type. Or, on doit savoir que chacune des notes de la gamme d'*ut* peut servir de point de départ ou de tonique à une gamme nouvelle qui se composera, comme la gamme d'*ut*, de deux tétracordes parfaitement égaux.

Cherchons l'ordre dans lequel ces gammes doivent être formées. Au point de vue de l'harmonie, l'accord parfait de la tonique est l'expression la plus simple d'un ton donné. Or, si l'accord parfait *ut mi sol* exprime le plus succinctement possible le ton d'*ut* majeur, l'accord *sol si ré* doit, à son tour, et dans les mêmes conditions, représenter le ton de *sol* majeur.

On sait par le § 6 que les deux accords d'*ut* et de *sol* sont, l'un à l'égard de l'autre, dans l'ordre de relation le plus intime ; conséquemment, la parenté de ces deux accords parfaits doit entraîner celle des deux gammes d'*ut* et de *sol* que chacun de ces accords représente. La gamme de *sol* marche donc immédiatement après la gamme d'*ut*.

§ 12. On vient de voir que la gamme d'*ut* majeur est le produit des accords parfaits majeurs construits sur les trois notes tonales *ut*, *fa* et *sol*. Il est évident que ce principe s'applique exactement de la même ma-

(1) *Essai d'instruction musicale*, page 57.

nière à la gamme de *sol* majeur, laquelle a pour notes tonales les trois notes : *sol ut ré*, d'où il résulte que la constitution tonale de la gamme de *sol*, c'est-à-dire du ton de *sol*, est formée des trois accords suivants :

       sol si ré
   ut mi sol   ré fa ♯ la.

Voici ces trois accords représentés sur la portée ; ex. A et B.

Comme la gamme d'*ut*, celle de *sol* se compose de deux tétracordes parfaitement semblables, ainsi qu'on le voit en B.

Le premier tétracorde *sol la si ut* est formé des notes qui composent le second de la gamme d'*ut*. Le deuxième tétracorde *ré mi fa ♯ sol* ne devient régulier et semblable au premier, *sol la si ut*, que par la présence du dièse affectant le 7ᵉ degré (*fa ♯*), sa note sensible. D'ailleurs, la constitution harmonique de l'exemple figuré ci-dessus en A, renferme l'accord parfait majeur *ré fa ♯ la*, établi sur la dominante. L'armure du ton de *sol* se compose donc d'un dièse ; ex. C.

Ainsi, après la gamme type d'*ut* majeur, la note *sol*, quinte supérieure d'*ut*, est la tonique obligée de la gamme qui doit suivre.

Après la gamme de *sol*, un raisonnement identique conduit à celle de *ré* majeur, quinte juste supérieure de *sol*. La constitution harmonique de la gamme de *ré* et sa constitution mélodique se composent de la manière suivante ; ex. D, E, F.

§ 13. On voit que la gamme de *ré* majeur possède deux dièses dans sa constitution ; le premier sur la note *fa* (3ᵉ degré) et le second sur la note sensible *ut ♯*.

Tout cela montre clairement :

1° Que l'ordre de génération des gammes doit avoir lieu de quinte en quinte juste en montant ;

2° Que le second tétracorde de la gamme qui précède forme le premier de celle qui suit ;

3° Que les toniques étant nécessairement prises de quinte en quinte en montant, l'ordre des dièses doit aussi se présenter de quinte en quinte supérieure en commençant par la note *fa;*

4° Que dans le nombre des dièses qui composent l'armure d'une gamme quelconque, le dernier nommé dans la série est toujours placé sur la note sensible ;

5° Enfin, que tous les dièses de la gamme qui précède entrent dans la constitution de celle qui suit.

Après la gamme de *ré*, les toniques suivantes, prises par quinte supérieure, se présentent dans l'ordre suivant :

la   mi   si   fa ♯   ut ♯

Voici ces gammes figurées seulement par leur armure ; ex. A.

La gamme d'*ut* ♯, la septième après la gamme modèle, doit nécessairement avoir toutes ses notes diésées ; d'où il suit que dans chacune des gammes de *sol*, de *ré*, de *la*, de *mi*, de *si*, de *fa* ♯ et d'*ut* ♯, le nombre des dièses de l'armure correspond au numéro d'ordre de chaque tonique dans la série des quintes. Ainsi la note *mi*, par exemple, étant, à partir d'*ut*, la quatrième quinte ascendante, sa gamme doit avoir quatre dièses à l'armure; la note *si*, cinquième quinte, est nécessairement la tonique de la gamme qui renferme cinq dièses, et ainsi de suite.

On a vu que l'ordre d'apparition des dièses, en partant du *fa*, se présente régulièrement de quinte en quinte supérieure ; conséquemment, la série des notes sur lesquelles les dièses sont placés doit être la suivante :

fa   ut   sol   ré   la   mi   si

Après la gamme d'*ut* ♯, on pourrait poursuivre la formation par quinte juste supérieure ; mais afin de simplifier l'écriture musicale, on limite à sept le nombre des dièses, et l'on évite ainsi l'emploi du double dièse que nécessiterait cette formation. Car, après la gamme d'*ut* ♯, on aurait celle de *sol* ♯ avec un double dièse sur le *fa*. La suivante, celle de *ré* ♯, aurait deux doubles dièses, sur le *fa* et sur *ut*, et ainsi de suite.

14 FORMATION

Les cinq tons qui entrent dans une gamme diatonique peuvent se diviser en dix demi-tons ; si l'on ajoute à ce nombre les deux demi-tons qui existent naturellement dans la gamme, on aura un total de douze sons par demi-tons dont l'ensemble prend le nom de *gamme chromatique* (du grec *chromos*, couleur) ; ex. A.

FORMATION DES GAMMES MAJEURES PAR QUINTES DESCENDANTES

§ 14. Parmi les douze sons de la gamme chromatique ascendante de l'exemple A, huit ont servi chacun de tonique pour former les gammes par quintes en montant. Voici ces toniques :

ut sol ré la mi si fa♯ ut♯

On a dit pourquoi les gammes de *sol*♯ (avec huit dièses), de *ré*♯ (avec neuf dièses), de *la*♯ (avec dix dièses) et de *mi*♯ (avec onze dièses), ne sont pas usitées.

Il est cependant nécessaire de former douze gammes, puisqu'il y a douze sons différents dans une gamme chromatique renfermée dans l'étendue d'une octave, ainsi qu'on le voit en A, et que chacun d'eux peut être la tonique d'une gamme.

Le moyen de trouver les gammes qui manquent est de recourir de nouveau à la relation des accords. On sait que l'accord parfait majeur, *fa la ut*, est à l'égard de l'accord générateur principal *ut mi sol*, dans un ordre de parenté égal à celui qui existe entre l'accord *ut mi sol* et celui de sa quinte supérieure *sol si ré*. Conséquemment, la gamme de *fa*, quinte inférieure d'*ut*, doit être celle que l'on formera après la gamme modèle.

Les trois notes tonales de la gamme de *fa* sont les suivantes :

fa si♭ ut

DES GAMMES MAJEURES

Les accords parfaits majeurs de ces notes forment ainsi la triade harmonique de la gamme de *fa*; ex. A.

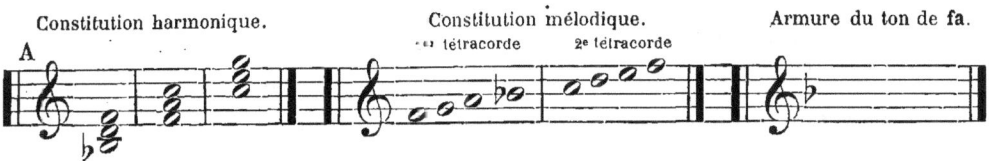

Après la gamme de *fa*, on formera, par la même raison, celle de la quinte inférieure *si* ♭; ex. B.

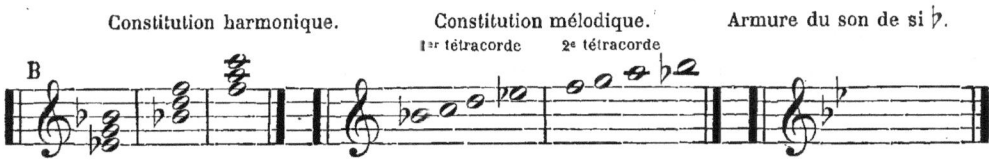

Dans la formation des gammes par quintes descendantes, le premier tétracorde de la gamme qui précède devient le second de la gamme qui suit. C'est précisément le contraire de ce qui a lieu dans la formation par quinte supérieure.

Ajoutons que tous les bémols de la gamme qui précède entrent dans la constitution de celle qui suit, puisque ces deux gammes ont six notes communes, et que le dernier bémol se place toujours sur la sousdominante de la gamme que l'on forme.

En poursuivant la formation par quinte inférieure, après la gamme de *si* ♭, on trouve les toniques suivantes :

mi ♭   la ♭   ré ♭   sol ♭   ut ♭.

Le nombre des bémols de l'armure correspond au numéro d'ordre occupé par la tonique désignée par cette armure. Ainsi la gamme de *mi* ♭, par exemple, doit avoir trois bémols dans sa constitution, parce que le *mi* ♭ est la troisième quinte en descendant après *ut*; et ainsi de suite.

Figurons ici, par leur armure, les gammes de *mi* ♭, de *la* ♭, de *ré* ♭, de *sol* ♭ et d'*ut* ♭; ex. C.

On voit que la série des notes par quinte inférieure, sur lesquelles on place les bémols, se présente dans un ordre inversement contraire à celle des notes qui portent les dièses ; exemple :

    Série des dièses : fa ut sol ré la mi si.
    Série des bémols : si mi la ré sol ut fa.

Après la gamme d'*ut* ♭ (avec sept bémols à l'armure), on pourrait continuer la formation par quinte inférieure et obtenir ainsi la gamme de *fa* ♭, de *si* ♭♭, de *mi* ♭♭, de *la* ♭♭, etc. Mais l'inconvénient de l'emploi du double bémol a fait limiter à sept le nombre des bémols formant l'armure la plus compliquée des gammes en usage.

Avec les toniques naturelles et celles qui sont affectées du bémol, on forme la gamme chromatique descendante ; ex. A.

DU MODE

§ 15. On a vu qu'une gamme diatonique peut être reproduite à plusieurs octaves ; mais au point de vue de l'harmonie, la gamme est simplement la progression diatonique d'un son à son octave supérieure ou inférieure. On a vu également que la gamme majeure renferme deux tétracordes égaux séparés par un ton et composés chacun de deux tons suivis d'un demi-ton. Il est aisé de concevoir que ce demi-ton peut occuper des places diverses dans le tétracorde, soit de la première à la deuxième note, soit de la deuxième à la troisième, soit enfin de la troisième à la quatrième. D'où il résulte que les gammes qui affectent ainsi des formes diverses, suivant l'espèce de leurs tétracordes, ont un caractère différent les unes des autres.

La musique du moyen-âge, qui dérive de celle des Grecs, existe encore sous le nom de *Plain-Chant*. Cette musique est basée sur diverses gammes diatoniques prises sur l'étendue d'une octave. Ces gammes, qui renferment toujours deux tétracordes, se nomment des *modes*. Dans leur constitution, de même que dans celle de la gamme moderne, le nombre des tons (secondes majeures) placés conjointement, ne dépasse jamais trois ; le tétracorde, pour être régulier, doit toujours se composer de deux tons et d'un demi-ton disposés entr'eux de l'une des trois manières indiquées plus haut, et l'on n'y trouve jamais deux demi-tons successifs (1).

« Il y a naturellement sept espèces d'octaves d'où peuvent se déduire » sept modes principaux, » dit Vincent, de l'Institut, dans une brochure remarquable intitulée : *Note sur la tonalité ecclésiastique*, page 1re.

Cela signifie qu'en prenant pour point de départ chacune des notes de la gamme majeure d'*ut*, pour former sept gammes diatoniques, on trouvera nécessairement toutes les combinaisons qu'il est possible d'obtenir dans la forme des tétracordes; exemple :

1re	ut	ré	mi	fa	sol	la	si	ut
2^e	ré	mi	fa	sol	la	si	ut	ré
3^e	mi	fa	sol	la	si	ut	ré	mi
4^e	fa	sol	la	si	ut	ré	mi	fa
5^e	sol	la	si	ut	ré	mi	fa	sol
6^e	la	si	ut	ré	mi	fa	sol	la
7^e	si	ut	ré	mi	fa	sol	la	si

Nous remarquerons que le sentiment musical exige, non seulement la présence d'un demi-ton dans la constitution d'un tétracorde, mais aussi que ses notes extrêmes soient placées entr'elles à distance de quarte juste. De plus, lorsque deux tétracordes sont juxtaposés pour former une octave, ils doivent toujours être séparés par un ton entier.

Or, dans les sept combinaisons figurées ci-dessus, et dont quelques-unes représentent les modes anciens, on en trouve deux qui ne remplissent pas ces conditions. Ainsi, dans la 4e gamme, l'intervalle *fa si*, formé par les notes extrêmes du premier tétracorde *fa sol la si*, accuse une quarte augmentée ou *triton* (trois tons). Cet intervalle n'était pas admis mélodiquement dans la musique du moyen-âge. Aussi, toutes les fois qu'on employait le mode qui renferme le tétracorde *fa sol la si*, pour obtenir une quarte juste entre les notes extrêmes, on avait le soin de rapprocher le *si* du *fa* à l'aide du *si* ♭, ce qui explique l'origine de ce signe accidentel.

Dans la 7e combinaison, l'absence du demi-ton dans le second tétracorde *fa sol la si*, obligeait également à modifier une des notes extrêmes par un signe d'altération. Mais alors ce n'était pas le *si* qui était modifié par le bémol, parce qu'il fallait avant toute chose respecter la justesse de l'octave;

---

(1) *Esthétique du chant grégorien*, par le R. P. Lambillotte, pages 147 et 191.

c'était la note *fa* (5ᵉ degré) que l'on haussait d'un demi-ton ; et voilà ce qui explique l'origine du signe dièse (1).

De tout cela, il faut conclure que la place des demi-tons n'étant pas la même dans ces différentes gammes, les chants qui sont construits avec leurs notes sont empreints d'un caractère propre à chacune d'elles. C'est pourquoi la manière de placer les demi-tons dans une gamme, ou, ce qui est la même chose, la variété que l'on donne à la forme du tétracorde, constitue essentiellement ce que l'on nomme encore aujourd'hui le *mode* (du latin *modus*, manière).

La succession diatonique ascendante ou descendante des diverses gammes du plain-chant, ainsi que les airs qui sont formés avec leurs notes, communiquent à ces modes une couleur particulière tellement distincte que notre sens musical en garde assez le souvenir pour les reconnaître à l'audition.

Sur huit espèces de modes que renferme l'ancienne musique, nous en avons seulement conservé deux qui sont représentés dans les sept combinaisons indiquées ci-dessus.

La 1ʳᵉ : *ut ré mi fa sol la si ut*, qui ressemble en tout point à la gamme majeure, se nomme le *mode majeur*.

On verra tout à l'heure que la 6ᵉ combinaison *la si ut ré mi fa sol la*, représente le mode mineur.

DE LA TONALITÉ

§ 16. Avant d'étudier l'origine et la forme de la gamme mineure au point de vue de l'harmonie moderne, nous dirons que l'effet produit sur notre sensibilité musicale, soit par les chants qui résultent des anciens modes, soit par ceux qui ont pour base les deux modes de la musique moderne, se nomme en général la *tonalité*. On établit donc une distinction entre la tonalité du moyen-âge et celle de notre époque. Ainsi l'on dit qu'un ensemble de huit modes compose la tonalité ancienne, tandis que la tonalité actuelle n'admet que deux types de gammes : la gamme majeure et la gamme mineure.

---

(1) Le R. P. Lambillotte, *Esthétique*, etc., page 112.

La tonalité peut être exprimée par la mélodie ou par l'harmonie. Nous avons ainsi la tonalité mélodique et la tonalité harmonique (1).

§ 17. Tout ce qui a été dit sur l'origine physique de la gamme majeure montre que la tonalité moderne est basée sur des éléments naturels. En effet, lorsqu'on entend cette gamme, soit en montant, soit en descendant, on éprouve toujours une complète satisfaction chaque fois que le son tonique est perçu par l'oreille. Les airs que l'on construit avec ses notes procurent le même plaisir, et cette gamme est si conforme aux conditions exigées par notre sensibilité musicale dans le placement des tons et des demi-tons, que de tout jeunes enfants la retiennent très-vite et la chantent avec justesse ; ce qui n'a pas toujours lieu indistinctement avec toutes les gammes du plain-chant.

§ 18. Les sept notes de la gamme, considérées comme parties intégrantes d'un même tout, sont les éléments réglés de la mélodie. Dans leur marche, elles ont une tendance plus ou moins directe vers la tonique, de telle sorte que l'on peut indiquer le rôle particulier que chacune d'elles remplit dans la succession des accords ou dans la mélodie.

En harmonie, cette attraction de deux notes détermine un fait qui se nomme *résolution*. Ainsi, la résolution de la sustonique (2ᵉ degré) se fait sur la tonique en descendant d'un ton, ou sur la médiante (3ᵉ degré) en montant également d'un ton.

La médiante est la note dont la tendance résolutive est la moins marquée ; toutefois, elle se dirige comme les autres vers la tonique. La médiante et la dominante (5ᵉ degré), qui concourent avec la tonique à la constitution de l'accord parfait, sont les notes sur lesquelles la mélodie se repose momentanément en attendant une conclusion sur la tonique.

La tendance résolutive de la sousdominante sur la médiante, est encore plus manifeste toutes les fois que, dans les accords, elle est mise en contact avec la note sensible ; quant à cette dernière note, sa direction est impérieusement tracée vers la tonique (2) ; mais lorsque la sousdominante est entendue en même temps que des notes autres que la sensible, son mouvement est alors plus libre, et, dans ce cas, elle peut monter vers la dominante.

(1) Comme le mot *ton*, dont il dérive, celui de tonalité s'emploie de plusieurs manières suivant les auteurs. Quelques-uns se servent du pluriel, *tonalités*, pour exprimer les différentes gammes formées par quintes ; d'autres appliquent ce mot à la distinction des modes.
La *tonalité*, dit Halévy, offre deux grandes divisions, la *tonalité majeure* et la *tonalité mineure*. » (*Leçons de lecture musicale*, page 129.)
(2) *Essai d'instruction musicale*, page 100.

La susdominante se dirige vers la dominante, et celle-ci se résout sur la tonique par un mouvement de quarte juste en montant ou de quinte juste en descendant.

DE LA GAMME MINEURE ET DU MODE MINEUR

§ 19. Parmi toutes les espèces de gammes que l'on peut produire en variant la forme des tétracordes, la gamme majeure est celle qui provoque avec le plus de certitude le sentiment de la tonalité. En effet, soit en montant, soit en descendant, non seulement la succession de ses notes est de tout point agréable, mais encore, lorsqu'on arrive sur la tonique, l'oreille ne désire plus rien et se sent complètement en repos.

Consultons son jugement pour savoir si, parmi les six autres gammes du § 16, il en existe quelqu'une possédant une propriété analogue à celle de la gamme majeure.

Commençons par la note *si* et descendons jusqu'au *si* de l'octave inférieure (1) :

si la sol fa mi ré ut si. . . . ut.

L'ensemble de la succession descendante des notes, de *si* à *si*, réveille si peu le sentiment de la tonalité, que lorsqu'on arrive sur le *si* grave, l'oreille en suspens désire monter à la tonique *ut* comme à la conclusion du sens musical.

Que l'on fasse une expérience analogue de la note *fa* à son octave inférieure :

fa mi ré ut si la sol fa.

Quand on arrive sur le *fa* inférieur, on éprouve le sentiment d'une sorte de repos ; mais dans le cours de la descente, au passage de la note *ut* à la note *si*, l'oreille se sent blessée, parce que cette série de notes n'est pas dans les conditions exigées par elle. Ces conditions générales imposent aux sons diatoniques une liaison intime réglée par une loi de continuité qui se trouve en rapport avec notre organisation musicale.

---

(1) Ces expériences peuvent se faire, soit avec la voix, soit sur un instrument. Afin de les rendre plus concluantes, il est indispensable d'exécuter chacune des gammes *en descendant*, et seulement dans l'étendue d'une octave.

Si l'on descend de *ré* à *ré* inférieur, cette dernière note fait désirer un repos sur la tonique *ut*; exemple :

ré ut si la sol fa mi ré. . . . ut.

La série qui commence par la dominante *sol*, et qui se termine sur le *sol* de l'octave inférieure, est agréable; exemple :

sol fa mi ré ut si la sol. . . . ut.

Mais le sentiment de repos, éprouvé sur la dernière note, n'est pas complet, car l'oreille n'est satisfaite que par une conclusion sur la tonique *ut*.

En partant de la note *mi* (médiante), la série se fait ainsi en descendant :

mi ré ut si la sol fa mi . . . ré ut.

Cette succession de notes satisfait également l'oreille dans son ensemble; mais l'arrivée sur le *mi* inférieur n'offre pas de conclusion au sens musical, et l'on éprouve le désir de terminer par les deux notes *ré ut*.

§ 20. Faisons une dernière expérience sur la note *la*, sousdominante de la gamme d'*ut*.

la sol fa mi ré ut si la

Figurons cette série sur la portée; ex. A.

Cette fois, non-seulement la série descendante des huit notes offre un ensemble agréable, mais encore, quand on arrive sur le *la* inférieur, l'oreille éprouve le sentiment d'un repos terminatif. Il est indubitable que cette série renferme les conditions exigées pour la production d'une bonne gamme qui, commencée en *la*, se distingue de la gamme majeure par l'impression de douce mélancolie qu'elle communique à notre sens musical.

La différence si frappante que l'on remarque entre cette gamme de *la* et la gamme majeure d'*ut*, a pour cause la disposition des demi-tons dans les tétracordes.

La gamme de *la* en descendant est construite, dans son ensemble, avec les notes de la gamme d'*ut*; c'est pour ce motif qu'on la nomme la *relative* de la gamme d'*ut*; elle a reçu le nom de *gamme mineure*, parce que la tierce *la ut*, formée par la tonique et la médiante, est plus petite d'un demi-ton que la tierce *ut mi*, qui lui correspond dans la gamme d'*ut*.

L'intervalle *ut mi*, tierce majeure, est composé de deux tons, tandis que l'intervalle *la ut*, tierce mineure, ne renferme qu'un ton et un demi-ton. Or, la tierce formée par la tonique et la médiante d'une gamme lui donne son caractère.

§ 21. La gamme de *la* mineur constitue le mode mineur de la musique moderne.

Après avoir montré l'existence de la gamme mineure dans une certaine combinaison diatonique descendante des notes de la gamme majeure, essayons de la remonter avec les mêmes notes; ex. A.

Ici, l'intervalle de seconde majeure (un ton), qui sépare la septième note *sol* de l'octave supérieure *la*, nous paraît dur. L'oreille désire un plus grand rapprochement du *sol* au *la*. Pour obéir à son instinct, essayons de corriger la dureté de cet intervalle, en affectant le *sol* d'un dièse, de manière à n'avoir à parcourir qu'un demi-ton de la septième *sol* à l'octave de la tonique *la*; en d'autres termes, créons une note sensible dans la gamme de *la* mineur, et expérimentons de nouveau cette gamme ascendante ainsi modifiée; ex. B.

Cette succession ascendante est évidemment plus satisfaisante dans son entier.

« Il est donc absolument nécessaire que le *sol* soit dièse dans l'échelle
» diatonique mineure de *la*, quand cette note monte à la tonique. Voulez-
» vous consulter l'expérience ? Chantez l'échelle en descendant : *la sol fa*
» *mi ré ut si*, et au lieu de passer au *la* après le *si*, passez au *sol*, la tierce
» au-dessous ; vous verrez qu'en laissant aller naturellement votre voix,
» ce *sol* sera dièse, et qu'en vous obstinant à le faire naturel, vous établirez
» le ton d'*ut* majeur au jugement de votre oreille. — Voilà pourquoi la
» septième note doit être un demi-ton au-dessous de l'octave de la note
» principale dans l'échelle ascendante du mode mineur, sans que cela ait
» paru nécessaire dans l'échelle ascendante, phénomène qu'on a tenté
» d'expliquer plusieurs fois, mais dont personne jusqu'à présent n'avait
» découvert le principe (1). »

§ 22. Lorsque la voix humaine, par un mouvement rapide, doit parcourir la gamme mineure ascendante écrite dans la forme de l'exemple B ci-dessus, c'est-à-dire avec le septième degré haussé d'un demi-ton, l'inter-

---

(1) Mercadier de Belesta (*Nouveau système de musique*, page 92).

valle de seconde augmentée qu'elle rencontre, de la note *fa* à la note *sol* ♯, constitue une difficulté d'intonation. C'est pour faciliter à la voix le moyen de chanter rapidement la gamme mineure que des compositeurs font disparaître l'intervalle de seconde augmentée en modifiant le sixième degré par le dièse; dans ce cas, ils écrivent la gamme mineure ascendante de cette manière :

la si ut ré mi fa ♯ sol ♯ la. Ex. A.

En descendant, ils reprennent les notes naturelles de la gamme d'*ut*; ex. B.

Il existe donc deux manières de monter la gamme mineure. Ces deux systèmes sont depuis longtemps la cause d'interminables discussions scientifiques parmi les théoriciens. Les partisans de la première manière disent qu'en haussant le 6ᵉ degré *fa* d'un demi-ton, le mode mineur perd en grande partie le caractère de mélancolie qui lui est propre, attendu que la seconde moitié de la gamme présente un tétracorde régulier de gamme majeure : *mi fa♯ sol♯ la*.

D'un autre côté, l'étude des gammes mineures, sur les instruments, devient plus difficile sous le rapport du mécanisme, à cause de la différence qu'il y a entre les notes de la gamme descendante et celles de la gamme ascendante.

§ 23. Un troisième système, qui est en grande faveur aujourd'hui à cause de la simplicité qu'il apporte dans l'étude des gammes mineures sur les instruments, consiste dans le maintien de la septième note haussée d'un demi-ton en montant et en descendant (1); ex. C.

Quoi qu'il en soit, ces débats ont été stériles, parce que l'on confond la gamme mineure avec l'harmonie du mode mineur, laquelle exige, pour être caractérisée, que le septième degré de la gamme, qui le constitue, soit entendu à la distance d'un demi-ton de la tonique : d'où il suit que la gamme mineure ne sera jamais fixée d'une manière uniforme comme la gamme majeure.

Le troisième des systèmes proposés semble être, en somme, plus conforme au caractère du mode mineur.

---

(1) Les principes de ce troisième système sont exposés avec une grande lucidité dans les savants travaux qu'a laissés Zimmermann, professeur au Conservatoire de Paris.

Voici la comparaison des trois systèmes, A, B, C :

Au point de vue purement mélodique, quel que soit le système de gamme que l'on emploie, les deux tétracordes de la gamme mineure sont toujours inégaux.

D'autre part, telle mélodie, qui a été conçue par le compositeur dans l'un des trois systèmes, serait dénaturée si on voulait la traduire dans un autre. Par exemple, l'air : *Rachel, quand du Seigneur*, chanté par Éléazar dans la *Juive* d'Halévy, a été composé dans le premier système ; ex. D et E.

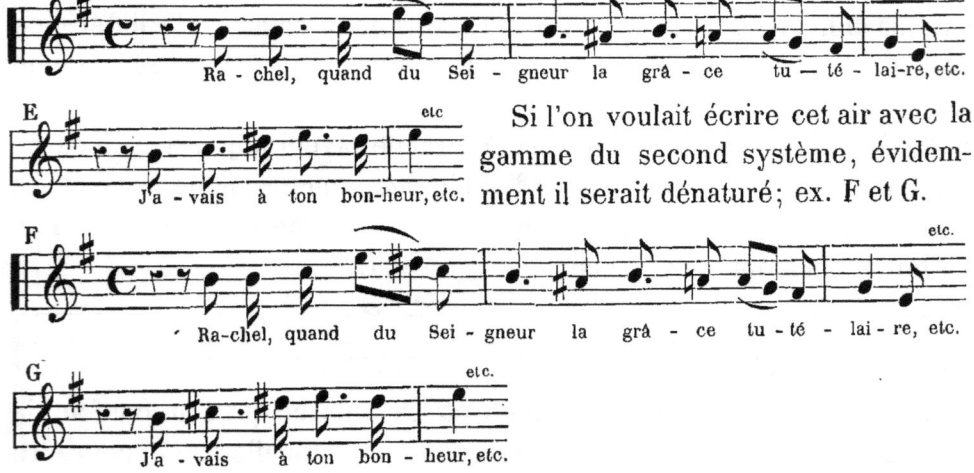

Si l'on voulait écrire cet air avec la gamme du second système, évidemment il serait dénaturé ; ex. F et G.

Il en est de même d'un chant qui serait composé dans la deuxième manière ; il perdrait sa couleur locale s'il était traduit dans un autre.

Par exemple, la Prière de la *Muette de Portici*, opéra d'Auber, offre un passage qui est écrit avec la gamme du second système ; ex. H (transposé en *fa*).

En traduisant le passage *protége le berceau*, dans le premier système, il produit une impression sensiblement différente ; ex. A.

De ce qui précède, il résulte que la gamme mineure de tel ou tel système dépend d'une fantaisie mélodique soumise au goût des compositeurs. Le plus ou le moins de rapidité dans le mouvement, la forme du rhythme, et d'autres circonstances que l'on ne peut signaler par avance, influent nécessairement sur l'emploi de tel ou tel de ces systèmes parmi lesquels il serait impossible de faire un choix, puisque l'on a composé des chefs-d'œuvre dans chacun d'eux.

§ 24. Parvenus où nous sommes, après avoir exposé les divers éléments qui forment, de nos jours, la base de la musique, et montré l'origine de la gamme majeure et mineure, il nous reste à établir la constitution harmonique du mode mineur. Celui-ci n'est pas, comme le mode majeur, le résultat immédiat de la résonnance d'une corde sonore, mais il est, ainsi qu'on vient de le voir, une sorte d'émanation du mode majeur.

La note sensible (7ᵉ degré), haussée d'un demi-ton, et dont l'oreille réclame la présence dans la gamme ascendante, doit nécessairement jouer un rôle important dans la constitution harmonique du mode mineur, laquelle est en tout point conforme à celle du mode majeur, en ce sens que la gamme mineure est également le résultat d'une combinaison diatonique des notes prises dans les trois accords parfaits établis sur la tonique, la dominante et la sousdominante.

Observons néanmoins que l'accord du premier et du quatrième degrés sont parfaits mineurs, tandis que celui de la dominante est toujours parfait majeur ; exemple :

la ut mi

ré fa la   mi sol♯ si

L'accord *la ut mi*, pris pour type des accords parfaits mineurs, se compose d'une tierce mineure *la ut* et d'une quinte juste *la mi*. La tierce *la ut*, formée d'un ton et demi, lui a valu le nom d'*accord parfait mineur*, et c'est toujours par la tierce prise en montant à partir de la fondamentale que l'on distingue les deux accords parfaits.

L'impression que produit sur notre sens musical l'audition de l'accord parfait mineur, est en rapport avec le caractère de tristesse inhérent à la gamme qu'il représente (1).

« D'après ces principes, si nous faisons l'analyse des accords parfaits, » nous verrons que l'accord parfait majeur est plus propre pour le bruyant, » et le mineur pour le pathétique ; parce qu'étant composés chacun d'une » tierce majeure et d'une tierce mineure, celle qui est au grave dans l'un et » dans l'autre est plus apparente, puisque le son fondamental est un de » ceux qui la forment (2). »

Tout accord parfait majeur devient mineur en abaissant d'un demi-ton la tierce de la fondamentale, et réciproquement le mineur devient majeur en la haussant ; ex. A et B.

L'accord parfait de la tonique d'un ton quelconque ayant toujours la tierce sur la médiante, cette note prend la qualification de *modale*, parce que c'est elle qui forme le principal caractère du mode dans un ton donné.

§ 25. Le rapport intime qui existe entre la gamme d'*ut* majeur et sa relative *la* mineur, se reproduit nécessairement de la même manière pour toute gamme majeure et sa relative mineure. Ainsi la gamme de *sol* majeur, par exemple, a pour relative celle de *mi* mineur ; la gamme de *si* mineur est la relative de celle de *ré* majeur, et ainsi de suite.

On remarquera que la tonique de la gamme majeure et celle de la gamme mineure forment toujours entr'elles un intervalle de tierce mineure.

D'après cela, une armure quelconque représente toujours deux gammes :

1° La gamme majeure indiquée directement par cette armure ;

2° La gamme du mode mineur qui a pour tonique le 6° degré de la gamme majeure annoncée par l'armure.

Le moyen de reconnaître avec certitude, et le plus promptement possible, si l'armure signale un ton du mode majeur ou son relatif mineur, consiste à parcourir les premières mesures du morceau de musique, et à voir si la dominante du majeur exprimé par l'armure, est ou n'est pas haussée

---

(1) Nous avons entendu dire à Mme Gounod, mère de l'illustre auteur de *Sapho*, de *Faust*, de *Philémon et Baucis*, etc., qu'à l'âge de trois ans son fils savait déjà distinguer les modes. Doué d'un rare sentiment musical, il demandait souvent à sa mère de lui faire entendre la *gamme qui pleure*.

(2) Mercadier de Belesta (*Nouveau système de musique*, page 172).

d'un demi-ton par le dièse ou par le bécarre, suivant la circonstance. Si cette note est telle que l'indique l'armure, c'est-à-dire si elle ne reçoit pas le signe accidentel d'élévation, le ton est nécessairement du mode majeur précisé par l'armure.

Si, au contraire, le signe d'élévation est placé sur la dominante du majeur, celle qui forme le septième degré de la gamme mineure relative étant dièsée, perd sa fonction de note tonale du majeur pour prendre le rôle de note sensible de la gamme mineure relative.

Ce principe essentiel découle de ceci : qu'un ton du mode majeur ou mineur étant déterminé, la dominante et la note sensible doivent promptement apparaître, soit dans la mélodie, soit dans l'harmonie.

Voici, par exemple, un fragment de mélodie écrit en *ut* majeur ; ex. A.

La note *sol* de la troisième mesure, étant affectée du signe ♯, le chant passe au mode mineur de *la* ; ex. B.

§ 26. On vient de voir que, lorsque la médiante d'une gamme majeure est baissée d'un demi-ton, l'accord parfait majeur de la tonique passe du majeur au mineur du même ton, et que pour ce motif la médiante d'une gamme majeure prend la qualification de *note modale*.

Si du ton d'*ut* majeur on passe au mineur de la même tonique, les trois accords générateurs sont alors : *fa la♭ ut, ut mi♭ sol, sol si♮ ré*. Conséquemment le sixième degré de la gamme d'*ut* majeur est encore une *modale*, car il devient *la♭* en *ut* mineur.

La note sensible d'une gamme majeure peut aussi être considérée comme étant une troisième modale, car on sait que, dans les deux premiers systèmes de la gamme mineure descendante, cette note est la même que la dominante de la gamme majeure génératrice, c'est-à-dire qu'elle ne prend pas le signe d'élévation. Ainsi la gamme descendante d'*ut* mineur, qui dérive de celle de *mi♭* majeur, avec trois bémols à l'armure, s'écrit de cette manière ; ex. C.

D'où l'on voit que la Médiante, la Sus-dominante, et la Sensible sont les notes *modales* d'une gamme donnée.

Si, dans le mode majeur, ces trois notes sont abaissées d'un demi-ton par le ♭, on passe au mineur de la même tonique, et réciproquement.

Pour résumer en quelques mots cette première partie, disons :

1° Que le son produit l'accord ;

2° Que l'accord engendre le ton ou la gamme, laquelle peut être du mode majeur ou du mode mineur, suivant la forme affectée par les deux tétracordes qui la composent ;

3° Que la gamme mineure est naturellement construite avec les notes de la gamme majeure, sauf quelques modifications ordonnées par l'oreille ;

4° Nous dirons, enfin, que le chant et les accords qui l'accompagnent provenant de la même source, il convient de ne pas les séparer. Toutefois, si, dans la seconde partie de cet ouvrage, on s'occupe plus particulièrement des principes sur lesquels s'appuie l'enchaînement rationnel des accords, c'est afin de trouver par la suite les moyens d'opérer avec élégance et sûreté le rapprochement de la mélodie et de l'harmonie.

DEUXIÈME PARTIE

HARMONIE SIMPLE

DE LA DOUBLURE DES NOTES. — DE LA SUCCESSION DES ACCORDS PARFAITS. — DES CADENCES HARMONIQUES.

§ 27. Comme on le sait, les accords parfaits n'ont que trois sons; ils sont composés d'une fondamentale, d'une tierce et d'une quinte.

Si l'on veut écrire de l'harmonie pour plus de trois voix ou de trois instruments, il faut nécessairement que certains sons de ces accords soient reproduits à leurs octaves. Dans le langage de l'harmonie, cette reproduction prend le nom de *doublure*, si l'une des notes n'est répétée qu'une seule fois; et de *triplure*, si cette note est reproduite à deux octaves.

Remarquons, tout d'abord, qu'en doublant ou en triplant une note, on n'introduit dans un accord aucun son nouveau; on ne fait que donner plus de consistance, plus de sonorité à la note doublée ou triplée.

La fondamentale étant la note la plus importante, on peut toujours sans inconvénient la reproduire à son octave inférieure ou supérieure. (Voir plus loin § 78).

§ 28. Une succession d'accords rationnelle et agréable à la fois, la plus simple et en même temps la plus directe, est celle qui résulte d'un mouvement de *va et vient* établi entre l'accord de la tonique et celui de la dominante (§ 11); ex. A.

L'enchaînement d'aller et de retour de l'accord de la tonique avec celui de la sousdominante, forme également une succession naturelle d'accords dont le principe a été expliqué au § 11; ex. B.

Supposons le premier des deux cas précédents, c'est à dire celui où l'accord de la dominante succède à celui de la tonique : l'oreille, après avoir éprouvé le sentiment du ton exprimé par le premier accord, désire naturellement y revenir.

Ce désir est surtout excité par la présence de la note sensible renfermée dans l'accord de la dominante (§ 18). Aussi, lorsque le retour sur l'accord de la tonique est opéré, la satisfaction de l'oreille est complète et le sens musical est terminé.

La succession alternative de ces deux accords se nomme *cadence* (du latin *cadere*, tomber). Cadence signifie donc chute, terminaison, conclusion.

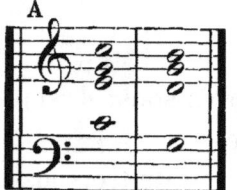

Le mouvement de l'accord de la tonique sur celui de la dominante prend le nom de cadence imparfaite. L'imperfection de cette cadence consiste dans une suspension du sens musical; ex. A.

Au contraire, le mouvement de l'accord de la dominante sur celui de la tonique, qui produit sur l'oreille une satisfaction complète, se nomme la *cadence parfaite*; ex. B.

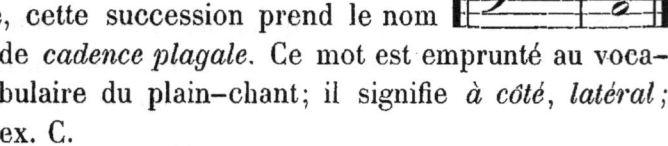

§ 29. Lorsque l'accord de la sousdominante est suivi de celui de la tonique, cette succession prend le nom de *cadence plagale*. Ce mot est emprunté au vocabulaire du plain-chant; il signifie *à côté*, *latéral*; ex. C.

La cadence plagale ne produit pas sur l'oreille une terminaison du sens musical aussi complète que la cadence parfaite; cela tient à ce que la tendance de l'accord de la sousdominante vers celui de la tonique, n'est pas aussi marquée que celle de l'accord de la dominante vers ledit accord. Cette sorte d'inertie de l'accord du quatrième degré est le résultat de l'absence de la note sensible dans cet accord.

Remarque. La constitution primitive et fondamentale de l'harmonie moderne consiste dans les cadences parfaite et imparfaite. La cadence plagale n'est à la rigueur qu'un accessoire; d'où il résulte que l'accord tonal du quatrième degré n'a pas l'importance de l'accord tonal du cinquième.

C'est pourquoi, après la gamme d'*ut*, prise pour modèle des gammes majeures, tous les théoriciens ont, à l'exemple de Rameau, indiqué d'abord la marche par quintes ascendantes à l'aide du dièse dans la génération des gammes majeures, avant de les former par quintes descendantes à l'aide du bémol. La marche par quinte supérieure doit donc être la première abordée, avec d'autant plus de raison que les six premières notes de la gamme de *sol*, quinte supérieure, se trouvent placées sans interruption dans la gamme d'*ut* ; de sorte que lorsqu'on les fait entendre diatoniquement en montant, le *fa*♯ (note sensible) est deviné instinctivement même par un jeune enfant.

Il n'en est pas de même de la gamme de *fa* (quinte inférieure d'*ut*) ; le *si*♭, que l'on place sur le quatrième degré, n'est pas senti aussi facilement, parce que le nombre des notes de la gamme d'*ut*, qu'il faut entendre pour arriver diatoniquement jusqu'au *si*♭, en partant de *fa* et en montant, ce nombre de notes, disons-nous, n'est pas suffisant pour que la gamme de *fa*, avec son *si*♭ sur le quatrième degré, soit instinctivement devinée comme le *fa*♯, note sensible de la gamme de *sol*.

§ 30. Dans le mode mineur, les cadences *parfaite*, *imparfaite* et *plagale* ont lieu d'une manière complètement analogue ; ex. A, B, C.

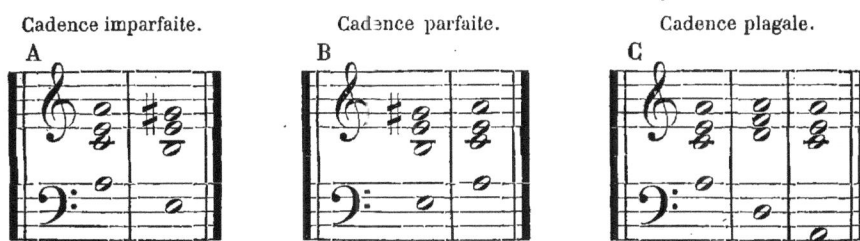

Cadence imparfaite. A   Cadence parfaite. B   Cadence plagale. C

Dans les deux modes, l'accord parfait majeur de la dominante, frappé *à priori* et suivi de l'accord de la tonique, suffit pour déterminer le ton ; ex. D.

D   En ut majeur.   En la mineur.   En sol majeur.   En fa majeur.   En ré mineur, etc.

Parmi les diverses cadences que nous avons à signaler, celles qui ont lieu entre l'accord de la tonique et celui de la dominante, vu leur importance, se nomment : *cadences principales*.

§ 31. La succession de l'accord parfait de la sousdominante, frappé *à priori* et suivi de l'accord de la tonique, ne suffit pas pour produire le caractère d'une cadence plagale ; ex. A.

L'oreille étant de prime abord impressionnée par l'accord de *fa* majeur, le prend naturellement pour un accord de tonique, et, dans ce cas, l'accord d'*ut* majeur qui lui succède, devient accord de dominante, ce qui fait entendre une cadence imparfaite en *fa* majeur.

§ 32. Pour que l'effet de la cadence plagale soit apprécié, il faut, au préalable, que l'accord du premier degré du ton dans lequel on veut l'établir, ait été entendu ; ex. B.

La cadence plagale ne détermine le ton que d'une manière vague ; cela tient, comme on l'a déjà dit, à l'absence de la note sensible dans l'accord de la sousdominante ; mais le caractère de cette cadence est empreint d'une majesté qui en exclut la pratique dans les mouvements rapides. C'est pourquoi, dans la musique moderne où les tons et les modes sont toujours bien définis, elle est plus rare que les cadences principales. Son emploi a lieu le plus ordinairement à la fin des morceaux d'un caractère grave ou religieux. On peut la faire suivre ou la faire précéder de la cadence parfaite : ex. C et D.

Mode majeur.   Mode mineur.

§ 33. Nous n'avons encore produit jusqu'ici que la succession de l'accord de la tonique (générateur principal) précédé ou suivi de l'accord de la dominante ou de celui de la sousdominante (ses deux générateurs subordonnés).

Essayons de les faire entendre tous les trois en établissant l'ordre régulier dans lequel ils doivent se suivre.

On sait que lorsqu'on veut obtenir un sens complètement terminatif, l'accord de la dominante, à cause de la note sensible qu'il contient, doit toujours précéder celui de la tonique sur lequel a lieu la cadence parfaite. Il est donc naturel de frapper l'accord de la sousdominante avant celui de la dominante; ex. A et B.

En général, la succession des trois accords parfaits des notes tonales se nomme une formule de cadence *parfaite*, *imparfaite* ou *plagale*, suivant le cas.

La plus simple de toutes les formules est celle qui ne renferme que ces trois accords.

§ **34.** Si l'accord de la sousdominante est entendu après celui de la dominante, le mouvement du premier sur celui de la tonique produit une cadence plagale; ex. C et D.

Conseils. Pour commencer à se familiariser avec le mécanisme des cadences, il serait très-utile d'écrire cette formule dans tous les tons du mode majeur et du mode mineur, et de l'exécuter, ainsi écrite, sur le clavier. En voici quelques exemples; E, F, G, H.

DE LA BASSE FONDAMENTALE ET DE L'HARMONIE FONDAMENTALE

§ 35. Une mélodie étant donnée, on peut en même temps faire entendre au-dessus ou au-dessous une autre mélodie s'accordant avec elle et qui prend le nom d'accompagnement (1).

Lorsque la mélodie d'accompagnement est plus grave que le chant donné, on la nomme la *basse*.

Supposons que l'on veuille accompagner par une basse le chant que produit la gamme d'*ut* majeur ; à mesure que chacune des notes apparaîtra, si l'on fait entendre en même temps le générateur qui la produit, c'est-à-dire l'une des trois notes tonales, *fa ut sol*, non seulement ce générateur s'accordera avec la note du chant, mais encore il ne sera pas possible de produire une basse d'accompagnement plus simple ; ex. A.

§ 36. *Remarque.* La note *ut* a deux générateurs, *ut* et *fa*. Nous avons préféré prendre le générateur *ut* parce que le *fa*, placé à la basse dans cette circonstance, donnerait au début l'impression du ton de *fa*, et nous avons voulu que la gamme accompagnée fût celle d'*ut*.

Sous la note *sol* (dominante), qui a aussi deux générateurs, *ut* et *sol*, on peut sans inconvénient placer le générateur *ut* ou le générateur *sol*.

Le premier produit une cadence parfaite ;

Le deuxième produit une cadence imparfaite.

§ 37. L'accompagnement des notes de la gamme descendante se fait d'après le même principe ; ex. B.

(1) Il n'est pas rare de trouver des personnes qui, sans être musiciennes, et sans avoir la moindre notion des principes de l'harmonie, chantent par instinct, ce que l'on nomme communément un *second dessus* ou un *second dessous*.

FONDAMENTALE

La série des générateurs écrits et frappés sous les notes de la gamme se nomme la *basse fondamentale*.

Si l'on examine en particulier l'espèce de mélodie qui résulte de l'ensemble des notes de cette basse fondamentale, on y trouve divers intervalles qu'il est utile de signaler.

Dans la gamme ascendante (ex. A ci-dessus), le mouvement mélodique de la basse a lieu de la manière suivante : *ut sol ut fa ut fa sol ut*. Dans l'exemple B ci-dessus, le mouvement de la basse se fait ainsi : *ut sol fa ut fa ut sol ut*. Il en faut conclure que la marche la plus simple et la plus naturelle de la basse fondamentale se fait par :

Quinte supérieure	ut sol,
Quarte inférieure	sol ut,
Quarte supérieure	ut fa,
Quinte inférieure	fa ut,
Seconde supérieure	fa sol,
Seconde inférieure	sol fa.

§ 38. Quand la basse procède par mouvement diatonique comme *sol fa*, *fa sol*, on dit alors que sa marche a lieu par *degré conjoint*. Elle marche par *degré disjoint*, lorsque ses intervalles mélodiques ne sont pas diatoniques, comme : *ut sol, ré la*, etc.

§ 39. Si, sur chacune des notes de la basse fondamentale précédente, on construit un accord parfait majeur, le chant de la gamme est alors accompagné par une harmonie qu'on dit être fondamentale, c'est-à-dire que les accords qui composent cet accompagnement ont tous leur fondamentale à la note la plus grave. Dans ce cas, on les appelle des *accords fondamentaux*; ex. A.

Nous ferons remarquer que, dans cet exemple, les accords qui accompagnent le chant de la gamme d'*ut* ne forment ici qu'une harmonie de démonstration ; nous ferons connaître plus loin la manière d'écrire ces accords et de les enchaîner convenablement.

36 DE LA BASSE NON-FONDAMENTALE

§ 40. L'harmonie d'accompagnement de la gamme mineure se fait d'après le même principe; ex. A.

Malgré les défectuosités inhérentes à la succession de ces accords, on fera un exercice utile en accompagnant de la même manière, sur le clavier, toutes les gammes majeures et mineures.

DE LA BASSE NON-FONDAMENTALE ET DES ACCORDS RENVERSÉS

§ 41. Supposons maintenant que le chant de la gamme d'*ut* soit formé par les notes de la basse; dans ce cas, l'accompagnement se trouvera placé au-dessus de cette basse; ex. B.

On remarquera que l'harmonie de chacun des accords de ces exemples est comprise entre la note la plus grave, qui produit le chant de la gamme écrit sur la portée en clé de *fa*, et la note la plus aiguë de l'accompagnement placé sous la portée en clé de *sol*.

En examinant la forme de chacun des accords, on reconnaîtra que dans les uns la fondamentale est à la basse, tandis que dans les autres elle est placée soit au milieu, soit dans le haut de l'harmonie. Ainsi, le premier accord, *ut mi sol ut*, a sa fondamentale *ut* à la basse. Le deuxième accord, qui a *ré* pour sa note de basse, présente sa fondamentale *sol* dans le milieu de l'harmonie. La fondamentale *ut* du troisième accord est placée à l'aigu, tandis que sa note de basse est *mi*. Le quatrième accord *fa la ut*, a sa fondamentale à la basse ; etc.

Comme il est convenu que tout accord qui a sa fondamentale à la basse prend le titre d'accord *fondamental*, l'on qualifie de *renversé* celui qui n'a pas sa fondamentale au grave. D'où il résulte qu'un accord ne se présente jamais que sous la forme dite *fondamentale* ou sous la forme dite *renversée*.

Lorsqu'une série entière est écrite dans l'état de renversement des accords, on dit que l'harmonie est *non-fondamentale*.

Le plus souvent on combine les accords fondamentaux avec les accords renversés. Autrefois ce mélange de basses fondamentales et non-fondamentales, produites généralement par les instruments d'accompagnement qui n'étaient pas soumis aux interruptions obligées des basses vocales, se nommait la *basse continue* (1) ; mais cette désignation, dont le sens n'a plus rien de précis, n'est pas en usage dans les écoles modernes. Le genre de basses qui provient, de l'enchaînement rationnel d'accords fondamentaux et renversés, forme le fond de toute la musique de nos jours, et l'on y trouve rarement des morceaux dans lesquels la basse reste fondamentale d'un bout à l'autre.

§ 42. Le renversement de l'accord a été le premier pas qu'on ait fait vers le perfectionnement de l'harmonie. Dans l'origine, les accords se pratiquaient seulement sur l'orgue : quelques accords fondamentaux, le plus souvent sans liaison, accompagnaient, sur cet instrument, des chants très simples exécutés à l'unisson par les voix humaines. Ce genre d'harmonie primitive s'est prolongé jusqu'au quinzième siècle. Vers cette époque, des compositeurs tentèrent des innovations qui eurent pour résultat de faire comprendre la possibilité d'écrire de l'harmonie pour les voix. Mais lorsqu'ils voulurent enchaîner des accords vocaux comme on les pratiquait sur les instruments spéciaux, c'est-à-dire à l'état fondamental, ils se trouvèrent en face de difficultés physiques dont il a fallu tenir compte.

§ 43. Supposons, en *ut* majeur, que l'accord de la tonique *ut mi sol* et l'accord de la dominante *sol si ré* soient écrits, en harmonie serrée, dans leur état fondamental, et qu'ils soient destinés à être exécutés par trois voix humaines de diapasons très distincts : une *basse*, une voix de médium et

(1) Fétis, *Traité complet d'Harmonie*, page 134.

une voix aiguë de femme ; supposons en même temps que l'on veuille remplir l'harmonie de ces deux accords, c'est-à-dire qu'ils se présentent avec toutes leurs notes; si cette harmonie vocale est figurée comme celle des instruments alors en usage, la succession sera écrite de cette manière; ex. A (1).

L'exécution de ces deux accords fondamentaux, produite par les voix, de la même manière que sur l'instrument d'accompagnement, et en conservant à chacune d'elles le rang qu'elle doit occuper dans l'harmonie, assignera aux voix ces trois rôles :

      Voix aiguë de femme   sol   ré
      Voix du médium   mi   si
      Voix de basse   ut   sol

Nous ne pouvons pas encore signaler le vice capital de cette succession, mais on comprend aisément que la marche de chacune des voix, les obligeant à produire des intervalles peu naturels, il est à craindre que les intervalles ne soient pas chantés avec toute la justesse d'intonation désirable.

§ 44. Essayons maintenant de produire la même succession en appliquant un principe qui fut aperçu de bonne heure par les premiers harmonistes, et en vertu duquel, pour enchaîner dans les meilleures conditions deux accords qui ont une note commune, il faut que cette note soit conservée sur le même degré, c'est-à-dire qu'elle soit soutenue d'un accord à l'autre par la même voix.

Ici *sol* est la note commune qui lie les deux accords. Dans ce cas, si l'on veut les produire à l'état fondamental et au complet, il y aura nécessité d'écrire la succession de cette manière; ex. B.

D'après le principe qui vient d'être énoncé, la note *sol*, commune aux deux accords de l'exemple B, étant prolongée du premier au second accord de la même manière, il en résulte le fait anormal que la voix qui chante *mi* dans *ut mi sol*, monte au *ré* du second accord *sol si ré*, et que la basse qui chante *ut* passe au *si* du même accord. Dans ce cas, non-seulement ces deux voix sont obligées d'exécuter des intervalles de septième *mi ré* et *ut si* difficiles d'intonation (ce que l'on doit toujours éviter), mais encore il se produit ce qu'on appelle un *croisement de voix*, c'est-à-dire qu'une voix grave passe par dessus une voix aiguë, ou en sens contraire qu'une voix

---

(1) Dans l'état des choses, la voix aiguë chantera dans son régistre le plus grave et la voix grave produira ses notes les plus aiguës.

aiguë vient attaquer des notes plus basses que celles des voix graves, et conséquemment hors de leur diapason (1).

La nécessité indique qu'il fallait écrire et exécuter la succession B (ci-dessus) de la manière suivante ; ex. A.

Ainsi, dans certain cas, la marche la plus simple et la plus naturelle des voix humaines produit nécessairement le renversement des accords.

Un fait analogue au précédent se passe dans la succession de l'accord de la tonique *ut mi sol* et de celui de la sousdominante *fa la ut;* ex. B.

Dans l'exemple A, la plus aiguë des voix soutient la note commune *sol*.

Dans l'exemple B, ce rôle est assigné à la basse qui conserve la note *ut*.

§ 45. Avant d'entrer dans les détails de la théorie des renversements, il est utile de faire remarquer que, pour constituer complétement l'accord le plus simple, il est nécessaire d'employer au moins trois sons. On conçoit aisément que deux sons différents entendus simultanément puissent s'accorder ; mais leur agrégation ne formera qu'une portion d'accord. Quelques exemples confirmeront ce principe.

Soient données les deux notes *ut mi*, formant une tierce ; ex. C.

Cette tierce *ut mi* peut appartenir si l'on veut à l'accord parfait majeur d'*ut*, en ajoutant la note *sol* au-dessus du *mi*; ex. D.

Mais si l'on ajoute la quarte *la* au-dessus du *mi*, on obtient un renversement de l'accord parfait de *la* mineur ; ex. E.

Quoique, dans certains cas indiqués plus loin (§ 60), les deux notes, *ut* et *mi*, puissent à elles seules représenter l'accord parfait majeur d'*ut*, il n'en est pas moins vrai que cet accord ne sera complet que par la présence de la note *sol*. Il en est de même pour les deux notes *ut la* de l'exemple E, qui appartiendraient à l'accord de *fa*, si l'on écrivait *fa* au lieu de *mi*.

Les deux notes superposées *ut sol* forment une quinte juste ; pour reconnaître si cet intervalle appartient à un accord parfait majeur ou mineur, il est nécessaire de faire intervenir le troisième son *mi* ou *mi* ♭.

(1) Le croisement des voix est quelquefois mis en pratique et devient régulier dans certains cas ; mais il ne peut jamais avoir lieu qu'entre des voix de diapasons voisins. Au reste, une impossibilité purement physique s'oppose le plus souvent au croisement des voix.

§ 46. Dans un accord quelconque, fondamental ou renversé, complet ou incomplet, on désigne les notes qui le composent par le nom de *parties*. Il suit de là que les *parties* correspondent aux diverses voix ou aux instruments qui concourent à la production de l'harmonie.

La note la plus aiguë d'un accord se nomme la première partie; la deuxième partie est celle qui est placée immédiatement au-dessous de la première. La troisième partie est au-dessous de la deuxième et ainsi de suite. Quel que soit le nombre des parties dont se compose un accord fondamental ou renversé, la plus grave prend toujours le nom de *basse*.

L'harmonie à deux parties se nomme le *duo*. Trois parties forment le *trio*. Le *quatuor*, le *quinque* ou *quintette*, le *sextuor* et le *septuor*, sont synonymes de l'harmonie à quatre, cinq, six et sept parties. L'harmonie à huit parties n'a pas de dénomination spéciale.

Quand un morceau de musique est écrit pour une ou plusieurs parties vocales dont chacune peut être exécutée par un nombre indéterminé de voix, on l'appelle un *chœur*. On conçoit d'après cela que l'on puisse chanter des chœurs à l'unisson, à deux, à trois, à quatre parties et plus.

La réunion de tous les instruments à archet, à vent et à percussion, constitue un *orchestre*. Suivant leur nature, ces instruments correspondent aux divers diapasons et aux divers timbres des voix humaines. Le violon, la flûte, le hautbois, la clarinette, etc., représentent les voix de femme ou d'enfant; l'alto, le basson, le cor, etc., sont en rapport avec les voix humaines du medium; le violoncelle, la contrebasse, le trombonne, l'ophycléide, etc., remplissent les fonctions des diverses voix graves; enfin l'orgue et le piano représentent, soit un ensemble de toutes les voix, soit un orchestre complet.

DES INTERVALLES ET DE LEURS RENVERSEMENTS

§ 47. On sait que la distance d'un son à un autre se nomme un *intervalle*. En harmonie, l'intervalle d'octave est considéré comme étant le plus grand; ainsi tous les intervalles possibles sont renfermés dans l'étendue d'une octave.

Tout intervalle qui dépasse l'octave n'est qu'un redoublement d'intervalle simple; ainsi la *neuvième* est considérée comme reproduisant une *seconde;* la *dixième* est le redoublement de la *tierce;* la *onzième* est une *quarte* redoublée, et ainsi de suite. Toutefois, on verra plus loin que, dans la succession des accords, on pratique l'intervalle de *neuvième* sans pouvoir le simplifier par celui de *seconde.*

Les intervalles sont mélodiques ou harmoniques. L'intervalle mélodique est celui dont les deux termes sont frappés séparément.

Si les notes sont entendues simultanément, l'intervalle est *harmonique*.

Un intervalle renferme tous les degrés diatoniques qui le forment. Ainsi la *seconde* renferme deux degrés *conjoints*, comme *ut ré, mi fa;* la tierce *ut mi* contient trois degrés, *ut ré mi;* la quarte *ut fa* se compose de quatre degrés, *ut ré mi fa,* etc.

§ 48. Le langage de l'harmonie se prête facilement au double sens; ainsi l'on dit quelquefois : la *seconde,* la *tierce,* la *quarte,* etc., pour désigner le 2e, le 3e, le 4e, etc., degrés de la gamme. Ces mots de *seconde, tierce, quarte,* etc., sont également employés pour désigner, soit les notes d'un accord, soit les intervalles que ces notes forment entre elles. Ainsi, dans l'accord *ut mi sol,* la note *mi,* placée à distance de tierce de la fondamentale *ut,* se nomme la tierce de cet accord, la note *sol* en est la quinte. Pour éviter le trouble qui pourrait naître de ces ambiguités, nous dirons que dans le ton d'*ut,* par exemple, la note *ut* est le premier degré de la gamme, la fondamentale de l'accord *ut mi sol,* ou la tonique. Mais si cette même note *ut* forme la quinte du 4e degré *fa la ut,* nous la désignerons par *quinte* de l'accord de *fa.* Dans l'accord du 6e degré *la ut mi,* la note *ut* remplit la fonction de tierce; on la nomme alors la *tierce* de cet accord. La note *ré,* 2e degré de la gamme d'*ut,* devient la *quinte* de l'accord de la dominante *sol si ré,* et ainsi de suite.

Aussi, dans l'intérêt de la clarté qui est indispensable à l'exposé des principes de l'harmonie, nous conserverons aux notes de la gamme les dénominations de *tonique* ou 1er degré, *sustonique* ou 2e degré, *médiante* ou 3e degré, etc., en réservant celle de *seconde, tierce, quarte, quinte, sixte, septième, octave,* pour désigner la fonction de ces mêmes notes dans les accords fondamentaux ou renversés. Par exemple, dans l'accord *si ré sol,* renversement de l'accord de *sol* (dominante en *ut*), la sustonique *ré* forme la tierce de l'accord *si ré sol,* et la note *sol* (5e degré) forme la sixte de ce même accord. On dira donc que la note *ré* est la tierce, et que la note *sol* est la sixte de l'accord renversé *si ré sol.*

§ 49. Lorsqu'on veut renverser un intervalle donné, il faut porter une des deux notes qui le forment à son octave au dessus ou  au dessous, à condition toutefois que la note qui passe à l'octave *croise* celle qui reste en place ; ex. A.

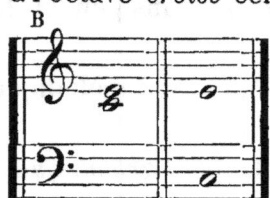

L'intervalle donné *ut mi* devient *mi ut* par le renversement ; on voit que la note *ut* a croisé la note *mi* en montant à l'octave. Supposé que l'on porte la même note *ut* à l'octave inférieure, exemple B, il est évident que, dans cet exemple, il n'y a pas de renversement, parce que la note *ut* n'a pas croisé la note *mi*. On n'obtient ainsi qu'un redoublement d'intervalle de tierce.

Mais si la note *mi* de l'intervalle *ut mi* (ex. A ci-dessus) est portée à son octave inférieure, le renversement a lieu dans ce cas, parce que le *mi* passe par dessus l'*ut* ; ex. C.

En général, quand on veut apprécier facilement les intervalles d'un accord, il faut l'écrire en harmonie serrée. Le moyen d'obtenir sous cette forme l'harmonie des renversements consiste à porter les notes de basse des accords à leur octave supérieure.

Supposons, par exemple, que l'on veuille opérer le renversement de l'accord *ut mi sol* ; si l'on porte la note *ut* à l'octave supérieure, on obtient *mi sol ut* en harmonie serrée ; ex. D.

Si la note *mi* est portée à l'octave inférieure, le renversement a lieu également ; mais l'accord est écrit en harmonie large ; ex. E.

Ces exemples sont suffisants pour montrer que l'on doit théoriquement opérer les renversements de bas en haut. Cette règle est simplement un fait d'enseignement qui n'exclut pas la pratique du renversement du haut en bas, lorsqu'il est jugé nécessaire par le compositeur.

§ 50. Ces principes étant posés, si l'on prend en montant les intervalles de la tonique d'une gamme à ses divers degrés et qu'on les renverse, voici quel sera le résultat :

L'unisson	ut	ut	renversé produit	l'octave	ut	ut
La seconde	ut	ré	—	— la septième	ré	ut
La tierce	ut	mi	—	— la sixte	mi	ut
La quarte	ut	fa	—	— la quinte	fa	ut
La quinte	ut	sol	—	— la quarte	sol	ut

La sixte   ut la   renversée produit la tierce   la ut
La septième ut si   —   —   la seconde si ut

Si l'on représente ces intervalles et ceux de leurs renversements par les nombres qui les expriment, on obtiendra le tableau suivant :

```
Intervalles     1 2 3 4 5 6 7 8
Renversements   8 7 6 5 4 3 2 1
```

A la simple inspection de ce tableau, on voit que la somme de deux nombres qui expriment chacun un intervalle quelconque et son renversement donne toujours 9.

On déduit de ce fait un moyen facile de trouver le renversement qui correspond à un intervalle donnée. Ce moyen consiste simplement à prendre le complément à 9 de l'intervalle choisi. D'après la remarque précédente, ce nombre complémentaire exprimera toujours l'intervalle des deux notes, renversé.

Ainsi le complément à 9 de la tierce 3 est 6 ; la sixte est donc le renversement de la tierce. Réciproquement le renversement de la sixte 6 donne la tierce 3. De même la quinte renversée produit la quarte, et la septième la seconde, car les compléments à 9 des nombres qui représentent les intervalles sont 4 et 2 qui expriment à leur tour la quarte et la seconde.

Suivant le nombre de demi-tons qui entrent dans un intervalle, celui-ci prend une des qualités suivantes : *juste, majeur, mineur, augmenté, diminué*. La quinte qui résulte directement de la résonnance d'une corde sonore, la quarte son renversement et l'octave prennent seules la qualité de *justes*.

L'intervalle *juste* ne prend pas la qualité de *majeur* ou *mineur* (1).

L'intervalle mineur est plus petit d'un demi-ton que l'intervalle majeur de même nom. Ainsi une tierce majeure renferme deux tons, tandis que la tierce mineure ne contient qu'un ton et un demi-ton.

§ 51. L'intervalle *augmenté* est plus grand d'un demi-ton que l'intervalle majeur de même nom. Enfin, l'intervalle diminué est plus petit d'un demi-ton que l'intervalle mineur.

Pour nous rendre compte du renversement des intervalles ainsi qualifiés, commençons par le plus petit intervalle diatonique *ut ré$\flat$* (seconde mineure); son renversement produit une septième majeure *ré$\flat$ ut*. La seconde

---

(1) Quelques auteurs ont essayé de faire admettre les qualifications de *majeure* et *mineure* pour la quarte et la quinte. Mais la difficulté n'est pas levée par ces innovations. Aussi nous conserverons les expressions de *quarte* et de *quinte* augmentée ou diminuée qui sont plus généralement usitées.

majeure *ut ré♮* renversée produit une septième mineure *ré♮ ut*. Il est évident que l'intervalle de septième majeure *ré♭ ut*, qui provient de la seconde mineure *ut ré♭*, est plus grand d'un demi-ton que la septième mineure *ré♮ ut* produite par le renversement de la seconde majeure *ut ré♮*.

On voit donc que le majeur donne le mineur et que le mineur produit le majeur au renversement.

On pourrait démontrer de la même manière que l'intervalle augmenté produit, au renversement, un intervalle diminué et *vice versa*.

En résumé :

   Le juste   produit le juste,   L'augmenté   produit   le diminué,
   Le majeur   —   le mineur,   Le diminué   —   l'augmenté.
   Le mineur   —   le majeur,

Les intervalles qui prennent la qualité de *juste* peuvent être augmentés ou diminués.

Remarque. Dans la gamme majeure, tous les intervalles comptés de la tonique à ses divers degrés en montant sont majeurs ou justes, ainsi *ut ré, ut mi, ut la, ut si* sont des intervalles majeurs; *ut fa, ut sol* et l'octave *ut ut* sont des intervalles justes.

En descendant, les intervalles comptés de la tonique sont mineurs ou justes. Ainsi *ut si, ut la, ut mi, ut ré* sont des intervalles mineurs, et *ut sol, ut fa, ut ut* sont des intervalles justes.

Il y a moins de régularité dans la gamme mineure : car, en montant, on y trouve deux intervalles majeurs, *la si* et *la sol♯*, deux intervalles mineurs, *la ut* et *la fa*, et trois intervalles justes, *la ré, la mi* et l'octave *la la*.

DE LA CONSONNANCE ET DE LA DISSONANCE

§ 52. Un intervalle est *consonnant* ou *dissonant*. L'intervalle consonnant est celui qui a la propriété de laisser l'oreille en repos, c'est-à-dire de ne pas lui donner le désir d'entendre quelque chose en deçà ou au delà des deux sons qui forment cet intervalle.

Tous les intervalles consonnants sont renfermés dans l'accord de la résonnance harmonique d'une corde sonore; les voici :

1° L'octave	ut	ut	et son renversement l'unisson	ut	ut
2° La tierce majeure	ut	mi	— la sixte mineure	mi	ut
3° La tierce mineure	mi	sol	— la sixte majeure	sol	mi
4° La quinte juste	ut	sol	— la quarte juste	sol	ut

On compte ainsi huit intervalles consonnants qui produisent sur l'oreille des impressions diverses.

Le rapport d'octave produit une consonnance si parfaite que l'oreille confond les deux sons qui la forment.

La tierce majeure est claire, majestueuse, brillante.

La tierce mineure est douce et mélancolique.

La quinte juste est dure ; la quarte juste est également dure, mais l'est moins que la quinte.

Lorsque tous les intervalles d'un accord sont consonnants, l'accord est lui-même qualifié de consonnant. Il y a deux accords consonnants :

1° L'accord parfait majeur ;

2° L'accord parfait mineur.

Les renversements de ces accords sont également consonnants.

§ 53. Le mot *dissonance* n'entraîne pas l'idée d'un intervalle faux. Ce mot signifie : qui sonne diversement. C'est le contraire de la consonnance, en ce sens que l'oreille éprouve si peu le sentiment du repos sur l'intervalle dissonant que, pour la satisfaire, il est indispensable de donner à la dissonance une suite qu'on exprime par les mots *résolution de la dissonance*.

De même que tous les perfectionnements progressifs de la musique, l'introduction de la dissonance dans l'harmonie a été le résultat de la pratique des accords consonnants, ainsi que nous aurons l'occasion de le démontrer.

Si l'on admet, par hypothèse, que la résonnance d'une corde sonore ne renferme aucune dissonance, il faut alors chercher les intervalles dissonants dans les agrégations diverses qu'en dehors des consonnances on peut produire par des combinaisons de notes de la gamme diatonique et chromatique.

Si l'on prend pour exemple la gamme diatonique d'*ut* majeur, on y trouve :

1° La seconde majeure	ut	ré,	et son renversement la sept. mineure	ré	ut
2° La seconde mineure	si	ut	— la sept. majeure	ut	si
3° La quarte augmentée	fa	si	— la quinte diminuée	si	fa

Quelles que soient les agrégations que l'on fasse, deux à deux, des notes de la gamme majeure, on ne trouve jamais que les intervalles dissonants qui viennent d'être classés.

Quant aux intervalles augmentés ou diminués, autres que la quarte augmentée et la quinte diminuée, naturellement inhérents à la gamme, ils résultent des notes de la gamme diatonique combinées avec celles de la gamme chromatique, ou de la réunion de deux sons de cette dernière (1).

Ces intervalles sont tous dissonants.

En résumé, les intervalles consonnants sont renfermés dans l'accord parfait majeur, et tout intervalle qui ne provient pas de cet accord est une dissonance.

Une seule dissonance introduite dans un accord le rend dissonant.

RENVERSEMENTS DES ACCORDS PARFAITS

§ 54. On a vu que tout accord qui n'a pas sa fondamentale à la basse est renversé (§ 41).

Quand on veut renverser un accord fondamental, on porte la fondamentale à l'octave supérieure ; ce premier renversement se produit alors dans la forme harmonique la plus serrée, et l'on sait par le § 49 que c'est là le moyen de mesurer facilement les intervalles d'un accord pour en vérifier la qualité.

L'accord parfait majeur *ut mi sol*, composé d'une tierce majeure *ut mi*, et d'une quinte juste, *ut sol*, étant renversé une première fois, devient *mi sol ut*. Ex. A.

Ce premier renversement, composé d'une tierce mineure, *mi sol*, et d'une sixte mineure, *mi ut*, prend le nom d'*accord de sixte*.

La note *sol*, qui fait fonction de quinte dans l'accord fondamental *ut mi sol*, forme la tierce de l'accord de sixte, *mi sol ut*. C'est parce que la fon-

---

(1) D'après la théorie des vibrations de la corde sonore, on démontre que l'intervalle de septième mineure du son fondamental appartient au phénomène de la résonnance harmonique. On peut donc dire que le générateur *ut* engendre l'accord *ut mi sol si* ♭ ; mais cette dernière harmonique, *si* ♭, ne se manifeste toujours qu'avec une intensité à peine sensible par rapport aux autres sons *ut mi sol*, qui pour ce motif sont les seuls qui ont dû fixer l'attention.

damentale *ut* forme un intervalle de sixte avec la note de basse *mi*, que cette agrégation se nomme *accord de sixte*.

§ 55. Si la note de basse de l'accord de sixte *mi sol ut* est à son tour portée à l'octave supérieure, on obtient l'agrégation *sol ut mi*; ex. A.

Ce deuxième renversement, qui a pour note de basse la quinte *sol* de l'accord fondamental, se compose d'une quarte juste, *sol ut*, et d'une sixte majeure, *sol mi*. Pour ce motif, on le nomme *accord de quarte et sixte*.

Dans ce deuxième renversement, *sol ut mi*, la fondamentale *ut* se nomme *la quarte*, et la note *mi* (tierce de l'accord fondamental) se nomme *la sixte*.

La note de basse de l'accord de quarte et sixte, *sol ut mi*, étant portée à son octave supérieure, l'accord reprend son état fondamental; ex. B.

§ 56. Les renversements s'opèrent de la même manière dans l'accord parfait mineur. Ainsi l'accord, *la ut mi*, composé d'une tierce mineure, *la ut*, et d'une quinte juste, *la mi*, se renverse deux fois; exemple :

    la ut mi. . . . . . accord fondamental.
    ut mi la . . . premier renversement.
    mi la ut . . deuxième renversement.

Malgré la différence qui existe dans la qualité des intervalles d'un accord parfait mineur, comparés à ceux de l'accord parfait majeur, les dénominations des renversements sont les mêmes. Ainsi le premier renversement, *ut mi la*, est un accord de *sixte*, et le deuxième renversement, *mi la ut*, est un accord de *quarte et sixte*.

D'après cela, un accord parfait majeur ou mineur peut être envisagé sous trois aspects différents : 1° l'accord fondamental; 2° le premier renversement; 3° le deuxième renversement. On dit alors que le nombre des faces d'un accord est, en général, égal à celui de ses notes; cet accord a conséquemment autant de renversements que de notes moins une (1).

---

(1) Avant Rameau, les accords de sixte et de quarte-et-sixte étaient considérés comme indépendants des accords fondamentaux. C'est à ce savant musicien que l'on doit l'idée d'envisager le même accord sous plusieurs aspects au moyen des renversements. Depuis cette époque, l'étude de l'harmonie a été singulièrement simplifiée.

CARACTÈRE PARTICULIER A CHACUN

DE LA POSITION DES ACCORDS

§ 57. Lorsque l'harmonie est écrite pour des voix égales ou de diapasons voisins, les notes qui entrent dans les accords doivent former nécessairement des intervalles aussi rapprochés que possible et produire ainsi l'harmonie serrée; ex. A.

Au contraire, si les notes des accords forment des intervalles écartés, c'est que l'harmonie doit être produite par des voix de diapasons écartés; dans ce cas, il en résulte de l'harmonie large; ex. B.

Ces différentes manières de figurer les accords se nomment des *positions*. Un accord parfait fondamental, à trois parties et au complet, s'écrit de deux manières, c'est-à-dire qu'il peut avoir deux positions; ex. C.

Si l'on suppose l'accord parfait à quatre parties, avec la fondamentale doublée, dans ce cas il reçoit cinq positions différentes; ex. D et E.

A quatre parties, les renversements reçoivent le même nombre de positions que les accords fondamentaux. En voici un exemple sur le premier renversement de l'accord parfait majeur d'*ut*; ex. F.

La position d'un accord ne doit pas être confondue avec le renversement; en effet, la position dépend de la manière de disposer les parties d'un accord au-dessus d'une note de basse qui reste toujours la même; ex. G.

Dans le renversement, la basse change chaque fois; ex. H.

Les diverses positions des accords portent en elles différentes nuances d'expression qu'il est utile de signaler. Ainsi, lorsqu'un accord parfait fondamental de tonique, par exemple, destiné à conclure par cadence parfaite, et écrit à plus de deux parties, présente à la première partie la doublure de sa fondamentale, il offre, dans ce cas, un sens terminatif plus net que si la tierce ou la quinte de sa fondamentale occupait cette même place ; ex. A, B, C.

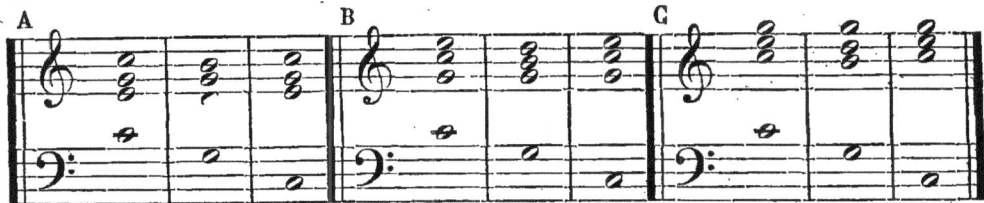

« Les accords parfaits deviennent plus ou moins expressifs, lorsque, sans
» toucher aux fondamentales, on change de place leurs harmoniques (1). »

§ 58. Chacun des aspects d'un accord parfait produit sur l'ouïe une impression qui lui est propre :

1° L'accord parfait fondamental est le seul qui soit complètement terminatif, car la cadence *parfaite* ou *plagale* n'est bien sentie que lorsque l'accord de la dominante et celui de la tonique sont tous les deux fondamentaux ;

2° Le premier renversement de l'accord parfait n'a pas le caractère de repos inhérent à l'accord fondamental ; ainsi, lorsqu'il est pratiqué sur l'accord parfait de la dominante, dans son mouvement sur l'accord de la tonique, on sent qu'il sollicite un point d'appui sur cet accord fondamental avec lequel il produit une sorte de terminaison incidente ; ex. comparatif D et E.

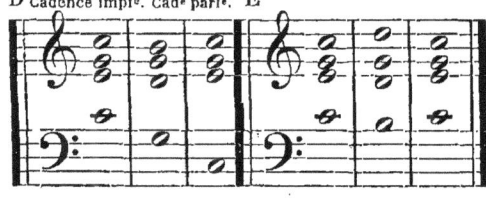

Si l'accord de sixte a lieu sur celui de la tonique, on sent que la conclusion est moins complète que sur l'accord fondamental ; ex. F.

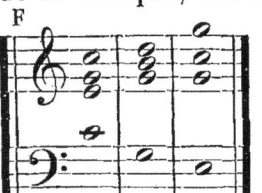

Il est rare qu'on le rencontre sous cette forme dans l'accord final d'une pièce de musique ; son emploi est plus fréquent dans les phrases intermédiaires, et si par hasard on le trouve dans la conclusion, c'est que le compositeur aura eu l'intention de produire un effet d'expression vague nécessaire à la situation ;

3° Le deuxième renversement (accord de quarte et sixte) est si peu termi-

---

(1) Mercadier de Belesta (*Nouveau système de musique*, page 172).

natif, que, lorsqu'il est frappé, il laisse l'oreille en suspens et appelle impérieusement l'accord parfait majeur fondamental de la note qui lui sert de basse; ex. A et B, sur l'accord de quarte et sixte de la sous-dominante.

Autres exemples sur l'accord de quarte et sixte de la tonique : ex. C, D.

Remarque. L'effet suspensif qui caractérise le deuxième renversement de l'accord parfait est plus senti sur l'accord de la tonique que sur celui de la sousdominante ou de la dominante; nous aurons l'occasion de constater que, sous cet aspect, le premier de ces trois accords est plus fréquemment employé que les autres.

DE LA PRATIQUE DES ACCORDS SUR LE CLAVIER

§ 59. L'harmonie à plus de trois parties, écrite dans la forme large, est principalement appropriée aux voix humaines ou aux instruments de diapasons écartés; sur le clavier du piano ou de l'orgue, le peu d'étendue des mains ne permet pas d'atteindre aux notes de tous les accords figurés, comme dans l'exemple E.

On est alors obligé de porter à leurs octaves inférieures ou supérieures les notes trop écartées; c'est ce qu'on appelle *réduire la partition* pour le clavier. On trouvera de plus grands détails sur cet usage au § 178.

DU CHANGEMENT DE POSITION

Il en résulte que l'harmonie large de l'exemple E ci-dessus, se traduit dans la forme serrée de la manière suivante; ex. A.

Ici, la main gauche exécute la basse pendant que la droite embrasse deux ou trois parties; c'est ainsi que se pratique, sur le clavier, l'harmonie dite d'accompagnement.

N. B. Dans le cours de cet ouvrage, destiné principalement aux personnes qui ont un clavier sous la main, les exemples pratiques seront écrits comme ci-dessus. Toutefois on aura le soin d'indiquer le moyen de traduire les accords du clavier en harmonie vocale ou instrumentale. Ces exemples n'auront à la basse qu'une seule note écrite sur la clé de *fa*; mais on pourra toujours, à l'exécution, doubler cette note à l'octave inférieure.

DU CHANGEMENT DE POSITION DES ACCORDS

§ 60. Un accord figuré sous une forme quelconque peut passer à une autre position. Ce changement contribue à la formation de la mélodie; il donne plus d'élégance aux successions d'accords, et il a souvent l'avantage de faire éviter certaines fautes d'harmonie dont nous parlerons aux §§ 91 et suivants; ex. B.

Toutefois, on doit non-seulement apporter dans les changements de position une réserve nécessaire, mais il faut encore qu'ils soient motivés; on risquerait, sans cela, de produire de l'harmonie décousue ou tourmentée; comme celle de l'ex. C.

DE L'HARMONIE PRATIQUE

RÈGLE GÉNÉRALE TOUCHANT LA SUCCESSION DES ACCORDS PARFAITS

§ 61. On sait que l'existence d'une note commune placée sur le même degré, est une des conditions qui permettent un bon enchaînement de deux accords (§ 44). On sait aussi que pour produire la formule de cadence parfaite la plus simple, on fait suivre, dans leur état fondamental, les accords des trois notes tonales de cette manière ; ex. A.

Dans cet exemple, l'accord de la tonique se lie bien à celui de la sousdominante par la note commune *ut*, qui leur sert de soudure. Mais ce dernier n'est pas, à l'égard de celui de la dominante, dans une condition aussi favorable, car ces deux accords n'ont pas entre eux de note commune. A ce propos, nous ferons observer que, lorsque deux accords parfaits ont leur fondamentale placée par degré conjoint, il est absolument impossible qu'ils aient une note commune ; ex. B.

C'est pourquoi, dans la formule simple de l'exemple A, ci-dessus, quand on passe de l'accord de la sous-dominante, *fa la ut*, à celui de la dominante, *sol si ré*, l'oreille éprouve comme un choc, ce qui n'a pas lieu dans la succession de l'accord de la tonique et de celui de la dominante ou de la sousdominante.

On expliquera au § 87, par quel moyen on peut faire marcher des accords fondamentaux qui n'ont pas de note commune.

Lorsqu'une cadence parfaite est précédée de la cadence plagale, tous les accords sont liés de l'un à l'autre par une note commune ; ex. C.

La succession des accords parfaits se produit soit à l'état fondamental des accords, soit par les renversements (§ 41). Si l'on écrit l'accord de la troisième mesure de l'exemple qui précède dans son deuxième renversement, on aura le résultat suivant ; ex. D.

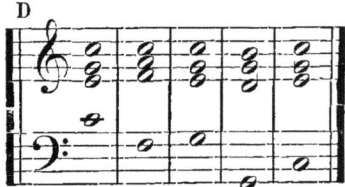

Dans cet exemple, la cadence plagale n'existe plus, parce que les accords de la tonique et celui de la sousdominante ne sont pas fondamentaux tous les deux.

DES ACCORDS INCOMPLETS

L'exemple B ci-dessus devient alors une formule variée de la cadence parfaite, formule très usitée dans la musique de nos jours.

Voici l'exemple analogue dans le mode mineur, A.

On fera bien d'écrire et d'exécuter par cœur sur toutes les positions ce type de formule dans tous les tons du mode majeur et du mode mineur; ex. B et C.

DES NOTES QUI PEUVENT ÊTRE SUPPRIMÉES DANS LES ACCORDS PARFAITS

§ 62. Dans l'harmonie à deux parties on doit nécessairement supprimer l'une des trois notes d'un accord parfait.

Or, comme il est toujours nécessaire de connaître le mode, et que celui-ci est caractérisé par la fondamentale et la tierce, la suppression d'une des trois notes doit porter sur la quinte de la fondamentale. Ainsi dans l'accord, *ut mi sol*, on supprime le *sol*.

Au premier renversement, *mi sol ut*, on retranche la tierce, c'est-à-dire la même note *sol* qui fait tierce avec la note de basse *mi*.

Le deuxième renversement est difficile à écrire à deux parties, parce que sous cet aspect l'accord parfait est caractérisé par sa note de basse *sol*.

Toutefois, lorsque l'emploi de ce renversement est nécessaire dans un *duo*, la tonique *ut* est plus essentielle que la note *mi*; d'où il suit que le second renversement *sol ut mi*, à deux parties, devra s'exprimer par les deux notes *sol* et *ut*, lesquelles formeront une quarte juste, peu agréable, il est vrai, mais dont l'existence peut être justifiée par l'accord précédent ou par le suivant; ex. A en (b).

Dans l'harmonie à trois et à quatre parties, les accords de trois sons s'écrivent souvent au complet (1). Si l'on doit supprimer une note,

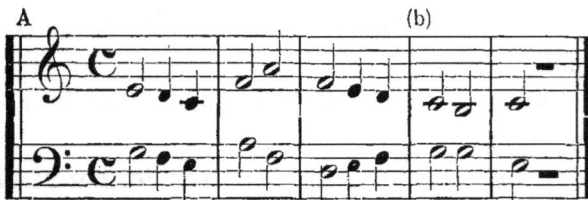

c'est encore la quinte; mais alors la fondamentale doit être doublée de préférence à la tierce de la fondamentale; et, quel que soit l'aspect sous lequel se présente l'accord parfait, c'est toujours la fondamentale que l'on double avant les autres.

DE LA RELATION DES GAMMES ENTR'ELLES ET DES ACCORDS RELATIFS DU MODE MAJEUR

§ 63. On sait qu'une gamme diatonique ne se compose que de sept notes; la huitième, qui termine le second tétracorde, n'est que la répétition de la tonique à l'octave supérieure.

Il suit de là que deux gammes qui ont entre elles six notes communes, sont, l'une à l'égard de l'autre, dans l'ordre de parenté le plus grand, c'est-à-dire qu'elles offrent la plus grande intimité possible dans leurs relations.

Prenons toujours pour terme de comparaison la gamme d'*ut* majeur, considérée comme ton principal, autour duquel nous chercherons à classer les gammes qui sont les plus proches relatives.

On a vu (§§ 11, 14 et 20) que la gamme de *sol* majeur (dominante en *ut*), de *fa* majeur (sousdominante), et de *la* mineur (susdominante), sont les relatives les plus rapprochées de la gamme d'*ut*, car elles ont six notes communes avec elle. Or, on sait que la relation des gammes entraîne naturellement celle des accords posés sur leur tonique (§§ 5, 6 et 7. Conséquemment, chacun des accords parfaits de *sol* majeur, de *fa* majeur et de *la* mineur, doit être, à l'égard de l'accord principal *ut mi sol*, dans un degré d'intimité égal à celui des trois gammes d'*ut* majeur, de *fa* majeur, de *sol* majeur et de *la* mineur, entre elles.

§ 64. Appelons *directe de premier ordre* la relation la plus grande qui puisse exister entre deux gammes. Il en résultera que deux accords parfaits établis sur les toniques de deux gammes en relation directe de premier ordre sont, pour ce motif, considérés comme étant des relatifs directs de

---

(1) Le mot *souvent* laisse entrevoir qu'il n'est pas toujours nécessaire d'exprimer toutes les notes des accords, même dans l'harmonie à plus de deux parties.

premier ordre. Cette relation des deux accords permet leur succession immédiate sans intermédiaire, qu'ils aient ou n'aient pas de note commune.

Ce qui vient d'être dit montre suffisamment que dans le ton d'*ut* majeur, par exemple, l'accord de *la* mineur peut être intercalé dans la succession des accords qui ont pour fondamentale l'une des trois notes tonales *ut*, *fa*, *sol*, et apporter de la variété aux formules de cadences que nous connaissons. Plaçons-le d'abord entre l'accord de la tonique et celui de la sousdominante ; ex. A.

On voit dans cet exemple que la liaison de l'accord de *la* mineur avec celui d'*ut* et avec celui de *fa* majeur, se fait dans de bonnes conditions, puisque, d'une part, *ut mi sol* et *ut mi la* ont deux notes communes, *ut* et *mi*, et que, de l'autre, l'accord de *la* et celui de *fa* sont soudés par les deux notes *ut* et *la*.

Cherchons s'il n'existe pas d'autres accords relatifs directs de premier ordre dans le ton d'*ut* majeur. Pour y arriver, n'oublions pas que la gamme de *fa* majeur et celle de *ré* mineur sont relatives entre elles au même titre que la gamme d'*ut* majeur et celle de *la* mineur. L'accord parfait mineur de *ré* marchera donc légitimement après celui de *fa* majeur ; ex. B.

Si l'on veut donner une terminaison à ce commencement de formule, on se rappellera qu'il est toujours nécessaire de passer par l'accord parfait majeur de la dominante avant de conclure sur la tonique par acte de cadence parfaite (§ 33). D'ailleurs, l'accord de *ré* mineur se lie intimement à celui de *sol* (dominante) par la note commune *ré* ; ex. A.

Dans cette formule, si l'on examine les fondamentales des accords d'*ut* majeur, de *la* mineur, de *fa* majeur et de *ré* mineur, sous le rapport des intervalles mélodiques qui les séparent, on trouve que le mouvement fondamental de ces notes de basse a lieu par tierce inférieure.

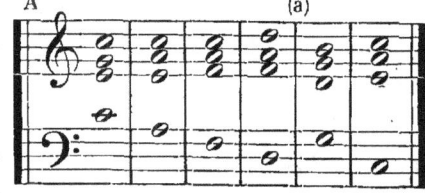

ut   la   fa   ré

D'où l'on conclut que la tierce en descendant est un des mouvements caractéristiques de la basse fondamentale.

§ 65. Dans le § 37, on a montré que la succession des trois accords posés sur les trois notes tonales, *ut, fa, sol* (en *ut* majeur), produit une marche naturelle de basse fondamentale par quarte, par quinte et par seconde; cela signifie que les intervalles de quarte, de quinte, de seconde et de tierce inférieure (1), permettent de placer sur les notes qui les forment des accords fondamentaux dont le mode est indiqué par la théorie de la relation des gammes ci-dessus exposée. Les formules de cadences se perfectionnent et acquièrent ainsi une variété nécessaire; ex. A.

Examinons maintenant le parti qu'on peut tirer du passage de l'accord de *ré* mineur (deuxième degré en *ut* majeur) à celui de la dominante *sol*, des deux derniers exemples; en (*a*) :

On sait que les accords qui se succèdent à l'état fondamental peuvent aussi s'enchaîner à l'état de renversement § 45).

L'accord de *ré* mineur fondamental peut donc être remplacé par son premier renversement *fa la ré*; ex. B.

En supprimant l'accord de *fa* dans cette formule, on a ce qui suit : ex. C.

Dans cet exemple, l'accord de *ré* mineur succède légitimement à celui de *la* mineur, puisque les deux fondamentales forment une quarte *la ré*.

Observons que l'accord de *ré* mineur se présente ici au premier renversement, conformément au principe du § 41.

Simplifions de nouveau la formule C en supprimant l'accord de *la* mineur; ex. D.

Ce dernier exemple montre que l'accord parfait mineur de *ré* (deuxième degré en *ut* majeur), remplace l'accord de la sousdominante *fa la ut*, et qu'il remplit ainsi la même fonction harmonique; ex. E et F.

(1) La succession par tierce inférieure ressort du principe exposé au § 64.

On voit en F ci-dessus que l'accord de *ré* mineur succède directement à l'accord d'*ut*, et cela sans note commune, puisque les fondamentales de ces deux accords sont placées entre elles par degré conjoint.

Si, après l'accord de sixte, *fa la ré*, on fait suivre l'accord de la tonique dans son deuxième renversement, on aura la formule suivante : ex. A.

Il s'ensuit que dans un ton du mode majeur l'accord parfait mineur du 2ᵉ degré est un relatif direct du premier ordre, puisqu'il marche sans intermédiaire après l'accord de la tonique.

§ 66. Poursuivons la recherche des accords relatifs directs du premier ordre dans le ton d'*ut* majeur.

Après l'accord parfait majeur de la dominante, *sol si ré*, on peut faire intervenir, par tierce inférieure, l'accord parfait mineur de *mi* (3ᵉ degré en *ut* majeur); la gamme de *mi* mineur est en effet formée des mêmes notes que celle de *sol* majeur (§ 25); ex. B.

L'accord de *mi* mineur en (a), suivi de l'accord du 1ᵉʳ degré *ut mi sol*, marche par tierce inférieure avec lui. Cet accord parfait mineur est donc un relatif direct de premier ordre en *ut* majeur.

Remarque. L'accord de *mi* mineur (3ᵉ degré en *ut* majeur) renferme la note sensible *si*; toutefois, sa liaison avec l'accord de la tonique n'a pas de sens terminatif. C'est pourquoi l'on doit passer par l'accord de la dominante pour donner à l'oreille la satisfaction que procure la cadence parfaite. De plus, l'emploi de l'accord du 3ᵉ degré d'une gamme majeure est plus rare que les accords de *sol* majeur, de *fa* majeur, de *la* mineur et de *ré* mineur. Malgré cette infériorité, l'accord de *mi* mineur forme avec eux un ensemble de cinq accords relatifs directs de premier ordre dans le ton d'*ut* majeur. Quelques auteurs ne l'admettent pas au nombre des accords qui constituent la tonalité harmonique du mode majeur. Il faut reconnaître qu'en effet il est moins agréable que les autres et qu'il produit, quand il se fait entendre, le sentiment d'une sorte d'étrangeté.

Nous n'hésitons pas néanmoins à déclarer qu'il peut se combiner avec les autres accords, de la même manière et au même titre qu'eux. Nous aurons l'occasion de citer des exemples des maîtres qui nous donnent ce droit.

DE L'ACCORD DE QUINTE DIMINUÉE POSÉ SUR LA NOTE SENSIBLE DANS LES DEUX MODES

§ 67. Si l'on prend comme fondamentale la note sensible de la gamme d'*ut* majeur pour former, par une superposition de tierces, un accord de trois sons, on trouve l'agrégation *si ré fa*, composée d'une tierce *si ré* et d'une quinte diminuée *si fa*. Cet accord n'est ni parfait majeur ni parfait mineur, puisque sa quinte est diminuée.

§ 68. L'intervalle de quinte diminuée *si fa* n'appartient pas à l'accord de la résonnance harmonique; il s'ensuit que l'agrégation *si ré fa*, qui renferme une dissonance, est par cela même un accord dissonant (§ 53). Cet intervalle *si fa* est une dissonance naturellement inhérente à la gamme d'*ut* majeur.

L'accord de quinte diminuée, *si ré fa*, appartient aussi à la gamme d'*ut* mineur.

§ 69. Les notes de la gamme d'*ut* majeur, qui forment l'accord de quinte diminuée, *si ré fa*, indiquent clairement sa résolution, car, au § 18, on a vu que, lorsque la sousdominante et la note sensible sont mises en contact harmonique, la première doit descendre d'un degré sur la médiante et la seconde monter d'un demi-ton sur la tonique. D'où il suit que l'accord naturel de quinte diminuée *si ré fa* (1) se résout sur celui de la tonique; ex. A.

La sustonique *ré*, tierce de la fondamentale dans l'accord *si ré fa*, a son mouvement libre, c'est-à-dire qu'elle peut aussi bien monter à la médiante *mi* que descendre sur la tonique *ut* (§ 18).

La marche contraire des deux notes *si* et *fa* et le libre mouvement de la note *ré* ont pour résultat de produire l'accord résolutif de la tonique seulement avec les deux notes *ut mi*, lequel se trouve alors privé de sa quinte; ex. B, C, D.

Dans l'exemple D, on voit que le *fa* et le *ré* se réunissent sur l'unisson *mi*.

---

(1) On remarquera que l'intervalle de quinte diminuée *si fa* et son renversement, la quarte augmentée *fa si*, ne sont pas ici le résultat de notes prises dans la gamme chromatique. C'est pourquoi on qualifie de *naturel* l'accord de quinte diminuée posé sur la sensible.

N. B. Pour figurer l'unisson sur la même portée de cinq lignes, on place les deux notes qui le forment côte à côte sur le même degré. Mais le plus souvent, on se dispense, dans la musique du clavier, d'écrire l'une de ces notes; ex. A.

§ 70. Nous avons dit que l'accord de quinte diminuée qui est posé sur la note sensible appartient aux deux modes dans lesquels il a une résolution identique. On remarquera seulement que, dans le mode mineur, la descente obligatoire de la quinte *fa* se fait par seconde majeure *fa mi♭*; ex. comparatif, B et C.

Dans les deux modes, le rôle harmonique de cet accord est de suivre ou de précéder celui de la tonique avec lequel il produit une sorte de cadence parfaite et imparfaite. Il peut, au besoin, remplacer l'accord de la dominante; mais attendu que sa conclusion n'est pas aussi formelle que la cadence parfaite, on en fait plus particulièrement l'emploi dans les phrases intermédiaires; ex. D.

§ 71. Comme tous les accords de trois sons, celui de quinte diminuée se présente sous trois aspects; ex. E.

Son premier renversement est un accord de *sixte* et le deuxième devient un accord de *quarte et sixte*.

Le premier renversement, qui a pour note de basse la sustonique de la gamme, se résout sur l'accord de la tonique fondamental, la basse descendant d'un ton, ou sur l'accord de la tonique, au premier renversement; ex. F.

On voit en *(a)*, que la résolution de cet accord produit l'accord fondamental de la tonique sans la quinte *sol*, et en *(b)* que l'accord de sixte, *mi sol ut*, est privé de sa tierce *sol*. Mais on sait, par le § 62, qu'un accord parfait est suffisamment caractérisé sans le secours de cette note.

Lorsque la résolution de ce premier renversement, *ré fa si*, écrit en harmonie serrée, se fait sur l'accord de sixte de la tonique, l'unisson sur la médiante *mi* est inévitable.

Le deuxième renversement *fa si ré*, qui a pour note de basse la sousdominante, ne peut se résoudre que sur le premier renversement de l'accord de la tonique; ex. A.

Dans l'accord de quarte et sixte, *fa si ré*, la sustonique *ré* remplit la fonction de sixte. A cause du mouvement libre de cette note, on peut la faire descendre sur la tonique; dans ce cas, la direction forcée de la note sensible *si* sur *ut*, et celle non moins obligatoire de la sousdominante *fa* sur la médiante, produisent de nouveau l'accord de sixte de la tonique sans la tierce *sol*. Quelquefois la disposition des parties permet de produire cette note *sol* par l'ascension de la sustonique *ré* sur la dominante. C'est ce que l'on voit (en *b*); ex. A ci-dessus.

§ 72. Au rôle important dévolu à l'accord de quinte diminuée par sa résolution naturelle, il faut ajouter la faculté qu'il possède de se lier à tous les accords relatifs du premier ordre qui ont avec lui une note commune; ex. B.

En (*a*), l'accord *si ré fa* se lie à celui de la dominante *sol si ré* avec lequel il a deux notes communes; en (*b*), il s'enchaîne avec l'accord du 2ᵉ degré; en (*c*), l'accord de la sousdominante lui prête sa fondamentale *fa*; en (*d*), son enchaînement avec l'accord du 3ᵉ degré *mi sol si*, a lieu par la note commune *si*. Observons toutefois que, si l'accord de quinte diminuée *si ré fa* peut succéder à ces relatifs, il ne doit les précéder que dans des cas exceptionnels que nous ferons connaître; cette obligation a pour cause sa tendance naturelle vers l'accord de la tonique.

Nous savons maintenant que l'on peut placer un accord de trois sons sur chacun des sept degrés de la gamme majeure. Cet ensemble, qui constitue les sept couleurs primitives de la palette musicale, se compose de trois accords parfaits majeurs, de trois accords parfaits mineurs et d'un accord de quinte diminuée.

Nous indiquerons tout à l'heure la manière d'écrire correctement ce dernier accord à plus de trois parties.

DES ACCORDS RELATIFS DANS LE MODE MINEUR.

§ 73. La plupart des accords qui composent la tonalité harmonique du mode mineur, sont formés des mêmes notes que ceux de la gamme majeure qui lui donne naissance. Cette identité d'éléments résulte de l'origine assignée à la gamme mineure (§ 20).

Il est aisé de concevoir que la nécessité d'avoir une note sensible créée par un signe accidentel, dièse ou bécarre, suivant le ton, amène des agrégations différentes de celle que l'on forme avec les notes de la gamme génératrice. Ainsi, le *sol* ♯, qui caractérise la gamme de *la* mineur lorsque la clé n'a pas d'armure, change nécessairement la nature des accords de la gamme d'*ut* qui renferment le *sol* naturel.

Il s'ensuit que, dans le mode mineur, la même note porte souvent deux accords différents. Du reste, la forme de ces accords dépend du système de gamme dont on fait emploi.

Supposé que la gamme de *la* mineur soit écrite sans dièse, sur le septième degré *sol*; formons des accords de trois sons sur chacune des notes de cette gamme ainsi construite ; ex. A.

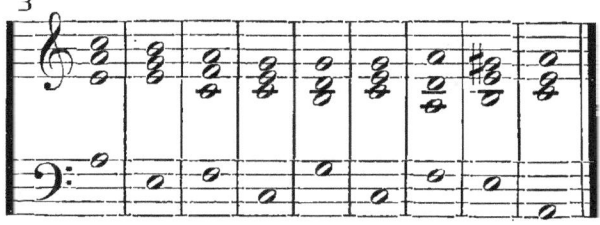

On voit dans cet exemple que le 3ᵉ degré *ut*, le 6ᵉ *fa* et le 7ᵉ *sol*, portent chacun un accord parfait majeur ; que l'accord parfait mineur se trouve posé sur le 1ᵉʳ, le 4ᵉ et le 5ᵉ degrés.

Si l'on fait entendre ces accords dans une succession du ton de *la* mineur bien déterminé, le caractère du mode est si indécis au moment où l'on frappe les accords qui renferment le *sol* naturel, que, pour provoquer de nouveau le sentiment de ce mode, il est nécessaire de faire réapparaître le *sol* ♯; ex. B.

§ 74. Prenons maintenant la gamme mineure de *la* avec le septième degré *sol* muni du dièse, et formons les accords suivants ; ex. C.

L'accord du 3ᵉ degré, *ut mi sol*♯ (1), du 5ᵉ degré *mi sol* ♯ *si* et du 7ᵉ *sol*♯ *si ré*, diffèrent de ceux qui ont été établis sur les mêmes degrés en A, ci-dessus.

Ainsi l'accord de la dominante, *mi sol* ♯ *si* est parfait majeur, et celui de la sensible *sol*♯ *si ré* est un accord de quinte diminuée qui remplit en *la* mineur le même office que l'accord de quinte diminuée *si ré fa* en *ut* majeur.

---

(1) Il n'est pas nécessaire de nous occuper de l'agrégation *ut mi sol* ♯, qu'on appelle accord de *quinte augmentée*. Aux §§ 304 et suivants, il sera donné là-dessus des explications qui, pour le moment, ne sont d'aucune utilité.

DE L'ACCORD DE QUINTE DIMINUÉE.

Si l'on écrit une succession en *la* mineur avec le *sol* ♯, l'impression du mode ne disparaîtra pas; ex. A.

DE L'ACCORD DE QUINTE DIMINUÉE POSÉ SUR LE SECOND DEGRÉ DE LA GAMME MINEURE

§ 75. Dans les deux systèmes de gamme mineure figurés ci-dessus, le second degré porte l'accord de quinte diminuée, *si ré fa*, le même qui, dans la gamme d'*ut* majeur, est posé sur la sensible.

Lorsque l'accord de quinte diminuée appartient au mode mineur, et qu'il est placé sur la sustonique, sa fonction diffère de celle qui lui est assignée dans les deux modes, alors qu'il a la note sensible pour fondamentale.

En *la* mineur, par exemple, l'accord du second degré *si ré fa* n'a pas de tendance résolutive sur celui de la tonique, et quoique, dans certains cas qui seront signalés, l'accord *si ré fa* puisse s'enchaîner avec celui de la tonique *la ut mi*, cette succession n'offre pas le sens terminatif que nous lui connaissons dans la gamme d'*ut* majeur lorsque, placé sur la note sensible, il est résolu sur celui de la tonique.

Dans le ton de *la* mineur, le rôle principal de l'accord du second degré *si ré fa* est de se résoudre sur l'accord parfait majeur de la dominante avant de faire une conclusion sur l'accord de la tonique.

On sait, en effet, que les accords s'enchaînent fondamentalement par tierce inférieure (§ 64). Ce principe s'applique également au mode mineur; ex. B.

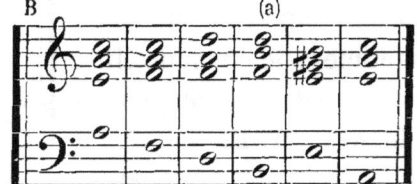

L'accord de quinte diminuée *si ré fa* (en *a*), enchaîné par tierce inférieure à l'accord de la sousdominante *ré fa la*, passe par celui de la dominante, *mi sol* ♯ *si*, lequel conclut sur l'accord de la tonique par une cadence parfaite.

On voit ainsi que le mode mineur possède deux accords de quinte diminuée: l'un, posé sur la note sensible, remplit la même fonction que celui du mode majeur; l'autre, placé sur la sustonique, prépare la cadence parfaite par sa résolution sur l'accord parfait majeur de la dominante.

Ces deux accords de quinte diminuée peuvent se lier par les notes communes *si* et *ré*; ex. C.

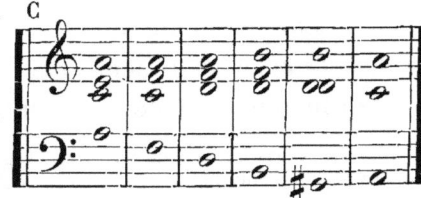

§ 76. L'accord fondamental, du second degré *si ré fa* ne peut pas être suivi de celui de tonique, *la ut mi*, dans le même état, parce qu'il se trouve placé par degré conjoint à l'égard de ce dernier accord, et que la succession *si ré fa* et *la ut mi* produirait une faute d'harmonie qui sera signalée ultérieurement (§ 93).

Dans tous les cas, lorsqu'ils sont non fondamentaux ou que l'un des deux accords est renversé, la succession alternative est possible ; ex. A.

L'emploi de l'accord *si ré fa* dans le ton de *la* mineur, substitué à l'accord du 4e degré *ré fa la*, contribue à varier les formules précédentes ; ex. B.

Dans cet exemple, l'accord du second degré, *si ré fa*, se résout tantôt sur l'accord de la tonique renversé, tantôt sur l'accord de la dominante. On voit par là que l'harmonie des deux modes est frappante d'analogie.

§ 77. En résumé, la gamme mineure de *la*, modèle de toutes les autres, a pour relatifs directs, l'accord parfait majeur *ut mi sol* (3e degré), l'accord parfait mineur *ré fa la* (4e degré), l'accord parfait mineur *mi sol si* (5e degré), le même accord du mode majeur *mi sol♯ si* ; ajoutons à ces relatifs l'accord parfait majeur *fa la ut* (6e degré). Cette gamme possède en plus deux accords de quinte diminuée, *si ré fa* (2e degré) et *sol♯ si ré* (note sensible).

Si l'on joint à ces accords celui de quinte augmentée, cité au § 74, et dont l'explication a été réservée, on reconnaîtra que le mode mineur est composé d'un plus grand nombre d'accords que le mode majeur. Ce grand nombre d'éléments harmoniques, attribués au mode mineur, a fait croire à quelques théoriciens que son harmonie est plus riche que celle du mode majeur. Nous aurons l'occasion de montrer que c'est là une erreur, et l'on verra que le mode majeur conserve toujours la supériorité qu'il doit à son origine directement accusée par la résonnance de la corde sonore ; tandis que le mode mineur, créé par l'art, n'est, au point de vue de la musique moderne, que le résultat d'une combinaison particulière des notes de la gamme majeure.

Nous remarquerons que la gamme mineure de tel ou tel système n'influe pas sur la qualité des accords du 4ᵉ et du 6ᵉ degrés, parce que les notes que l'on peut modifier par le dièse n'entrent pas dans la composition de ces accords.

Dans tous les cas, le 4ᵉ degré porte un accord parfait mineur, et le 6ᵉ degré est toujours la fondamentale d'un accord parfait majeur.

L'accord parfait mineur du 4ᵉ degré, après lequel on frappe celui du 5ᵉ degré du mode majeur, donne lieu à l'observation suivante qui devient une règle d'harmonie :

Tout accord parfait mineur, à l'état fondamental ou dans son premier renversement, peut toujours, *a priori*, précéder un accord parfait majeur également fondamental et placé à un ton au-dessus ; ex. A.

Cette succession se pratique souvent quand on veut formuler une cadence parfaite ou imparfaite en mode mineur, en commençant par l'accord du 4ᵉ degré du ton que l'on veut annoncer ; ex. B.

DES NOTES QUI PEUVENT ÊTRE DOUBLÉES DANS LES ACCORDS DE TROIS SONS

§ 78. Lorsque, dans l'harmonie à quatre parties, il ne doit pas exister d'unissons, on doit nécessairement doubler une des notes des accords qui n'en contiennent que trois.

Au § 27, on a fait connaître le motif qui permet la doublure de la fondamentale dans les accords parfaits. On peut même tripler cette note sans augmenter le nombre des parties; mais alors si l'harmonie est écrite pour quatre parties, la quinte est absente ; ex. C.

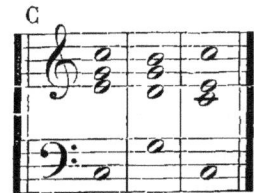

DANS LES ACCORDS DE TROIS SONS

L'accord parfait majeur *ut mi sol*, renversé une première fois, devient, comme on le sait, l'accord de sixte *mi sol ut*. Dans ce renversement, la note *ut* est la sixte, tandis que la note *sol* fait fonction de tierce.

Si les notes, *ut* ou *sol* sont reproduites à l'octave dans le renversement *mi sol ut*, on dit que la sixte ou que la tierce est doublée; ex. A.

Dans l'harmonie à quatre parties, on peut toujours doubler la sixte et la tierce de l'accord de sixte, c'est-à-dire la note *ut* et la note *sol* (dans *mi sol ut*). La doublure de la note de basse *mi* doit autant que possible être placée dans une partie intermédiaire; on produit une harmonie moins pure quand on la place à la première partie. Cela vient de ce que l'accord de sixte est, comme tous les accords renversés, employé dans les phrases intermédiaires et de ce que la doublure de sa note lui donnerait trop d'importance : on affaiblirait ainsi le caractère transitoire qui est inhérent à cette forme de l'accord parfait; ex. B.

§ 79. Dans l'accord de quarte-et-sixte *sol ut mi*, à quatre parties, la fondamentale *ut*; c'est-à-dire la quarte, ainsi que la note de basse *sol*, peuvent être doublées; ex. C.

A cinq parties, on double simultanément la fondamentale et la note de basse; ex. D. (harm. voc.)

Rarement on double la sixte *mi*.

On sait que la tierce *ré* de l'accord de quinte diminuée *si ré fa* est la seule qui ait son mouvement libre lorsqu'elle est posée sur la note sensible des deux modes. Dans l'harmonie à quatre parties, on double la tierce de cet accord; ex. E.

Au premier renversement *ré fa si*, on double la note de basse *ré*. Autant que possible on doit éviter de placer la doublure de cette note à la première partie; ex. F.

Dans cet accord de sixte, on double quelquefois la tierce *fa*; mais à la résolution de l'accord, la note *fa*, placée au grave, doit monter sur

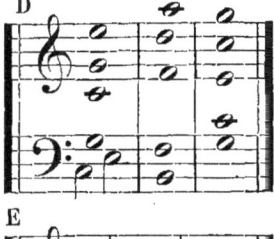

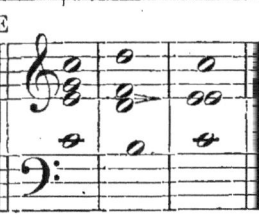

5

66 DES CADENCES HARMONIQUES

dominante *sol*, contrairement à la direction qui lui est tracée par la nature de cet accord; c'est le moyen d'éviter une faute expliquée au § 87; ex A.

Lorsque l'accord de quinte diminuée *si ré fa* appartient à la gamme mineure de *la*, placé sur le 2ᵉ degré, les notes qui peuvent être doublées ne sont pas les mêmes que celles du même accord posé sur la note sensible, à cause de la résolution qui, dans le mode mineur, est dévolue à cet accord; ex. B.

Au premier renversement *ré fa si*, on double la sixte *si*, ainsi que la note de basse *ré*. Dans ce dernier cas, on évite de placer la note qui double à la première partie; ex. C.

Au deuxième renversement *fa si ré*, on double la quarte *si* ou la sixte *ré*; ex. D.

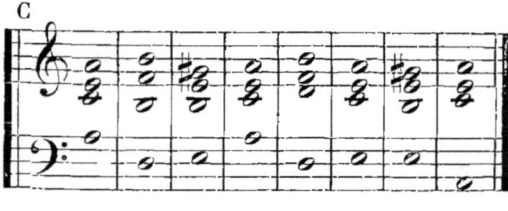

DES CADENCES HARMONIQUES

(Suite du § 27).

§ 80. Il a été dit (§ 18) que tous les sons de la gamme doivent être regardés comme des parties intégrantes du même tout et que chacun d'eux concourt à fortifier l'impression du ton et du mode par une tendance plus ou moins marquée vers la tonique. Cette note, qui sert de point final à toute espèce de phrase de la musique moderne, est celle qui fait éprouver le sentiment du repos le plus complet.

Après le repos si satisfaisant que l'on éprouve sur la tonique, celui qui est le plus marqué se fait sur la dominante. Ce sentiment, que la mélodie et l'harmonie provoquent de la même manière, a pour cause la place que la dominante occupe vers le milieu de l'échelle diatonique et vient aussi de ce que cette note, commune aux deux accords principaux du ton, (celui de tonique et celui de dominante) est, parmi toutes les autres, celle qui apparaît le plus souvent, soit dans la mélodie, soit dans l'harmonie; et l'on sait que, pour ce motif, on la nomme la dominante.

Quoique, par sa tendance vers la tonique, la dominante fasse pressentir la conclusion du sens musical, on peut néanmoins, sur cette note, en suspendre la terminaison aussi longtemps qu'on le désire. De là vient l'expression de *repos sur la dominante* employée par quelques auteurs. Au reste, ce repos n'acquiert son vrai caractère que si l'accord de la dominante est placé dans son état fondamental.

§ 81. Le repos sur la dominante peut être amené de bien des manières. Ainsi la cadence imparfaite, telle que nous l'avons définie, offre le moyen le plus simple d'opérer ce repos.

Parmi les accords relatifs directs du premier ordre, ceux qui précèdent régulièrement celui de la dominante conduisent naturellement à ce repos, opéré à l'aide de formules dont voici quelques types dans les deux modes. A, B, C, D.

Les formules de ce genre sont innombrables comme celles des cadences. Les exemples qui précèdent ne donnent que les plus simples et les plus généralement usitées.

DE LA CADENCE ROMPUE

§ 82. Toutes les fois que l'accord de la dominante fait pressentir une cadence parfaite et qu'au lieu de conclure sur l'accord de la tonique, on s'arrête en chemin sur un accord relatif, l'oreille est, pour ainsi dire, trompée dans son attente. Cette espèce de déviation d'une route qui semble tracée d'avance, prend le nom de *cadence rompue*.

La cadence rompue la plus simple et la plus fréquente est celle qui, dans les deux modes, a lieu sur l'accord parfait fondamental du 6e degré; ex. A et B.

Quelquefois, mais plus rarement, la cadence rompue se fait sur le 6e degré portant accord de sixte, c'est-à-dire sur l'accord de la sousdominante au premier renversement; ex. C et D.

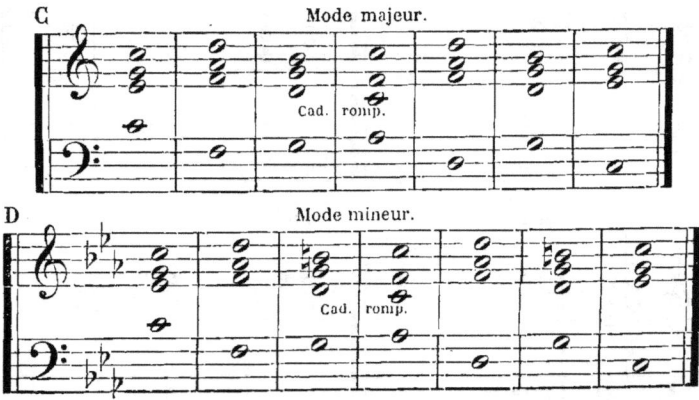

Pour imprimer à la cadence rompue le caractère essentiellement transitoire qui lui convient, on évite souvent de doubler la fondamentale de l'accord du 6e degré, afin de ne pas donner à cet accord un sens trop arrêté, ainsi qu'on le voit dans les exemples A et B ci-dessus.

Pour le même motif, lorsque la cadence rompue a lieu sur l'accord de sixte de la sousdominante, on ne double pas la note de basse de cet accord (§ 78) voir les exemples C et D ci-dessus.

DE LA DEMI-CADENCE

§ 83. Pour exprimer nettement une cadence parfaite, il est nécessaire de placer les deux accords de la tonique et de la dominante dans leur état fondamental.

S'il arrive que l'accord de la tonique soit frappé au premier renversement, la terminaison du sens musical reste indécise parce que la cadence parfaite n'a pas lieu. Dans ce cas, la succession de ces deux accords se nomme une *demi-cadence* (1).

La demi-cadence est une des circonstances où l'on doit éviter de doubler la note de basse de l'accord de sixte, surtout lorsque la doublure se présente à la première partie; ex. A et B (v. § 78).

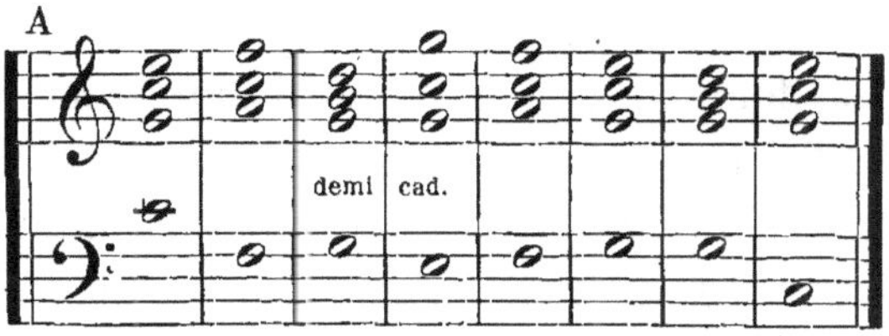

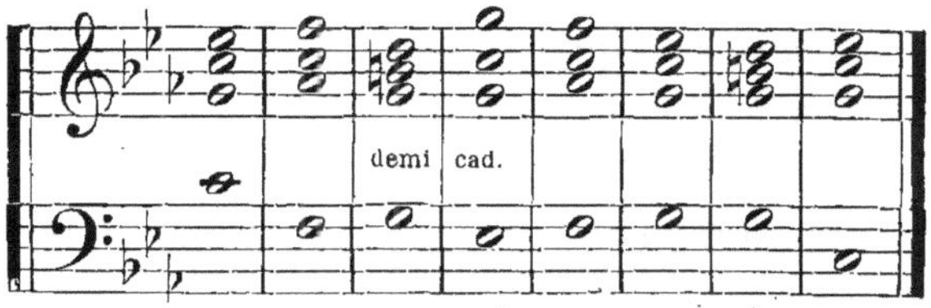

Remarque. Le second renversement d'un accord parfait est, comme on le sait, si peu terminatif, qu'il fait désirer impérieusement l'accord de la dominante; c'est ce qui fait que, sous cet aspect, l'accord parfait n'est pas propre à opérer une cadence quelconque, mais il sert merveilleusement à la prépa-

(1) Quelques auteurs donnent à ce fait harmonique le nom de *cadence interrompue*.

rer; en effet, le mot cadence exprime l'idée d'un repos plus ou moins marqué, et ce n'est jamais sur l'accord appellatif de quarte-et-sixte que l'oreille éprouve le sentiment de ce repos.

DE LA BASSE FONDAMENTALE

(Suite du § 35).

§ 84. En harmonie, l'influence que la basse exerce sur la marche des autres parties est telle, qu'il est non seulement nécessaire de connaître les divers intervalles mélodiques produits par le chant de cette partie prise à part, dans une série d'accords fondamentaux, mais qu'il faut aussi savoir apprécier le degré d'importance propre à chacun de ces intervalles.

La plupart des intervalles sur lesquels on établit des basses fondamentales primitives ont été signalés au § 65; savoir :

La quarte, la quinte, la seconde et la tierce inférieure.

Le mouvement de quarte inférieure ou de quinte supérieure est le plus important, parce que c'est avec lui que se font les deux cadences principales de l'harmonie moderne; ex. A.

On verra plus loin que le va et vient qui s'opère entre l'accord de la tonique et celui de la dominante permet d'accompagner, dans la musique moderne, des mélodies de longue haleine, sans faire intervenir les accords établis sur les autres notes de la gamme; c'est autour de ces deux accords principaux que viennent se grouper ceux de la sustonique, de la médiante, de la sousdominante et de la susdominante.

La marche de la basse par quarte supérieure ou quinte inférieure a aussi son importance; mais elle n'est que secondaire eu égard à la précédente. C'est avec elle que l'on produit la cadence plagale, ainsi que le passage de l'accord de la tonique à celui de la sousdominante, lorsqu'on veut formuler la cadence parfaite; ex. B.

DE LA BASSE FONDAMENTALE

Après la marche de quarte et celle de quinte, la plus importante est celle qui a lieu par tierce inférieure. Les accords qui se lient fondamentalement par cet intervalle ont toujours deux notes communes. Cette marche n'a du reste aucun caractère terminatif; ex. A.

La marche fondamentale de la basse par tierce supérieure, quoique plus rare que les précédentes, est cependant très-rationnelle; ex. B.

Cette marche peut être employée également dans le mode mineur; ex. C.

Ce qui donne à la marche de basse par tierce inférieure plus d'importance qu'à la marche par tierce supérieure, c'est qu'on peut produire la première plusieurs fois de suite, ainsi qu'on peut le voir dans l'exemple A ci-dessus; tandis que généralement la deuxième n'a lieu qu'une seule fois, et que le plus souvent elle est suivie de la marche par quinte inférieure ou quarte supérieure, c'est-à-dire de celle qui produit la cadence parfaite; ex. D.

§ 85. La basse fondamentale qui procède par seconde supérieure est plus fréquente que la précédente; c'est avec cet intervalle que l'on produit les cadences rompues, ainsi que le passage de l'accord de la sous dominante à celui de la dominante, mais cette basse est rarement employée plus de deux fois de suite. (Exemple A de la page 71).

La marche fondamentale par seconde inférieure est également en usage. Mais elle est moins fréquente que la marche par seconde supérieure. Dans tous les cas, on ne la produit jamais qu'une seule fois; ex. A.

Au début de l'ouverture de *l'Italienne à Alger*, Rossini en a fait l'emploi; ex. B en (a).

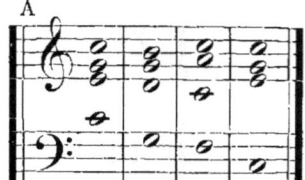

Remarques. Les divers intervalles mélodiques propres à la basse fondamentale, dont il vient d'être question, se pratiquent aussi par leurs renversements. Toutefois, ces changements ne sont pas arbitrairement opérés, car il peut arriver qu'une voix humaine qui chante facilement par seconde supérieure à la basse, n'atteigne pas de même la septième inférieure. D'ailleurs, la marche des parties perdrait quelquefois son caractère si l'on substituait sans motif les renversements des intervalles que le compositeur à voulu produire.

§ 86. Quand les accords de la même tonalité harmonique se lient par degré disjoint, il y a toujours entre eux une ou deux notes communes. Ainsi, la succession par quarte et par quinte se fait par une note commune; ex. C.

La liaison des accords qui a lieu par tierce inférieure ou supérieure offre toujours deux notes communes; ex. D.

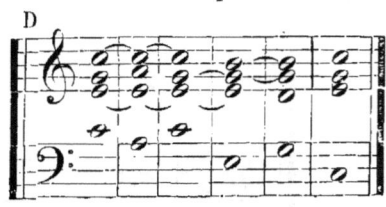

On voit que la liaison légitime de deux accords ne dépend pas du nombre de notes communes, mais plutôt du rapport plus ou moins intime qui peut exister entre les gammes auxquels ils appartiennent.

DES MOUVEMENTS

DES MOUVEMENTS HARMONIQUES

§ 87. Dans les exemples qui accompagnent les préceptes exposés jusqu'ici, on a pu s'apercevoir que certains accords étaient figurés dans des positions particulières, eu égard à ceux qui les précèdent ou qui les suivent. Afin qu'on ne puisse pas supposer que l'arbitraire a présidé à la manière de les écrire, hâtons-nous d'exposer un principe sur lequel s'appuie l'orthographe des accords.

Dans une succession harmonique, la marche d'une partie quelconque, prise à part, est toujours exécutée, soit en montant, soit en descendant, soit en restant sur le même degré. Chacune de ces trois circonstances constitue le *mouvement mélodique*. La comparaison que l'on peut établir entre deux mouvements mélodiques constitue le *mouvement harmonique*.

§ 88. Deux parties qui montent ou descendent en même temps produisent le *mouvement harmonique semblable*; ex. A.

Si l'une des deux parties reste sur le même degré pendant que l'autre monte ou descend, le résultat produit le *mouvement oblique*; ex. B.

Enfin lorsque l'une des parties monte en même temps que l'autre descend, il en résulte un mouvement que l'on qualifie de *contraire*; ex. C.

Il y a donc trois mouvements harmoniques, savoir :

1° Le mouvement *semblable*;
2° Le mouvement *oblique*;
3° Le mouvement *contraire*.

Dans l'harmonie à plus de deux parties, les trois mouvements peuvent avoir lieu simultanément d'un accord à l'autre. Souvent l'on n'y trouve que l'oblique et le contraire réunis. Il y a même des successions écrites à plus de deux parties, où l'on ne trouve qu'un seul des trois mouvements; ex. : D.

Analyse des mouvements de l'exemple D. Dans la succession formée par les quatre premiers accords de cet exemple, on trouve, d'un accord à l'autre, les trois mouvements réunis. En effet, l'examen des deux premières mesures fait voir que la basse *ut si* marche par mouvement contraire eu égard à la première partie, *mi sol*, et à la deuxième partie, *ut ré*. Les deux parties supérieures exécutent ensemble le mouvement semblable et en même temps elles opèrent le mouvement oblique avec la troisième partie *sol sol*. Une comparaison analogue entre le deuxième et le troisième accord, entre le troisième et le quatrième, fait voir que de 5 à 6 on trouve deux mouvements : le semblable et l'oblique ; de 6 à 7, il y a deux mouvements : l'oblique et le contraire. De 8 à 9, le mouvement semblable et le contraire sont réunis ; de 9 à 10, on ne trouve que le seul mouvement contraire ; enfin de 10 à 11, le mouvement oblique et le semblable terminent la succession.

A peu d'exceptions près, qui seront signalées, le mouvement semblable, seul, ne doit pas avoir lieu entre deux accords.

N. B. Le fait qui donne lieu à cette règle d'harmonie sera exposé aux § 91 et suivants.

§ 89. Le mouvement oblique a pour origine les notes communes destinées à servir de points de soudure à l'enchaînement de deux accords. (V. ex. A ci-dessus.) Nous ferons observer toutefois que les éléments communs ne donnent pas toujours aux accords le droit absolu de se lier. Voici, par exemple, une série de quatre accords parfaits qui ont la note *sol* pour élément commun, et qui, cependant, produisent une succession incohérente ; ex. A.

Deux accords fondamentaux placés par degré conjoint, et qui par cela même n'ont pas de note commune, peuvent quelquefois former une succession rationnelle ; dans ce cas, il faut les faire entendre par le mouvement contraire ; ex. B.

Dans cet exemple, le mouvement contraire, qui a lieu entre l'accord d'*ut* majeur et celui de *ré* mineur, évite une faute d'harmonie qui sera expliquée tout à l'heure. Il en est de même entre l'accord de *sol* et celui de *la* mineur, dont les fondamentales sont conjointes ; l'accord de *fa* et celui de *sol* sont dans le même cas.

§ 90. La réunion des trois mouvements constitue l'harmonie la plus pure que l'on puisse obtenir; mais il n'est pas toujours possible de les produire tous les trois simultanément, et s'ils ne peuvent pas être tous réunis, il faut au moins faire intervenir le mouvement *oblique* ou le *contraire*, car on a dit plus haut que le mouvement semblable ne pouvait avoir lieu que par exception. Aussi l'exemple suivant est-il défectueux; ex. A.

En voici le correctif; ex. B.

Le régularité de cet exemple est dû à la simultanéité de divers mouvements.

DES INTERVALLES EXCLUS DE LA SUCCESSION DES ACCORDS

§ 91. On sait, par le § 52, que les intervalles consonnants ont chacun une manière différente d'impressionner notre sens musical. Ainsi l'octave, produisant la réplique d'un son, est par cela même considérée comme étant la consonnance la plus parfaite; mais elle est nulle sous le rapport de l'harmonie (§ 1er).

La quinte juste est dure, tandis que les tierces sont agréables. Or, lorsque deux accords se suivent, ils peuvent chacun avoir une tierce; mais si le premier renferme une octave ou une quinte juste, formées nécessairement par deux parties, il faut éviter que le second accord contienne le même intervalle, quand les deux parties ont marché par mouvement semblable; ex. C et D.

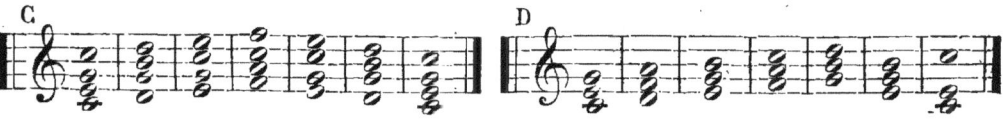

Dans l'exemple C, la basse et la première partie produisent d'un accord à l'autre des octaves consécutives par mouvement semblable. Leur pauvreté harmonique produit sur l'ouïe un effet désagréable. On peut les comparer au mauvais effet des rimes dans la prose.

Pour corriger cette irrégularité euphonique, on dispose la marche des deux parties qui les produisent de manière à les faire marcher par le mouvement contraire; il faut nécessairement, dans ce cas, que les accords soient écrits sous des aspects ou des positions différentes de celles de l'exemple précédent dont voici le correctif; ex. A.

Cet exemple montre l'utilité de l'emploi des renversements.

Dans l'exemple D ci-dessus (à 3 parties), la basse et la première partie produisent, d'un accord à l'autre et par mouvement semblable, des quintes justes consécutives qui résultent nécessairement de la succession d'accords fondamentaux placés par degré conjoint.

Au § 89, on a vu que, lorsqu'il est nécessaire de faire suivre deux accords placés dans ces conditions, le moyen de corriger la dureté des quintes consiste à les faire arriver par mouvement contraire; dans ce cas, la quinte du second accord est produite par une partie différente de celle du premier; ex. B.

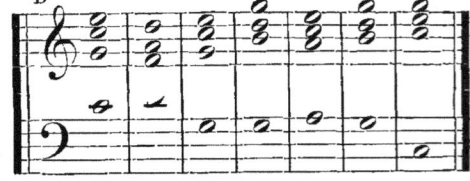

Ici, la quinte *ut sol* du premier accord a lieu entre la basse et la troisième partie; tandis que la quinte *ré la* du second accord est produite par la basse et la deuxième partie.

Le même fait a lieu entre l'accord de *sol* et celui de *la*, et entre l'accord de *la* et celui de *sol*.

§ 92. Suivant la position des accords d'une harmonie à trois parties ou plus, les octaves et les quintes consécutives par mouvement semblable se produisent de trois manières, savoir :

1° Entre la basse et une partie supérieure; ex. C et D.

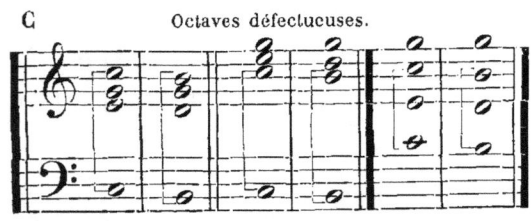
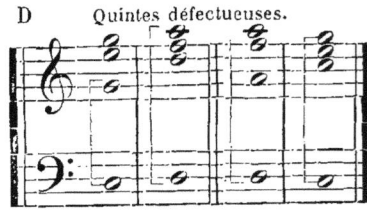

2° Entre la première partie et une partie intermédiaire ; ex. A et B.

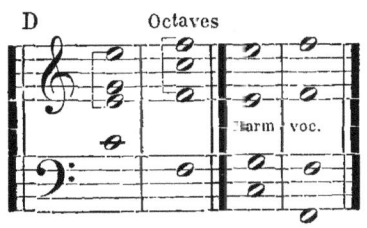

3° Entre deux parties intermédiaires ; ex. F et G.

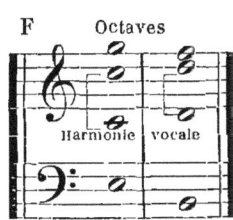
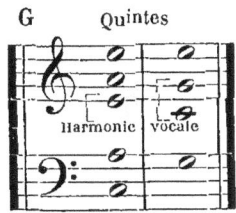

Les octaves (1) et les quintes défectueuses qui sont produites par la basse et la première partie sont moins tolérables que les autres, attendu que, dans un ensemble de sons frappés simultanément pour former un harmonie quelconque, l'oreille distingue plus particulièrement les parties extrêmes.

Un fait digne de remarque, c'est que la quarte juste, qui est le renversement de la quinte juste, n'est pas toujours soumise à la règle qui vient d'être énoncée sur la succession de deux quintes. Voici un exemple régulier de quartes justes qui se suivent conjointement et par mouvement semblable ; ex. A.

Les quartes sont formées par les notes *sol ut, la ré, si mi, ut fa, ré sol.*

Cet exemple, formé d'une suite d'accords de sixte, offre le type d'une des exceptions qui permettent la succession des accords par mouvement semblable. Nous y reviendrons en temps utile.

§ **93.** Deux quintes consécutives par mouvement semblable sont permises si la seconde est diminuée. Ce cas se présente dans le mode mineur, lorsqu'après l'accord fondamental de la tonique, on frappe celui de quinte diminuée du second degré dans le même état ; ex B.

La succession en sens inverse est défectueuse parce

---

(1) Les octaves consécutives dont il est ici question ne doivent pas être confondues avec celles que l'on pratique sur le clavier, quand on veut mettre en relief une partie mélodique ou une basse. Il arrive aussi quelquefois qu'une partie d'accompagnement reproduit le chant à l'octave ; dans ce cas, les octaves consécutives qui en résultent ne sont pas défectueuses.

78 DES SUCCESSIONS D'ACCORDS

qu'elle produit sur l'oreille la dureté de deux quintes justes consécutives par mouvement semblable; ex. A.

En général, le moyen d'éviter les octaves défectueuses consiste à changer la disposition des parties de l'harmonie au moyen des renversements ou des positions.

Remarque. Moins il y a de parties dans l'harmonie, plus les fautes de quinte ou d'octave sont apparentes. C'est pourquoi le *duo* est plus difficile à traiter que le *trio*. Le *trio* est plus difficile à écrire que le *quatuor*, et ainsi de suite. Quand l'harmonie est composée de cinq, de six, de sept et huit parties, il est souvent impossible d'éviter les fautes qui viennent d'être signalées. Mais alors l'oreille n'est plus si choquée de ces défectuosités, attendu que les octaves et les quintes peuvent se trouver séparées par des notes intermédiaires qui en neutralisent le mauvais effet.

DES SUCCESSIONS MONOTONIQUES

§ 94. L'exposé de la théorie des accords relatifs directs du premier ordre dans les deux modes, et le principe qui règle le mouvement des parties, vont nous permettre de donner plus d'extension à la succession des accords.

Lorsqu'une série d'accords régulièrement écrits se maintient dans le cercle de ceux qui appartiennent à la tonalité harmonique d'un seul ton, la succession est dite *monotonique*; ex. B.

Fragment d'un cantique du XVe siècle.

DE LA MODULATION ET DES SUCCESSIONS MODULANTES.

§ 95. On entend par *modulation* le passage d'un ton dans un autre avec ou sans changement de mode.

Une modulation peut-être *passagère* ou *définitive*.

Elle est passagère, lorsque les accords accusent à peine le ton nouveau pour entrer dans un autre; ex. A.

Dans cet exemple, en partant d'*ut* majeur, on passe en *la* mineur (a), en *fa* majeur (b), en *ré* mineur, (c); on rentre en *ut* majeur (d).

Chacune de ces modulations n'est pas assez complète pour faire disparaître l'impression du ton qui précède, car on pourrait facilement rentrer dans celui-ci sans faire supposer qu'il ait été abandonné.

Ainsi, après avoir accusé la modulation d'*ut* majeur à *la* mineur, on rentrera, si l'on veut, dans le ton initial; ex. B.

Il en sera de même des autres modulations qui permettront, soit de revenir au ton qui précède, soit de rentrer dans le ton de début.

§ 96. Lorsque le ton nouveau dans lequel on est arrivé se confirme par une formule de cadence parfaite assez étendue pour faire oublier le ton de départ, la modulation est alors *définitive*; ex. C.

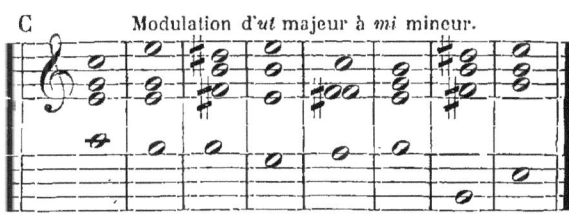
Modulation d'*ut* majeur à *mi* mineur.

Les moyens à l'aide desquels on peut opérer les modulations sont très-variés. Ils feront l'objet d'explications postérieures.

En attendant, nous allons indiquer ceux qui servent à l'étude particulière des accords.

DE LA BASSE CHIFFRÉE

§ 97. On sait qu'un intervalle est ordinairement compté du grave à l'aigu, et que le chiffre qui le représente correspond au nombre de notes diatoniques que renferme cet intervalle. Ainsi, pour une seconde, *ut ré*, il faut deux notes conjointes ; la tierce *ut mi* en renferme trois, *ut ré mi*, etc.

On sait aussi que l'accord le plus simple se compose de trois sons au moins, quand il est complet (§ 45). Il doit alors renfermer plus d'un intervalle, et il faut, en principe, plusieurs chiffres pour le représenter.

Ainsi, l'accord parfait majeur fondamental, *ut mi sol*, composé d'une tierce, *ut mi*, et d'une quinte, *ut sol*, se figure par les deux chiffres 3 et 5, que l'on superpose de cette manière : $\frac{5}{3}$

Si la fondamentale de l'accord parfait majeur *ut mi sol* est doublée à l'octave supérieure, on figure l'accord, *ut mi sol ut*, par les trois chiffres superposés : $\frac{8}{\frac{5}{3}}$

Mais, pour éviter l'emploi d'un aussi grand nombre de chiffres souvent inutiles, on convient de marquer l'accord parfait majeur par le seul chiffre 5, lequel correspond à l'intervalle de quinte juste.

§ 98. L'accord parfait mineur, *la ut mi*, composé d'une tierce mineure, *la ut*, se chiffre également en principe par : $\frac{5}{3}$; et avec l'octave, par : $\frac{8}{\frac{5}{3}}$. Toutefois, en raison du passage fréquent d'un accord parfait d'un mode donné à l'autre mode, et pour ne pas frapper en majeur un accord qui doit être mineur, et réciproquement, il convient d'établir une distinction qui fasse apprécier sur le champ le mode d'un accord parfait. C'est pourquoi l'accord parfait mineur sera signalé par le seul chiffre 3.

Cette manière de chiffrer les accords parfaits par 5 ou 3, suivant le mode, convient à l'harmonie simple. Mais, dès qu'il s'agira de l'harmonie artificielle qui résulte de certaines modifications apportées dans les accords parfaits et dans celui de quinte diminuée, nous serons quelquefois obligés de faire l'emploi des chiffres superposés $\frac{5}{3}$ ou $\frac{8}{\frac{5}{3}}$.

Cette manière de figurer les accords par des chiffres placés au-dessus ou au-dessus des notes de basse, prend le nom de *basse chiffrée* (1).

---

(1) L'usage de la basse chiffrée remonte au commencement du dix-septième siècle. Cette espèce de sténographie des accords, inventée, dit-on, par un compositeur florentin du nom de Louis Viadana, était un moyen commode pour les accompagnateurs, à une époque où l'harmonie moderne n'avait pas atteint le degré de perfection qu'elle a acquise de nos jours. Les compositions musicales se ressentaient encore de la monotonie de l'ancienne tonalité, et les rares modulations que l'on introduisait dans les accompagnements pouvaient être facilement annoncées par des chiffres, car elles n'avaient presque toujours lieu que dans les tons les plus relatifs.

DE LA BASSE CHIFFRÉE

Supposons maintenant qu'au-dessus de notes de basse, écrites en clef de *fa*, et marquées par les chiffres convenus, on veuille figurer les accords avec leurs notes, et conséquemment, avec les intervalles qui les composent : on place une portée de cinq lignes, avec clé de *sol*, au-dessus de celle sur laquelle la basse est tracée; puis, sur la portée supérieure, on figure, avec plus ou moins de parties, les notes des accords indiqués par les chiffres de la basse. Cela s'appelle la *réalisation harmonique de la basse chiffrée.*

§ 99. Soit donnée, en *ut* majeur, une série de notes de basse représentant la succession fondamentale des accords relatifs directs du premier ordre, enchaînés par tierce inférieure et chiffrés suivant les conventions du § précédent; ex. A.

La réalisation de cette basse chiffrée sera celle-ci : B.

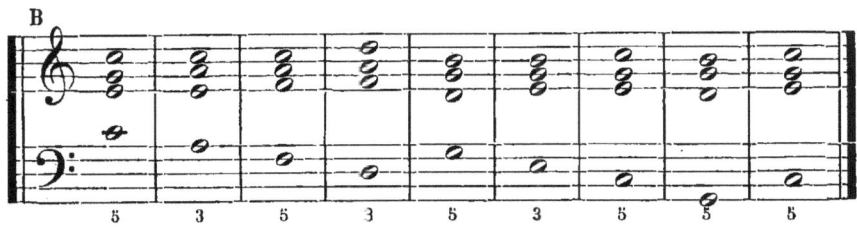

Ainsi, toutes les fois qu'une note de basse est marquée par le chiffre 5, on construira sur elle l'accord parfait majeur fondamental. Avec le chiffre 3, on formera l'accord parfait mineur fondamental; ex. C.

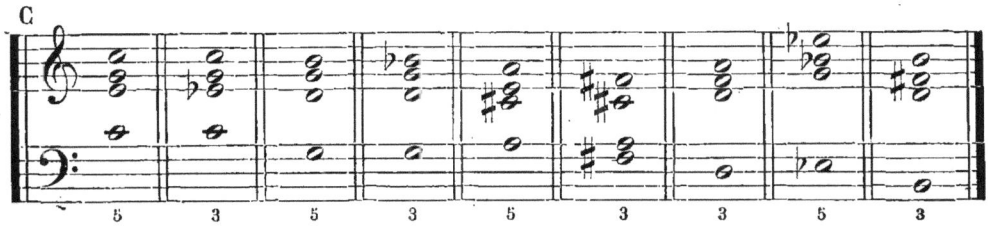

Dans l'exemple C, le mode de chacun de ces accords, indépendants les uns des autres, est obtenu par le dièse ou le bémol accidentel suivant le cas. Mais lorsqu'une armure est donnée, les accords parfaits qui sont constitués

---

mais d'une part les compositeurs n'ont jamais chiffré les accords d'une manière uniforme, de l'autre la variété amenée dans ces accords par les artifices harmoniques, a produit des combinaisons inextricables de chiffres. La diversité des systèmes, l'inutilité de remplacer les intervalles des accords par des chiffres et la difficulté de représenter certains accords nouveaux, ont fait reléguer cette sténographie de l'harmonie dans les ouvrages spéciaux, et c'est là seulement qu'on la trouve aujourd'hui. Néanmoins, la base chiffrée appliquée à la transposition harmonique, offre un excellent moyen pour faire avec fruit l'étude des accords. A ce point de vue, nous en indiquons les principes, et nous chiffrerons toutes les basses de nos exemples, afin d'indiquer les accords dont l'origine et l'emploi auront été démontrés. Le chiffre sera même un moyen de contrôle dans le cas où l'on produirait un accord irrégulier.

avec les notes du ton indiqué par cette armure, n'ont pas besoin du signe accidentel. Voici l'exemple B, ci-dessus, dans le ton de *la* ♭ majeur ; ex. A.

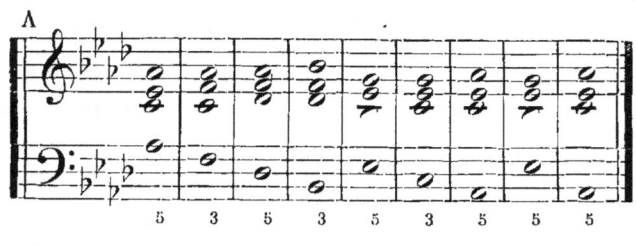

CHIFFRAGE DU PREMIER RENVERSEMENT DES ACCORDS PARFAITS

§ **100.** L'accord parfait majeur, *ut mi sol*, renversé une première fois, devient, comme on le sait, l'accord de sixte, *mi sol ut*.

Ce premier renversement est composé d'une sixte mineure *mi ut*, et d'une tierce mineure, *mi sol*, que l'on figure en principe par les deux chiffres superposés $\frac{6}{3}$. Pour simplifier, on ne prend que le chiffre 6.

L'accord parfait mineur, *la ut mi*, renversé une première fois, devient *ut mi la*. Il se compose d'une sixte majeure, *ut la*, et d'une tierce majeure, *ut mi* ; ex. B et C.

Ainsi, lorsqu'une note de basse est marquée par le chiffre 6, cela signifie que l'accord indiqué n'est pas fondamental et que cette note est la tierce de sa fondamentale ; ex. D.

Pour reconnaître le mode de l'accord parfait, dont le chiffre 6 représente le premier renversement, il faut prendre mentalement la tierce inférieure de la note de basse donnée. La nature de cette tierce indiquera le mode de l'accord. Cette note mentale est figurée par une note noire dans chacun des accords de sixte de l'exemple D, ci-dessus.

On suppose que ces accords, quoique indépendants l'un de l'autre, sont construits avec les notes de la gamme d'*ut* majeur. Le moyen de signaler le mode d'un accord de sixte établi avec des notes étrangères au ton donné, sera indiqué ultérieurement.

Remarquons ici que l'emploi des renversements peut rendre praticable des successions qui seraient défectueuses dans l'état fondamental des accords ; ex. A et B.

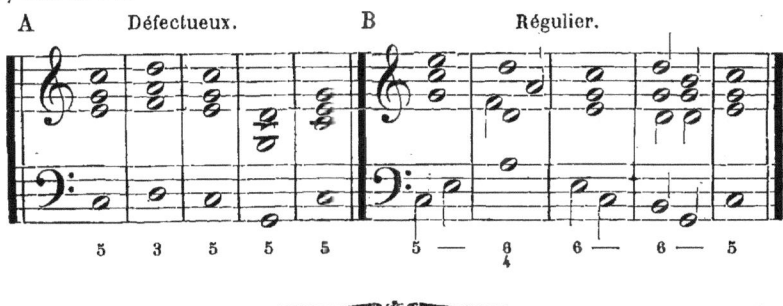

CHIFFRAGE DU DEUXIÈME RENVERSEMENT DES ACCORDS PARFAITS

§ 101. Si la note de basse de l'accord de sixte, *mi sol ut*, est portée à son octave supérieure, on obtient le deuxième renversement, *sol ut mi*, composé, comme on le sait, d'une quarte, *sol ut*, et d'une sixte, *sol mi*, que l'on signale à la basse par les deux chiffres superposés : $\frac{6}{4}$, et que l'on nomme pour ce motif *accord de quarte et sixte*.

Voici maintenant, sur la portée, les trois aspects sous lesquels se présente l'accord parfait majeur *ut mi sol*, ainsi que la basse chiffrée de chacun d'eux ; ex. C.

§ 102. L'accord parfait mineur fondamental *la ut mi*, chiffré par 3, devient *ut mi la*, dans son premier renversement, chiffré par 6. Le deuxième renversement, *mi la ut*, est également un *accord de quarte et sixte* que l'on signale à la basse de la même manière que le deuxième renversement de l'accord parfait majeur, c'est-à-dire par les deux chiffres $\frac{6}{4}$; ex. D.

CHIFFRAGE DES TROIS ASPECTS DE L'ACCORD DE QUINTE DIMINUÉE

§ 103. L'accord de quinte diminuée, *si ré fa*, en *ut* majeur et en *la* mineur, composé d'une tierce, *si ré*, et d'une quinte, *si fa*, devrait, en principe, se chiffrer par $\frac{5}{3}$ dans son état fondamental. On simplifie en ne prenant que le chiffre 5; mais, pour éviter de le confondre avec le chiffrage convenu pour l'accord parfait majeur, on traverse le chiffre 5 par une barre, soit : 5̶ (c'est le signe *moins* de l'arithmétique).

De même que les accords parfaits, celui de quinte diminuée, *si ré fa*, se renverse deux fois. Le premier renversement, *ré fa si*, est un accord de sixte le second renversement, *fa si ré*, est un accord de quarte et sixte. On chiffre l'accord de sixte, *ré fa si*, par un 6 traversé d'une barre, soit : 6̶. Ce signe, purement conventionnel, n'est justifié que par la nécessité qu'il y a d'annoncer que cet accord de sixte est le premier renversement d'un accord de quinte diminuée.

Le deuxième renversement, *fa si ré*, se chiffre par $\frac{6}{4}$; mais, pour éviter de le confondre avec le deuxième renversement d'un accord parfait, on place une petite croix à gauche et à côté du chiffre 4; soit : $+\frac{6}{4}$ (C'est le signe *plus* de l'arithmétique, indiquant ici que la quarte, *fa si*, est augmentée).

Voici l'accord de quinte diminué, *si ré fa*, figuré sur la portée sous ses trois aspects, avec la basse chiffrée de chacun d'eux; ex. A.

BASSE CHIFFRÉE GÉNÉRALE DES ACCORDS QUI CONSTITUENT LA TONALITÉ HARMONIQUE SIMPLE DES DEUX MODES

§ 104. En exposant la théorie des accords relatifs nous avons vu que, sur chacune des sept notes de la gamme majeure, on pose un accord de trois sons parmi lesquels on distingue trois accords parfaits majeurs, trois accords parfaits mineurs et un accord de quinte diminuée.

Les voici établis dans le ton d'*ut* majeur, avec la basse chiffrée; ex. B.

Chacun de ces accords se présente sous trois aspects différents; on peut donc écrire la série suivante; ex. C.

Il résulte de là que sur chacun des sept degrés de la gamme majeure on placera : 1° un accord fondamental ; 2° un accord de sixte ; 3° un accord de quarte et sixte.

Ainsi, sur la note *ut*, premier degré, on trouve :
L'accord fondamental, *ut mi sol* ;
L'accord de sixte, *ut mi la* ;
L'accord de quarte et sixte, *ut fa la*.
Sur la note *ré*, deuxième degré, on trouve :
L'accord fondamental, *ré fa la* ;
L'accord de sixte, *ré fa si* ;
L'accord de quarte et sixte, *ré sol si*.
Ainsi de suite sur chacun des degrés de la gamme d'*ut* ; ex. A.

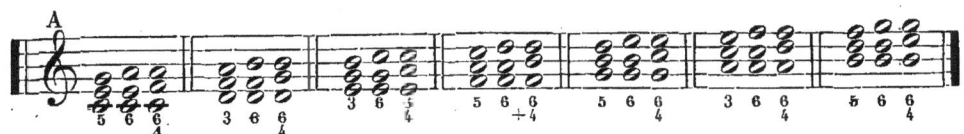

Le même principe s'applique à la gamme mineure ; ex. B.

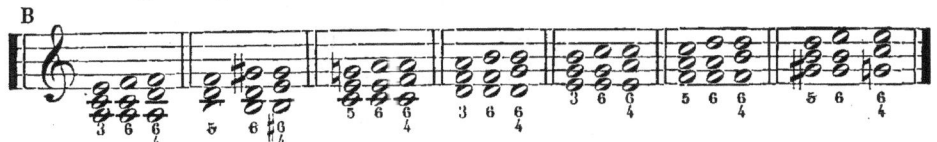

§ 105. Pour avoir une connaissance parfaite de la théorie des accords relatifs d'un ton donné, il faut savoir distinguer sur le champ l'espèce d'accord fondamental ou renversé qui se pose sur tel ou tel degré de la gamme majeure ou mineure. Ainsi, le sixième degré *la*, dans le ton d'*ut* majeur, porte l'accord parfait mineur fondamental, *la ut mi*, l'accord de sixte, *la ut fa*, et celui de quarte et sixte, *la ré fa*. Il en est de même pour les autres degrés.

DE QUELQUES PARTICULARITÉS DE LA BASSE CHIFFRÉE

§ 106. Quand une série de note de basse est produite avec les notes du même accord, on chiffre seulement la première note, et l'on trace à droite de ce chiffre une barre horizontale d'une longueur égale à la distance occupée par ces notes sur la portée, ainsi qu'on le voit ci-contre ; ex. C. Ces accords peuvent être fondamentaux ou renversés.

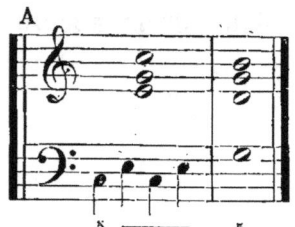 

Lorsque l'on emploie ce genre d'abréviation, le chiffre de la première note de basse doit indiquer la face de l'accord établi sur cette note; ex. A et B.

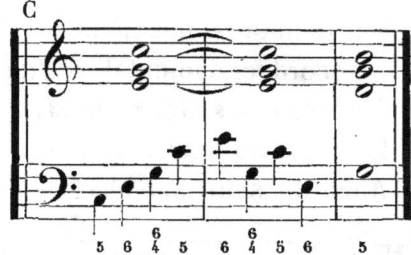

Si l'on voulait exprimer séparément toutes les faces de l'accord parfait majeur *ut mi sol*, de l'exemple C ci-dessus, il faudrait nécessairement poser les chiffres ainsi qu'il suit; ex. C.

§ 107. Les trois signes d'altération, *dièse*, *bémol* et *bécarre*, sont employés dans la basse chiffrée pour exprimer, dans un accord, un mode différent de celui qui serait produit avec les notes d'un ton donné

Ces signes servent aussi à annoncer des intervalles augmentés ou diminués. On les place à côté des chiffres, soit à gauche, soit à droite, soit au-dessous, suivant certaines règles qui vont être déterminées.

Quand la basse est écrite dans un ton donné, les accords parfaits majeurs relatifs directs de premier ordre sont toujours marqués par le chiffre 5, et les accords parfaits mineurs par le chiffre 3. Mais lorsqu'un accord parfait majeur, étranger au ton de l'armure, est le résultat d'un signe accidentel de haussement, on le chiffre quelquefois par le dièse ou le bécarre, suivant le ton; ex. D et E.

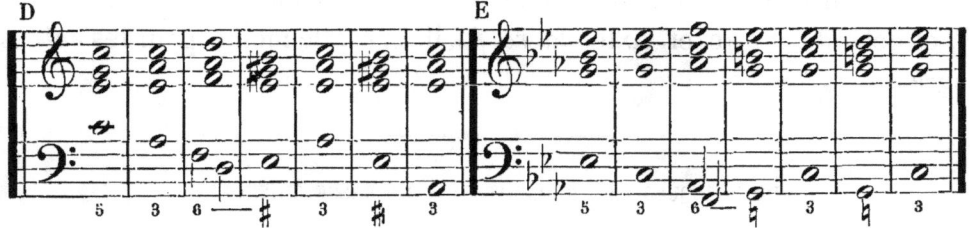

§ 108. Si l'on veut indiquer le changement de mode d'un accord parfait, on passe du chiffre 5 au chiffre 3, ou du 3 au 5, suivant le cas.

Pour marquer le passage d'un accord parfait majeur, signalé par le ♯, au mineur de même base, on se sert du bécarre et réciproquement.

Quelquefois il est nécessaire d'exprimer les accords parfaits par deux chiffres superposés $^5_3$. Dans ce cas, le changement de mode est indiqué de cette manière : $^5_3$ ♭$^5_3$, pour le passage du majeur au mineur; et par $^5_3$ ♯$^5_3$, pour le passage du mineur au majeur.

Par abréviation, on néglige de reproduire les chiffres de droite, en traçant une petite barre après le 5: ex. $\smash{\genfrac{}{}{0pt}{}{5}{3}}\flat$, $\smash{\genfrac{}{}{0pt}{}{5}{3}}\sharp$, $\smash{\genfrac{}{}{0pt}{}{5}{3}}\natural$.

Lorsqu'on place un dièse, un bémol ou un bécarre, suivant le ton, à côté du chiffre 6, dans les accords de *sixte* ou de *quarte et sixte*, cela signifie que l'accord renversé est du mode majeur ou mineur et réciproquement; ex. 6, ♭6, ♮6; ou $\sharp\smash{\genfrac{}{}{0pt}{}{6}{4}}$, $\flat\smash{\genfrac{}{}{0pt}{}{6}{4}}$, $\natural\smash{\genfrac{}{}{0pt}{}{6}{4}}$.

En d'autres termes, le signe accidentel exprime que la tierce de la fondamentale est majeure ou mineure, suivant la circonstance.

TROISIEME PARTIE

DES SUCCESSIONS MONOTONIQUES ET DES DIVERSES MANIÈRES DONT ON PEUT ÉCRIRE L'HARMONIE POUR LE CLAVIER

§ 109. — Avant d'écrire des successions d'accords autres que les formules simples qui ont servi d'exemple jusqu'ici, il était indispensable de faire connaître les principes qui règlent l'enchaînement des accords et à l'aide desquels la réalisation d'une basse chiffrée peut être faite simplement et sans que l'une des parties de l'harmonie produise un dessin mélodique appréciable. Ces sortes de successions, généralement empreintes de monotonie, ne sont guère employées que dans l'étude ou l'analyse de l'harmonie. Si l'on veut réaliser avec intérêt une basse chiffrée, il faut que les notes d'une des parties, prise à part, soient disposées de manière à produire une mélodie quelconque (1). Cette partie, que l'on nomme *le chant*, peut être placée au grave, au médium ou à l'aigu de l'harmonie, suivant le genre de voix qui doit l'exécuter. Ce chant prend aussi la qualification de *partie principale*, tandis que les autres, qui lui sont subordonnées, se nomment parties d'accompagnement.

Remarque. Dans l'étude élémentaire de l'harmonie, on place ordinairement le chant dans une seule partie en ne produisant que des accords plaqués. Plus tard, quand les études sont plus avancées, on fait des combinaisons qui font chanter les diverses parties alternativement. Dans ce cas, il arrive souvent que l'harmonie plaquée disparaît momentanément et que les accords ne sont représentés que par leurs notes essentielles. Nous reviendrons en temps utile sur ce fait important.

Écrivons une basse chiffrée dans le ton d'*ut* majeur; ex. A.

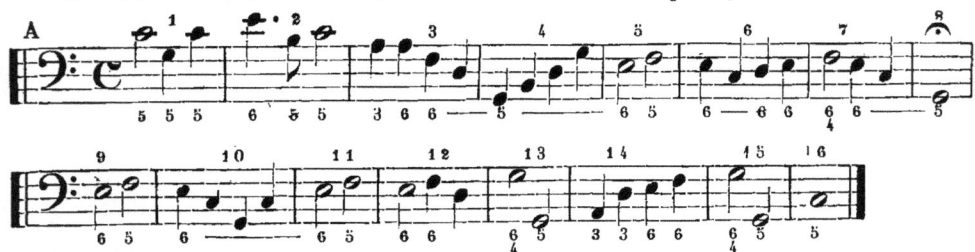

(1) La mélodie est envisagée ici au point de vue de la musique moderne, car le plain-chant offre souvent des airs aussi simples que celui de l'exemple B.

DES SUCCESSIONS MONOTONIQUES

§ 110. Réalisons l'harmonie de cette basse sans préoccupation d'une partie principale ; ex. A.

Analyse de l'exemple A. — L'harmonie monotonique de cet exemple est établi à quatre parties dans le ton d'*ut* majeur. Son ensemble est basé sur les accords relatifs directs de premier ordre des 2e, 4e, 5e et 6e degrés, fondamentaux et renversés. Celui du 3e degré, *mi sol si*, est le seul qui n'apparaisse pas. On sait, du reste, par le § 66, que cet accord est plus rarement employé que les autres.

A la mesure 2, l'accord de quinte diminuée du septième degré, avec sa fondamentale doublée, fait sa résolution normale sur l'accord de la tonique ; mais ici, par exception, la note doublée descend sur la dominante, suivant les prescriptions du § 58.

Le repos sur la dominante a lieu deux fois de 3 à 4 et de 7 à 8 ; de 13 à 14, on trouve une cadence rompue établie sur l'accord parfait mineur 6e degré, et la succession se termine par une formule de cadence parfaite dans laquelle l'accord parfait mineur du deuxième degré est résolu une première fois sur l'accord de sixte de la tonique, et une deuxième fois sur le second renversement de ce même accord.

Cette succession ne présente aucune mélodie prédominante.

On remarquera que, dans la mesure 7, l'accord de quinte diminuée est représenté seulement avec trois parties. Dans ce cas, on suppose toujours que la deuxième et la troisième partie se sont réunies sur l'unisson pour reprendre un chemin différent dans l'accord suivant. A quatre parties, l'accord de quinte diminuée présente des difficultés faciles à éviter par l'emploi d'autres accords que nous ferons connaître ultérieurement.

Réalisons de nouveau la même basse chiffrée, mais, cette fois, avec une mélodie placée à la première partie ; ex. A.

Dans les 2ᵉ, 5ᵉ et 13ᵉ mesures de cet exemple, qui, sous le rapport harmonique, présente les mêmes faits que le précédent, la mélodie de la partie principale résulte du changement de position des accords, conformément aux observations du § 57.

On sait que le changement de position offre l'avantage de faire disparaître des fautes d'octaves ou de quintes justes successives produites par mouvement semblable ; l'exemple A montre que ce changement peut servir d'auxiliaire utile à la formation de la mélodie.

§ 111. Maintenant, donnons un exemple du même genre, écrit dans le ton de *la* mineur et réalisé une première fois sans mélodie prédominante ; ex. B.

Le voici reproduit avec un chant placé à la première partie; ex. A.

Analyse harmonique. — Cette succession monotonique présente un ensemble de tous les accords relatifs directs de premier ordre du ton de *la* mineur.

Après un repos sur la dominante en (*a*), les accords qui suivent, et dans lesquels le *sol* naturel (7ᵉ degré) est entendu, font perdre momentanément l'impression du mode mineur de *la;* on se croirait dans le ton d'*ut* majeur. Mais en (*c*), un nouveau repos sur la dominante *mi*, avec la réapparition du *sol* ♮, fait renaître le caractère du mode initial.

Le membre de phrase compris de (*b*) à (*c*) est semblable, quant à la partie mélodique, à celui qui, commençant en (*d*), finit en (*e*). Néanmoins, ces deux fragments identiques du chant produit par la première partie, sont accompagnés par une basse et des accords différents. C'est surtout dans ce fait que consiste la grande variété qui caractérise la musique moderne, et cela montre que, sur une basse donnée, on peut trouver des harmonies diverses et accompagner, par des basses et des harmonies qui n'ont aucune ressemblance, un chant préalablement donné.

Voici, par exemple, un fragment du *Domine salvum*, accompagné par des accords fondamentaux; ex. B.

92 — DIVERSES MANIÈRES DE FIGURER.

Ce même fragment peut recevoir un accompagnement mélangé d'accords fondamentaux ou renversés; ex. A.

§ 112. Ainsi qu'on l'a déjà dit au § précédent, l'harmonie la plus élémentaire se réalise note pour note, ce qui veut dire que l'on place un accord au-dessus de chacune des notes de la basse; ex. B.

Quelquefois on donne plus d'intérêt à la réalisation, soit par le changement de position des accords, soit en faisant supporter dans la même mesure, ou d'une mesure à l'autre, plusieurs accords différents à la même note de basse; ex. C.

Un seul accord peut également, dans un cas semblable, être écrit au-dessus de plusieurs notes de basse; ex. D.

Le principe de l'exemple D sera plus amplement développé au § 172.

Lorsque deux accords se lient par des sons communs, si des paroles sont adaptées à ces accords de manière à faire chanter les parties simultanément et en leur faisant prononcer les mêmes syllabes, les notes communes, au lieu d'être renfermées dans la valeur d'une même note ou prolongées par le signe de liaison, doivent alors être figurées en regard de chacune des parties, note pour note; ex. E.

Mais il arrive souvent que les parties décomposent les mots chacune d'une manière différente; d'où il résulte que les valeurs des notes d'une partie ne sont pas symétriquement identiques à celles de sa voisine, dans la même mesure. Ainsi, les valeurs des notes de l'exemple E ci-dessus pourraient se décomposer de la manière suivante pour chacune des parties; ex. A.

Cette manière de décomposer différemment la valeur des notes d'une même mesure pour telle ou telle partie, produit des difficultés d'exécution sur un clavier. Aussi ce genre d'harmonie, dont les accords ne sont plus figurés note pour note, est plutôt du domaine de la musique destinée aux voix ou écrite pour plusieurs instruments. Nous verrons plus loin, au § 178, de quelle manière on figure, sur des portées particulières, chacune des parties d'une harmonie.

§ 113. Quand deux accords, entre lesquels il existe des notes communes, sont séparés par une barre de mesure, si l'on veut faire entendre sur un clavier d'orgue cette note commune sans interrompre le son, pour la figurer dans l'écriture musicale, on indique la prolongation du même son par le signe de liaison placé d'une mesure à l'autre; ex. B.

Sur le piano, les sons ont peu de durée, c'est pourquoi les accords sont plus généralement frappés note pour note sur cet instrument; sans cela, dans les mouvements lents, l'oreille en perdrait trop vite l'impression harmonique.

Dans l'étude pratique de l'harmonie, il existe plusieurs manières d'écrire pour le clavier la mélodie et les accords d'accompagnement.

Le chant principal se figure, si l'on veut, sur un groupe particulier de cinq lignes, placé au-dessus de l'accompagnement, lequel est alors écrit sur deux autres portées, dont l'une est munie de la clé de *sol*, destinée à la main droite, et l'autre de la clé de *fa* pour la main gauche; ex. A.

N. B. *Les exemples des maîtres qui seront cités dans le cours de cet ouvrage, seront tirés principalement de leurs compositions vocales, avec accompagnement de piano ou d'orgue. L'expérience nous a démontré qu'en plaçant les formes harmoniques en regard de celles qui représentent les idées mélodiques, le judicieux emploi des accords arrive plus vite à l'intelligence de l'élève.*

Il arrive parfois que, pour soutenir les intonations du chant, celui-ci se trouve reproduit par une des parties de l'accompagnement. Les octaves consécutives par mouvement semblable qui résultent souvent de ce fait d'un usage fréquent, ne sont pas considérées comme défectueuses.

La succession des accords est également traitée sur le clavier conformément à l'harmonie destinée à un certain nombre de voix dont le timbre et le diapazon sont peu différents; mais alors, les parties se maintiennent dans la forme serrée; la main gauche tient la basse pendant que la main droite produit un certain nombre de parties toujours en rapport avec son étendue; ex. B.

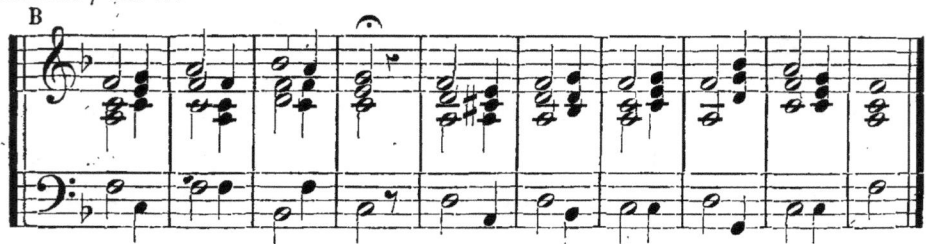

On voit, en B, que le chant est produit par la première partie. Ce système, avons-nous dit, est celui qu'on emploie le plus ordinairement au début de l'étude de l'harmonie; c'est pourquoi les exemples composés spécialement

L'HARMONIE POUR LE CLAVIER

pour appuyer les principes exposés dans cet ouvrage seront généralement écrits souscette forme.

Si l'on veut représenter l'harmonie vocale à plus de trois parties en donnant à chacune le diapason vrai, il faut alors que la main gauche produise plusieurs notes différentes ; ex. A.

Souvent, dans la musique du clavier, la mélodie, exécutée par une des mains, est indépendante de l'accompagnement formé par l'autre ; ex. B.

DE LA MODULATION

(Suite du § 95.)

§ 114. L'application des principes exposés jusqu'ici donnera la facilité, non-seulement d'écrire correctement les successions monotoniques, mais encore on y puisera les moyens d'opérer aisément la *modulation*, c'est-à-dire le changement de ton de majeur à majeur, de mineur à mineur, de majeur à mineur, et enfin de mineur à majeur (§ 95.)

Avant d'indiquer le moyen le plus simple à l'aide duquel on puisse effectuer une modulation, il est utile de classer les tons dans lesquels on module le plus naturellement en partant d'un ton donné.

La théorie des accords relatifs directs de premier ordre, dans les deux modes, a déjà tracé la route des modulations les plus simples. Par exemple, étant donné le ton d'*ut* majeur, voici les tons dans lesquels se font ces modulations primitives

Ré mineur; *mi* mineur; *fa* majeur; *sol* majeur; *la* mineur.

En partant du ton de *la* mineur, on modulera facilement dans les tons suivants :

Ut majeur; *ré* mineur, *mi* mineur; *fa* majeur, *sol* majeur.

Que les modulations soient définitives ou passagères, c'est ordinairement dans ces tons que, dans presque toutes les compositions musicales, les modulations se présentent le plus fréquemment.

§ 115. En partant d'un ton quelconque, le moyen généralement le plus simple d'opérer une modulation directe de premier ordre, consiste à interposer, entre l'accord de la tonique du ton de départ et celui de la tonique d'arrivée, l'accord parfait majeur de la dominante de celui où l'on doit entrer ; ex. A, B, C, D, E.

Remarque. En modulant d'*ut* majeur en *sol* majeur (ex. A), l'accord de *ré* majeur (dominante en *sol*), qui marche par degré conjoint avec l'accord de départ *ut mi sol*, n'a pas de note commune avec lui. Aussi doit-on les faire suivre par le mouvement contraire, suivant les prescriptions du § 89.

Le même fait se reproduit dans la modulation d'*ut* majeur à *mi* mineur (3e degré), ainsi qu'on peut le voir dans l'exemple B.

Les modulations du ton d'*ut* majeur, dans les autres relatifs directs du premier ordre, savoir : *ré* mineur, *fa* majeur et *la* mineur, s'opèrent plus facilement, parce que l'accord de la dominante de chacun de ces tons d'arrivée se lie à l'accord d'*ut* majeur par une note commune ; voir les exemples C, D, E.

DE LA MODULATION

§ 116. Si l'on part de la gamme de *la* mineur prise comme type, et qu'on veuille moduler dans les tons relatifs directs de ce ton, savoir : en *ut* majeur, en *ré* mineur, en *mi* mineur ou majeur, en *fa* majeur et en *sol* majeur, le moyen le plus simple consiste également dans l'emploi de l'accord parfait majeur de la dominante du ton où l'on veut passer ; ex. A, B, C, D, E.

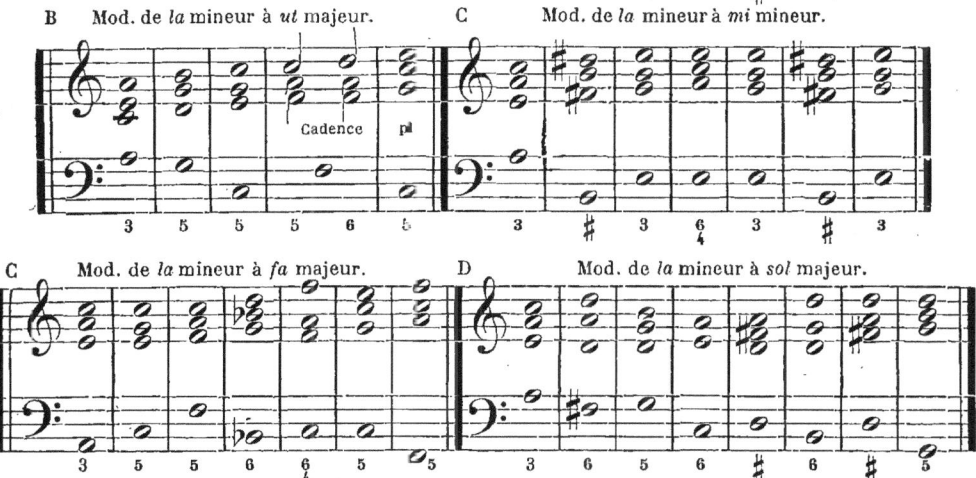

Toutes ces modulations peuvent être effectuées par l'intermédiaire de l'accord de quinte diminuée placé sur la note sensible du ton d'arrivée. Observons à ce propos que l'accord de quinte diminuée, qui a pour fondamentale la sensible des deux modes, et celui qui se pose sur le second degré de la gamme mineure, n'ont offert jusqu'ici qu'un moyen de rompre la monotonie des successions.

L'importance, dans la modulation, de l'accord de quinte diminuée va être montrée par des exemples. L'intervalle, qui caractérise cet accord, le rend propre à effectuer facilement le passage d'un ton dans un autre, car on sait que, dans toutes les gammes majeures ou mineures, le contact harmonique de la note sensible et de la sousdominante produit cet intervalle dissonant, lequel détermine, par lui-même, le ton dans lequel on veut entrer (1).

---

(1) « Ces deux notes *si fa* (dans la gamme majeure d'*ut*) mises en contact, forment une harmonie attractive qui ne peut satisfaire la sensibilité musicale et l'intelligence que par la résolution de ces mêmes notes sur celles qui n'en sont séparées que par un demi-ton, comme *si* suivi de *ut*, et *fa* suivi de *mi*; en sorte que la septième note monte à la huitième, tandis que la quatrième descend à la troisième, et que la tendance attractive des deux sons se satisfait en attirant l'un vers l'autre. »

F. J. Fétis, *Traité complet de la théorie et de la pratique de l'harmonie*, page 39 de la *Préface*.

Voici quelques modulations effectuées par cet utile et puissant intermédiaire ; ex. A, B, C, D.

§ 117. La possibilité d'opérer des changements de ton par les moyens simples indiqués jusqu'ici, va déjà nous permettre d'écrire, dans les deux modes, des successions modulantes, où tous les tons relatifs directs, subordonnés au ton principal, pourront être représentés tour à tour ; et après avoir accusé toutes ces modulations, on rentrera, si l'on veut, dans le ton de départ.

Mais avant de présenter des exemples de ces sortes de successions harmoniques, nous ferons remarquer que la marche de la mélodie fait souvent pressentir la modulation, et trace le chemin où l'on doit conduire l'harmonie. Néanmoins, lorsque le chant d'une des parties ne prédomine pas suffisamment pour caractériser les divers tons dans lesquels il peut passer, l'accompagnement vient alors à son secours, et par lui le chant le plus monotone se trouve parfois paré des plus belles couleurs de l'harmonie.

Citons ici comme exemple un fragment d'une mélodie de Schubert intitulée : *Adieu !* et dans lequel le chant se maintient longtemps sur la même note ; ex. E.

DE LA MODULATION

§ 118. Après avoir effectué le passage d'un ton dans un autre, si l'on rentre immédiatement dans le ton de départ, on produit une sorte de *va et vient* qui sera désigné par : modulation *aller et retour*. On conçoit qu'après une modulation définitive ou passagère, le retour au ton initial nécessitera une nouvelle modulation ; ex. A, B, C.

Ces sortes de modulations sont très fréquentes, et c'est en cela que consiste la différence radicale qui existe entre la musique du moyen-âge et celle de nos jours, ainsi qu'on le verra plus loin.

Voici, par exemple, un fragment de l'air : *Le beau pays de France*, etc. tiré de l'opéra des *Deux nuits*, dans lequel on trouve trois modulations fugitives, sans compter celle qui fait rentrer dans le ton principal ; ex. A.

§ 119. Il y a des mélodies qui gagnent beaucoup à être accompagnées par des harmonies modulantes. Ainsi, dans ce passage de l'hymne : *Adeste fideles*. A.

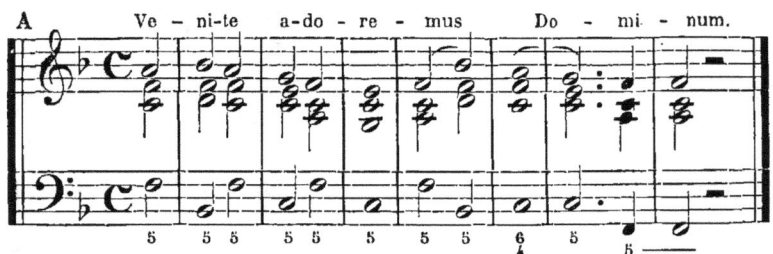

L'harmonie de l'exemple A est monotonique ; le chant est à la première partie. Voici le même fragment accompagné par une modulation passagère en *ré* mineur (6ᵉ degré en *fa* majeur) ; ex. B (1).

§ 120. Essayons, en appliquant les principes qui ont été exposés, d'écrire dans les deux modes une succession modulante ; ex. C en *ut* majeur.

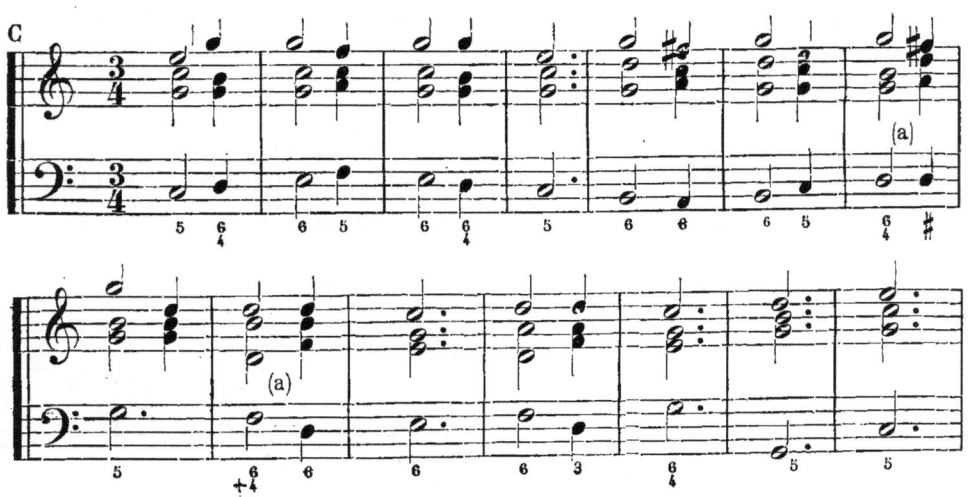

---

(1) Il est bon que le lecteur soit prévenu que les exemples de modulations qui ont été donnés, et ceux que nous décrirons ultérieurement, ne doivent pas être considérés comme des types invariables. Chacun de ces exemples n'est que l'une des innombrables manières d'opérer le changement de ton.

DE LA MODULATION

Analyse de l'exemple C. La première modulation, en partant d'*ut* majeur, se fait en *sol* majeur (dominante en *ut*); cette modulation s'opère en (*a*) par l'accord de *ré* majeur (dominante en *sol*), au deuxième renversement. Le retour en *ut* majeur a lieu par l'accord de quinte diminuée, *si ré fa*, dans son deuxième renversement, en (*b*). La modulation suivante est effectuée en *fa* majeur (sousdominante en *ut*), par l'intermédiaire de l'accord de quinte diminuée du ton de *fa*. De *fa* majeur on passe, en (*d*), au ton de *ré* mineur, (2ᵉ degré en *ut* majeur, ton principal), lequel est accusé par le deuxième renversement de l'accord de la dominante, *la ut ♯ mi*. Cette dernière modulation, non confirmée, est immédiatement suivie d'une autre qui conduit l'harmonie dans le ton de *la* mineur (6ᵉ degré en *ut* majeur), par l'accord parfait majeur de *mi*, (dominante en *la*); après quoi on passe au ton de *mi* mineur (3ᵉ degré en *ut*), ce qui permet de rentrer en *ut* majeur par l'accord parfait majeur de la dominante, *sol si ré*, suivi d'une cadence rompue en (*e*) sur l'accord de *la* mineur, après laquelle une formule de cadence parfaite établie dans le ton de départ termine la succession modulante.

§ **121.** Voici un autre exemple de succession modulante en *ré* (mode mineur); ex. A (1).

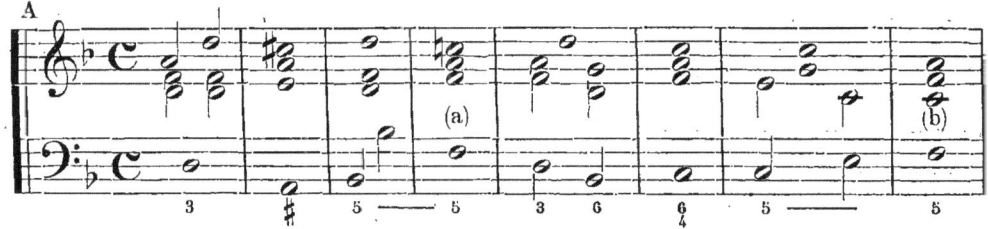

1) Ces deux exemples doivent être analysés au point de vue de l'harmonie seulement.

Analyse de l'exemple A. Du ton *ré* mineur, une modulation en *fa* majeur (3ᵉ degré) est annoncée en (*a*) par l'accord de *si* ♭ majeur et confirmée par une formule de cadence parfaite terminée en (*b*). Le ton principal de *ré* mineur reparaît à l'aide d'une cadence parfaite, après laquelle on passe au ton de *sol* mineur (4ᵉ degré du ton principal (*c*). Ce dernier ton se prolonge jusqu'au retour en *fa* majeur (*d*). On remarque ici un changement de l'accord de *fa* majeur en *fa* mineur (*e*), qui précède le passage en *ut* mineur, après avoir fait entendre l'accord de *sol* mineur, son relatif (5ᵉ degré). Une cadence imparfaite, établie en *ut* mineur est suivie d'une modulation en *la* mineur (*h*). Cette dernière modulation est confirmée par une formule simple de cadence parfaite. Le retour dans le ton initial a lieu par l'intermédiaire de l'accord de quinte diminuée, au deuxième renversement (*m*).

§ 122. Lorsque, sous un chant donné, on veut faire un accompagnement d'un nombre déterminé de parties, la première chose à faire, après avoir reconnu le ton principal est de chercher à reconnaître si le sens de la mélodie permet d'introduire dans l'harmonie des modulations fugitives qui n'en changent pas le caractère général, ou s'il est préférable que la succession soit monotonique. Le choix dépend du goût et de la fantaisie.

On sait, par le § 111, que sous le même chant l'on peut former des harmo-

DE LA MODULATION

nies diverses. Voici un fragment de mélodie sous lequel nous placerons trois différents accompagnements monotoniques, et un quatrième avec des modulations passagères; ex. A.

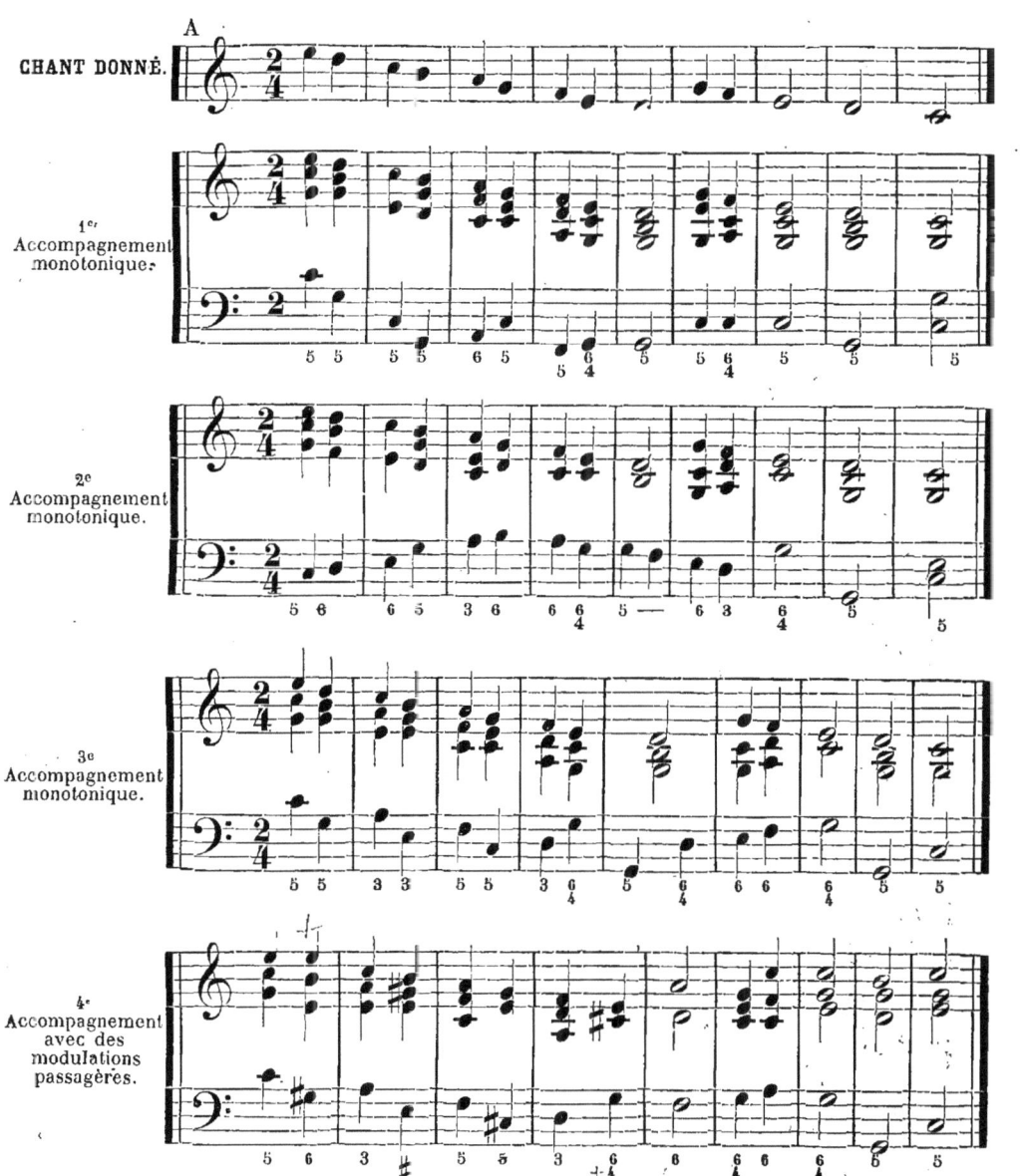

Les trois premiers accompagnements puisent leur harmonie dans les seuls accords relatifs du ton d'*ut* majeur.

Quant au quatrième, les modulations fugitives ont lieu successivement dans les tons de *la* mineur, et de *ré* mineur, avant le retour au ton principal.

On peut encore faire un cinquième accompagnement écrit dans le ton de *la* mineur; ex. A.

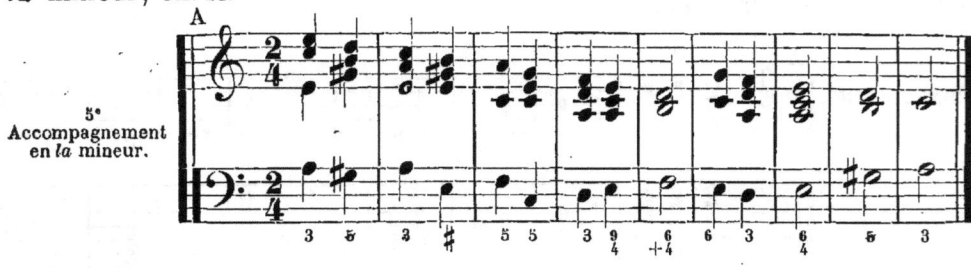

5°
Accompagnement
en *la* mineur.

DE LA DEMI-MODULATION

§ 123. Il arrive parfois qu'une modulation qui semble se préparer n'est pas complétement terminée, c'est-à-dire que la cadence parfaite du ton d'arrivée n'a pas lieu. Nous en trouvons un exemple dans l'air si simple du *Stabat mater*; ex. B.

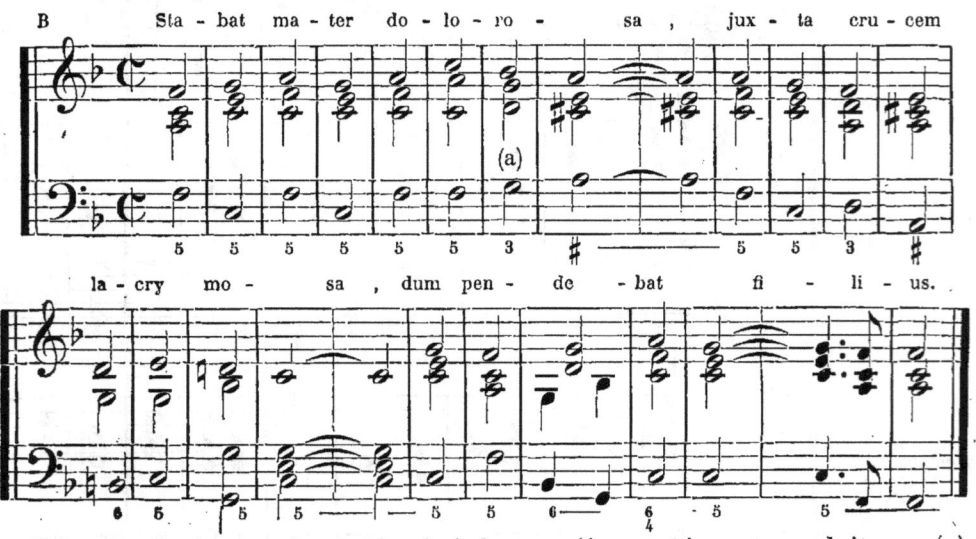

L'harmonie de ce chant, placée à la première partie, est conduite en (*a*) sur l'accord parfait mineur du second degré (*sol si* ♭ *ré*), lequel est considéré ici comme remplissant le rôle de l'accord du 4° degré en *ré* mineur (6° degré en *fa* majeur, ton principal).

Mais une modulation ne peut être terminée qu'à la suite d'une cadence parfaite, et l'accord *la ut* ♯ *mi* (dominante en *ré* mineur) étant suivi de l'accord de *fa* majeur au lieu de conclure en *ré* mineur, il en résulte que la ca-

DE LA DEMI-MODULATION

dence parfaite en *ré* est brusquement détournée par l'apparition inattendue de l'accord de *fa* majeur. C'est ce que nous désignerons par le nom de *demi-modulation*.

On voit que l'accord parfait majeur sur lequel a lieu la demi-modulation doit être nécessairement établi sur une dominante. Celle de l'exemple B ci-dessus, en (*a*), porte sur la dominante de *ré* mineur (6ᵉ degré en *fa* majeur). Cette demi-modulation, fréquemment employée, est presque toujours suivie d'un retour immédiat sur l'accord tonique de départ, par exemple en B; quelquefois on passe à l'accord de la dominante du ton initial ; ex. A.

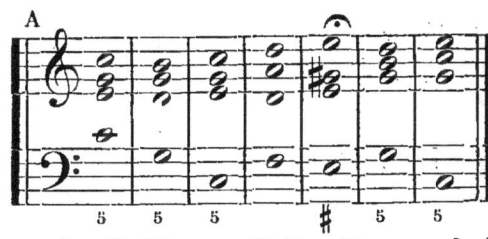

L'air *Suivez-moi*, du quatrième acte de *Guillaume Tell*, offre un bel exemple de cette espèce de demi-modulation. Voici le passage ; ex. B.

L'accord parfait majeur qui est surmonté du point d'orgue, caractérise la demi-modulation de cet exemple. Placé sur la dominante du ton de *fa* ♯ mineur, au lieu de conclure sur l'accord tonique fondamental, il est suivi de celui de *la* majeur, ton principal.

N. B. Nous ferons observer que l'accord de *fa* ♯ majeur ne caractérise pas la modulation complète, parce qu'il est frappé dans son deuxième renversement (1).

---

(1) Nous ne pouvons pas encore faire l'analyse harmonique de tous les accords qui forment les accompagnements des exemples précédents empruntés à Schubert, à Boïeldieu et à Rossini ; nous ferons connaître en temps utile leur origine et leur emploi.

Citons encore le fragment suivant du récitatif qui a lieu entre Alice et Robert, au premier acte de *Robert le Diable* ; ex. A.

Ce genre de demi-modulation effectuée sur l'accord parfait majeur de la dominante du ton relatif (6ᵉ degré) est très fréquent.

§ 124. Voici une demi-modulation d'une espèce différente et plus rare que la précédente ; ex. B.

La demi-modulation de l'exemple B, ci-dessus, a lieu sur l'accord parfait majeur de *si* dominante du ton de *mi* mineur relatif (3ᵉ degré) en *ut* majeur. Toutefois, au lieu de conclure dans le ton de *mi* mineur pressenti par l'oreille, il s'opère un passage inattendu dans le ton de *sol* majeur.

DES ACCORDS RELATIFS DIRECTS DU SECOND ORDRE DANS LE MODE MAJEUR

§ 125. Pour arriver à produire des successions modulantes hors du domaine des accords relatifs directs du premier ordre, il faut d'abord exposer la théorie qui concerne les tons relatifs d'un ordre inférieur et en faire le classement.

§ 126. Un fait harmonique de la plus haute importance, et qui va servir de base au cas qui nous occupe, est celui-ci : étant donné un accord parfait majeur, il est toujours possible de le rendre mineur en abaissant d'un demi-ton chromatique la tierce de la fondamentale. La réciproque a lieu, mais avec une réserve dont le motif sera expliqué au § 153.

Observons d'abord que le passage d'un accord parfait d'un mode déterminé à l'accord de même base, mais du mode opposé, ne constitue pas une modulation, parce qu'en général la modulation proprement dite fait toujours supposer l'audition de l'un des accords modulants qui renferme la note sensible du ton dans lequel on passe. Mais on peut tirer de là cette conséquence, que le changement de mode d'un accord, que l'on peut effectuer sans intermédiaire, doit être regardé comme une succession d'accords relatifs directs de premier ordre.

§ 127. Supposons qu'après avoir opéré le changement de mode du majeur au mineur de l'accord d'*ut*, soit *ut mi sol, ut mi♭ sol*, on frappe l'accord parfait majeur *sol si ré* dominante, et qu'ensuite on effectue un retour sur l'accord parfait mineur *ut mi♭ sol*; ex. A.

Le passage du majeur au mineur de l'accord d'*ut* étant opéré, l'accord parfait majeur de la dominante et celui de la tonique *ut mi♭ sol* qui suivent, provoquent le sentiment d'une cadence imparfaite et parfaite dans le ton d'*ut* mineur.

Dans ce cas, la modulation d'*ut* majeur à *ut* mineur est caractérisée par l'audition de l'accord parfait majeur de la dominante.

§ 128. Bien que le changement de l'accord d'*ut* majeur n'établisse pas une modulation proprement dite en *ut* mineur, néanmoins, par cette transformation, l'oreille se trouve suffisamment préparée pour autoriser la succession des accords relatifs directs qui appartiennent au ton d'*ut* mineur; ex. B.

On conçoit qu'une succession de cette nature puisse, en mode majeur, préparer des modulations promptement effectuées dans des tons autres que dans les relatifs directs du premier ordre.

§ 129. Cherchons maintenant à faire, en *ut* majeur, le classement rationnel des gammes qui constituent les nouveaux tons relatifs.

On vient de voir, dans l'exemple précédent, que, par suite d'une substitution de mode, on peut passer immédiatement de l'accord d'*ut* majeur à l'accord parfait mineur de la sousdominante *fa*. Si l'on suppose que cet accord de *fa* mineur quitte sa fonction d'accord de sousdominante pour devenir accord du premier degré, l'audition nouvelle de l'accord d'*ut* majeur, lequel prend alors le rôle d'accord de dominante, provoquera le sentiment de la cadence parfaite et accusera ainsi une modulation en *fa* mineur.

Il résulte de là que le mode majeur peut emprunter les accords relatifs directs du mode mineur de même base, et c'est ainsi que la cadence plagale du mode majeur peut faire l'emploi de l'accord parfait mineur de la sousdominante; ex A.

La cadence plagale, loin de perdre le caractère qui lui est propre, est empreinte, dans ce cas, d'une grandeur plus mélancolique.

Les prescriptions du § 144, ci-après, feront voir que le contraire ne peut pas avoir lieu, et que le mode mineur ne fait jamais l'emploi des relatifs du mode majeur de même base.

§ 130. On sait que, dans l'enchaînement des accords, les notes communes ont une grande importance; cela est si vrai que le plus souvent on se dispense de faire le changement du majeur au mineur de l'accord de départ toutes les fois que, par emprunt, on veut conduire l'harmonie dans les accords relatifs du mineur du même ton. C'est ce que l'on a pu voir dans l'exemple B ci-dessus, où l'on trouve, en (*a*), l'accord d'*ut* majeur enchaîné sans intermédiaire à celui de *fa* mineur.

On voit, dans le même exemple, qu'il s'établit une grande intimité entre l'accord parfait d'*ut* majeur et celui de *la* ♭ majeur; ce lien est cimenté par la note commune *ut*. On peut donc, par un *va et vient* entre ces deux accords, établir une succession très agréable à l'oreille, quoiqu'étrange; ex. B.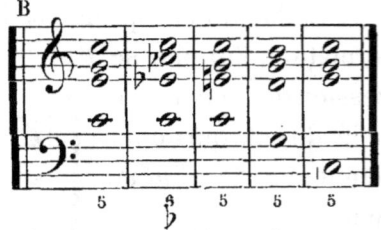

L'accord de *la* ♭ majeur est le relatif du 6ᵉ degré du ton d'*ut* mineur, et par suite de l'emprunt que le ton d'*ut* majeur fait au ton d'*ut* mineur, il sera facile d'établir une modulation d'aller et retour entre les tons d'*ut* majeur et de *la* ♭ majeur; ex. C.

DANS LE MODE MAJEUR

DE LA TRANSITION

§ 131. *Le va et vient* immédiat de l'accord parfait majeur d'*ut* à celui de *la* ♭ majeur forme une succession de basse fondamentale par tierce majeure inférieure ou supérieure. Ces mouvements fondamentaux ne sont pas nouveaux, car ils existent dans les accords relatifs directs des deux modes. Ainsi, en *ut* majeur, l'accord parfait mineur de *la* (6ᵉ degré) s'enchaîne avec celui de *fa* (4ᵉ degré) par tierce majeure. Il en est de même de l'accord du 3ᵉ degré *mi sol si*, qui peut suivre ou précéder l'accord de la tonique.

La succession des deux accords de *la* mineur et de *fa* majeur, prise dans le ton de *la* mineur, a lieu de sousdominante à tonique.

Observons toutefois que, dans le cas qui vient d'être cité, l'un des deux accords parfaits est du mode mineur, tandis que, dans la succession fondamentale par tierce majeure, établie entre l'accord d'*ut* majeur et celui de *la* ♭ majeur, les deux accords sont de même mode ; c'est en cela seulement que consiste la nouveauté de cette succession très caractéristique de laquelle découle un des faits harmoniques auquel nous donnerons le nom de *transition*.

La transition se distingue de la modulation en ce que celle-ci suppose toujours un changement de ton opéré par une suite d'accords enchaînés conformément aux règles ordinaires, dont les plus simples ont été établies précédemment ; tandis que la transition fait passer l'harmonie d'un ton dans un autre, quelquefois très éloigné du point de départ, et cela à l'aide de moyens brusques et rapides dont l'effet est généralement en rapport avec les sentiments que le compositeur veut exprimer. Un exemple remarquable d'une modulation de ce genre a lieu dans l'air de Chérubin des *Noces de Figaro*. Voici le passage :

Dans cet exemple, au passage *flamme subite*, après l'accord parfait majeur d'*ut* (dominante en *fa* mineur), l'accord de *la* ♭ majeur est attaqué subitement par acte de *transition*. Le ton de *la* ♮ majeur est ensuite confirmé par une formule de cadence parfaite.

§ 132. On vient de signaler, dans le ton d'*ut* majeur, deux accords nouveaux que nous appellerons des *relatifs directs* du second ordre : savoir l'accord parfait mineur de *fa* (4ᵉ degré en *ut* mineur) et celui de *la* ♭ majeur (6ᵉ

DE LA TRANSITION

degré en *ut* mineur). Ces deux accords seront classés dans les relatifs directs de second ordre à cause de la facilité avec laquelle la modulation d'*aller et retour* peut être établie.

Remarque. Les modulations que l'on établit en partant d'un ton donné du mode majeur, dans les tons relatifs du second ordre, ne sont pas aussi faciles à effectuer quand on veut rentrer au ton de départ. Ce retour exige, comme nous allons le voir, certaines précautions.

DES ACCORDS RELATIFS INDIRECTS DU PREMIER ORDRE DANS LE MODE MAJEUR

§ 133. Pour trouver les relatifs indirects, il est naturel de procéder comme nous l'avons déjà fait et de chercher les tons et les modes dans lesquels on pourra moduler le plus aisément en dehors des relatifs directs de premier et de second ordre.

On a vu que c'est par le changement de mode d'un accord parfait majeur qu'on arrive à la relation directe de second ordre. Un peu de réflexion fera reconnaître que, dans le ton d'*ut* majeur, l'accord de la tonique, *ut mi sol*, en passant au mineur, *ut mi ♭ sol*, entre immédiatement en relation directe avec l'accord de *mi ♭* majeur, car le ton d'*ut* mineur est lui-même le relatif direct du premier ordre (6ᵉ degré) du ton de *mi ♭* majeur. De cette parenté des accords naît la relation des gammes, et dès lors on conçoit qu'il puisse être facile d'établir une modulation d'aller et retour, du ton d'*ut* majeur à celui de *mi♭* majeur; ex. A.

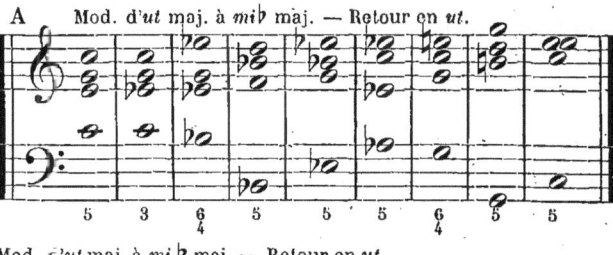

Cette modulation s'opère également en passant par l'accord parfait majeur *sol si ré* (dominante en *ut*); ex. B.

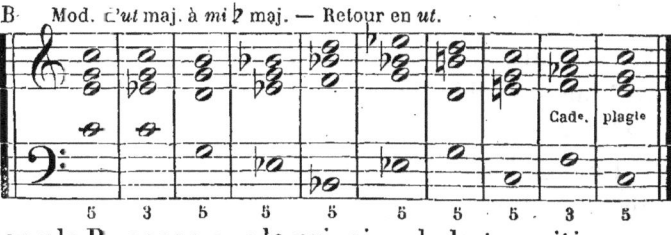

La modulation de l'exemple B repose sur le principe de la *transition*, exposé au § 131.

Un passage de *Tancrède* est accompagné par une transition de ce genre ; ex. A.

Remarque. Les accords qui se succèdent pour opérer une transition sont ordinairement liés entr'eux par des notes communes.

§. 134. Pour un motif que l'on fera connaître (§.144), l'accord de *mi* ♭ majeur ne peut pas être frappé après l'accord d'*ut* majeur sans passer par par celui d'*ut* mineur. Nous classerons donc le ton de *mi* ♭ majeur au rang des relatifs indirects de premier ordre. La relation est indirecte parce qu'elle donne lieu à des modulations moins fréquentes que les tons relatifs précédemment indiqués.

Un raisonnement analogue conduit au ton de *si* ♭, classé également dans la relation indirecte du premier ordre du ton d'*ut* majeur. Cette relation provient du rapport direct qui existe entre l'accord de *fa* majeur (sousdominante) et celui de *si* ♭ majeur.

La modulation d'*ut* majeur à *si* ♭ majeur devient ainsi facile à effectuer en passant par l'accord d'*ut* mineur ; ex. B.

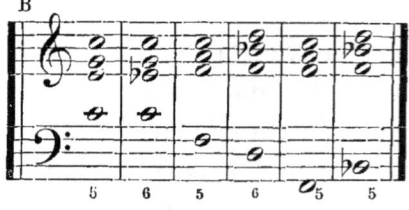

§ 135. On a vu (§ 128) qu'il existe une relation directe entre l'accord de la tonique, *ut mi sol*, et l'accord de *fa* mineur (4ᵉ degré en *ut* mineur) ; d'un autre côté, ce dernier accord se lie intimement à celui de *ré* ♭ majeur (6ᵉ degré en *fa* mineur). Il s'ensuit que, d'*ut* majeur à *ré* ♭ majeur, il s'établit un rapport que nous classerons aussi dans la relation indirecte de premier ordre. Il est en effet facile de moduler du premier de ces tons au second par l'intermédiaire de l'accord de *la* ♭ majeur (dominante en *ré* ♭) ; ex. C.

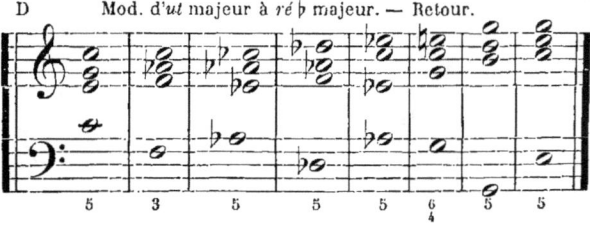

Une modulation de ce genre a été employée par Boïeldieu dans le grand air de sa *Dame Blanche* : « *Viens, gentille dame ;* » ex. A ci-après.

DU DEUXIÈME ORDRE DANS LE MODE MAJEUR

A. BOIELDIEU.

Que ces doux mystè-res ont de charme pour moi de charme

Dans cet exemple, après le ton de *sol* majeur, accusé dans les deux premières mesures, on entend l'accord d'*ut* mineur (4ᵉ degré en *sol*) qui sert d'intermédiaire pour opérer légitimement le passage au ton de *la* majeur relatif indirect du premier ordre du ton initial *sol* majeur.

La relation indirecte de premier ordre, dans le ton d'*ut* majeur, se compose donc des tons de *mi♭* majeur, de *si♭* majeur et de *ré♭* majeur, auxquels on peut ajouter le ton de *sol* mineur.

Cette dernière modulation se fait de la même manière qu'en *sol* majeur, mais au préalable on passe de l'accord d'*ut* majeur à l'accord d'*ut* mineur.

DES RELATIFS INDIRECTS DU DEUXIÈME ORDRE DANS LE MODE MAJEUR

§ 136. Les accords des 2ᵉ, 3ᵉ et 6ᵉ degrés d'un ton du mode majeur sont, comme on le sait, des accords parfaits mineurs ; on sait aussi que les modulations du mode mineur qui sont faites dans les tons représentés par ces accords, sont classées dans la relation directe du premier ordre ; mais il arrive parfois que, par une dérogation au principe naturel, et à l'aide des mêmes moyens, on module dans le majeur de ces trois tons. Ainsi, en partant d'*ut* majeur, on passe directement en *ré* majeur, en *mi* majeur et en *la* majeur. On conçoit aisément que, dans ce cas, les dièses que l'on est obligé d'introduire pour exprimer le majeur de ces tons, doivent produire sur l'oreille un effet inattendu. On peut en juger par une comparaison ; ex. B et C.

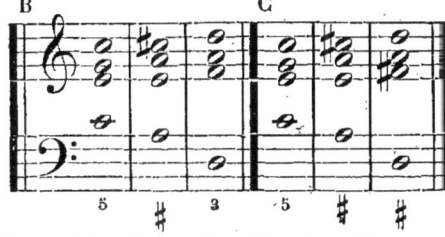

La modulation en *ré* mineur de l'ex. B, est toute naturelle, tandis que le ton de *ré*, accusé en mode majeur ex. C semble être contraire à la loi de la tonalité harmonique. Bien que ce fait soit exceptionnel, le passage dans le ton majeur du second degré est souvent employé dans les formules modulantes du genre de celle-ci; ex. A.

L'un des airs de Clapisson est accompagné par une formule de cadence parfaite où les accords des 2e et 6e degrés sont accusés en mode majeur; ex. B.

Une harmonie du même genre accompagne un passage de la Sérénade des gondoliers vénitiens de la *Reine de Chypre*; ex. C.

Le ton de *la* majeur, dans lequel cet exemple est écrit, a pour relatif direct du 2e degré l'accord parfait mineur de *si*; mais on a dû remarquer que cet accord est attaqué en majeur; cette exception intelligente communique à ce passage un effet piquant fort agréable, malgré son étrangeté.

C'est, par dérogation au principe naturel des tons relatifs, que Rossini a produit l'effet saisissant, qui frappe tout le monde dans l'opéra de *Moïse*, au final de la prière,

Voici quelques accords plaqués indiquant l'harmonie simple qui en forme le canevas général ; ex. A.

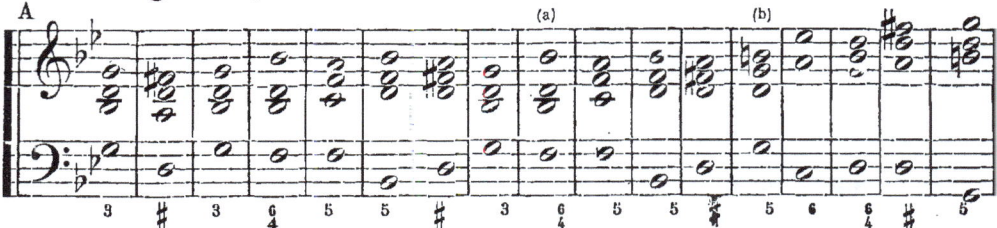

L'accord de *sol* en (b), qui devrait être mineur, comme celui en (a), est attaqué par le chœur des Hébreux en mode majeur ; l'effet en est splendide (1).

§ 137. Lorsqu'en partant d'*ut* majeur on module dans le ton relatif qui a pour tonique le 3ᵉ degré *mi*, si l'on veut que l'harmonie soit conforme à la règle du § 32, il est nécessaire que le ton de *mi* soit du mode mineur ; ex. B.

Si, en pareille circonstance, cet accord du 3ᵉ degré apparaît en mode majeur, l'effet qu'il produit est si différent que cette harmonie constitue une exception ; ex. C.

Quand on module d'un ton du mode majeur dans son relatif du 6ᵉ degré, et que ce dernier ton est accusé en mode majeur, on produit une exception appréciable par une comparaison ; ex. D et E.

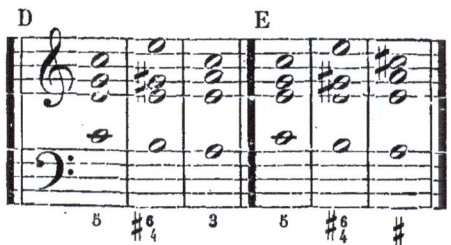

Il résulte de ce qui précède que la relation indirecte du deuxième ordre est, en mode majeur, établie sur les tons des 2ᵉ, 3ᵉ et 6ᵉ degrés, traités en mode majeur, alors qu'ils devraient être mineurs.

---

(1) Le défaut d'espace ne nous permettant pas de produire cet exemple de Rossini, nous renvoyons le lecteur à la partition de *Moïse*.

DES ACCORDS RELATIFS INDIRECTS

RÉSUMÉ GÉNÉRAL DES ACCORDS RELATIFS DANS LE MODE MAJEUR

Relatifs directs du premier ordre.

Ut mineur premier degré § 125.
Ré mineur deuxième degré ⎫
Mi mineur troisième degré ⎪
Fa majeur quatrième degré ⎬ §§ 61 à 73.
Sol majeur cinquième degré ⎪
La mineur sixième degré ⎭

Relatifs directs du second ordre.

Fa mineur quatrième degré en *ut* mineur ⎱ §§ 125 à 133
La ♭ majeur sixième degré en *ut* mineur ⎰

Relatifs indirects du premier ordre.

Mi ♭ majeur troisième degré en *ut* mineur ⎫
Si ♭ majeur quatrième degré en *fa* mineur ⎬ §§ 133 à 135.
Sol mineur cinquième degré en *ut* mineur ⎪
Ré ♭ majeur sixième degré en *fa* mineur ⎭

Relatifs indirects du second ordre.

Ré majeur deuxième degré ⎫
La majeur sixième degré ⎬ §§ 135 à 137.
Mi majeur troisième degré ⎭

Le tableau ci-dessus fait voir que, dans un ton du mode majeur, il y a *six* relatifs directs du premier ordre, *deux* relatifs directs du deuxième ordre, *quatre* relatifs indirects du premier ordre et *trois* relatifs indirects du deuxième ordre,

Ainsi, en partant d'*ut* majeur, par exemple, on peut établir des modulations dans les *quinze* tons du tableau ci-dessus par un moyen facile et uniformément applicable dans tous les tons du mode majeur.

DES ACCORDS RELATIFS INDIRECTS DANS LE MODE MINEUR

§ 138. L'exposé du § 73 a fait connaître les accords relatifs directs dans le mode mineur.

DANS LE MODE MINEUR

Quant aux relatifs d'un ordre inférieur, on en trouve quatre dont voici l'énumération dans le ton modèle, *la* mineur.

1° Le ton de *si* ♭ majeur qui, malgré les deux bémols de son armure, est un relatif indirect en raison de son affinité avec le ton de *fa* majeur (6ᵉ degré en *la* mineur). La modulation d'*aller et retour*, de *la* mineur à *si* ♭ majeur, s'opère sans difficulté par l'intermédiaire de l'accord de *fa* majeur (dominante en *si* ♭); ex. A.

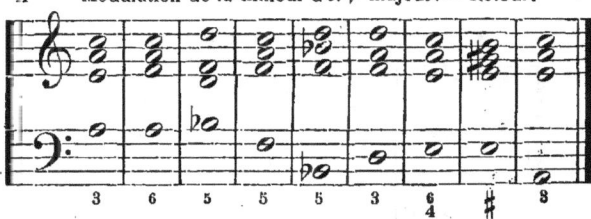

Dans les formules de cadences en mode mineur, on fait quelquefois, sur le 4ᵉ degré, l'emploi du premier renversement de l'accord parfait majeur posé sur la note qui fait demi-ton supérieur avec la tonique. Ainsi, en *la* mineur, l'accord dont il est ici question sera celui de *si* ♭ majeur, c'est-à-dire le relatif indirect du § précédent; ex. B.

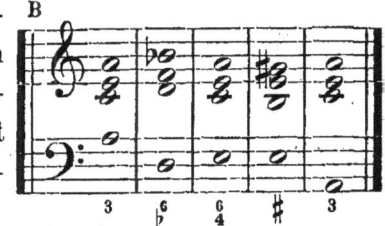

Rossini fait souvent, en mode mineur, l'emploi de cet accord au premier renversement. Le délicieux quatuor sans accompagnement du *Comte Ory* en offre un exemple remarquable. Dans cet exemple on ne doit s'occuper que de l'accord *ré, fa, si* ♭ marqué (*a*) et de sa résolution. Voici le passage :

2° Le deuxième accord relatif indirect du ton de *la* mineur est celui qui a sa base sur la sustonique *si*. Le ton de *si* mineur se lie facilement à celui de *la* par une modulation qui découle du rapport intime existant entre ce dernier ton et celui de *mi* mineur (5ᵉ degré en *la* mineur). Or ces deux derniers tons sont entr'eux en rapport direct de premier ordre; ex. D.

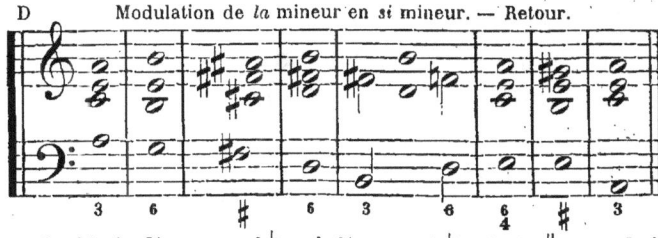

3° Aux deux accords relatifs indirects *si* ♭ *ré fa*, et *si* ♮ *ré fa* ♯, on doit ajouter celui de *si* majeur qui s'enchaîne à l'accord tonique, *la ut mi*, en sa qualité d'accord de dominante.

L'accord *si♮ ré fa♯* prend le rôle d'accord tonique par l'intermédiaire de sa dominante *fa♯*. Le retour en *la* mineur s'établit par l'accord de *mi* mineur; ex. A.

A — Modulation de *la* mineur à *si* majeur. — Retour.

4° Un quatrième relatif indirect du ton de *la* mineur est représenté par l'accord de *mi♭* majeur.

Ces deux tons sont liés par l'intermédiaire de l'accord de *ré* mineur (sous-dominante en *la*), dont la fondamentale devient la note sensible du ton de *mi♭* majeur. D'ailleurs, l'acccord de *ré* mineur est lui-même le relatif direct (3ᵉ degré) en *si♭* (dominante en *mi♭*; ex. B.

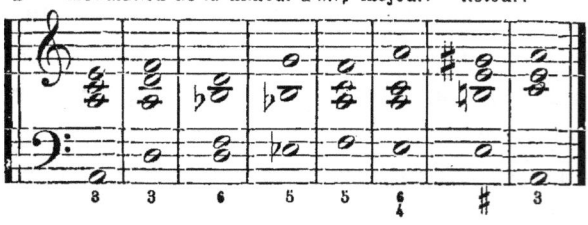

B — Modulation de *la* mineur à *mi♭* majeur. — Retour.

§ 139. Les relatifs du mode mineur sont divisés simplement en deux catégories : les directs et les indirects. Ainsi, en *la* mineur, la relation directe est représentée par les accords suivants, §§ 137 à 139 :

Ut majeur troisième degré;
Ré mineur quatrième degré;
Mi mineur cinquième degré;
Mi majeur cinquième degré;
Sol majeur septième degré.

Les accords relatifs indirects et les tons qu'ils représentent sont au nombre de quatre, savoir :

Si♭ majeur quatrième degré en *fa* majeur;
Si♮ mineur cinquième degré en *mi* mineur;
Si♮ majeur;
Mi♭ majeur.

Ce résumé fait voir que la relation des tons est moins étendue dans le mode mineur que dans le mode majeur, lequel jouit d'une sorte de supériorité due à l'origine directe de ce mode dans la résonnance d'une corde sonore, tandis que le mode mineur n'en dérive qu'indirectement. A ce propos, on remarquera que, dans les compositions musicales de longue haleine, de la musique dramatique, par exemple, les endroits écrits en mode mineur sont généralement de plus courte durée et moins fréquents que ceux du mode majeur. Au surplus, tous les harmonistes savent que les modulations d'aller et retour sont plus rares en mode mineur que dans l'autre mode ; cela tient à quelques difficultés dont il faudra nous occuper tout à l'heure.

DE LA RELATION ÉLOIGNÉE

§ 140. Toutes les fois qu'en partant du mode majeur ou mineur, on veut moduler dans les tons majeurs ou mineurs autres que ceux dont le classement a été établi ci-dessus, les moyens simples employés jusqu'ici pour opérer la modulation deviennent insuffisants et le plus souvent impraticables.

Le peu de rapport qui existe entre les gammes dont nous voulons parler, est alors indiqué par les mots de *relation éloignée*. Cet éloignement est cause que l'union de ces tons ne peut être effectuée à l'aide d'un ou deux accords placés entre les deux toniques, si l'on ne fait usage que des accords que l'on connaît jusqu'à présent.

Toutefois, l'enchaînement de deux tons éloignés doit paraître aussi naturel que celui de deux tons voisins; mais alors les simples accords de dominante et de quinte diminuée du ton d'arrivée manquent d'affinité avec le ton de départ. De là l'obligation de faire intervenir un nombre indéterminé d'accords, qui se liant de proche en proche, constituent des espèces de modulations fugitives dont le mérite consiste à ne pas produire le sens terminatif d'une modulation ordinaire. C'est pourquoi les accords transitoires sont, dans ces cas, généralement employés dans leurs renversements, parce que, sous cette forme, ils provoquent d'une manière moins positive le sentiment du repos et des cadences parfaites.

Les chemins que l'on peut parcourir pour opérer la modulation éloignée sont si variés et si différents de ceux qui conduisent à la modulation directe, qu'il serait impossible de tracer les directions dont on puisse formuler une règle générale applicable instantanément à tous les tons.

Le secret de la modulation éloignée réside dans la connaissance approfondie des fonctions multiples qui peuvent être remplies par le même accord.

Ainsi, l'accord d'*ut* majeur, par exemple, remplira, si l'on veut, les fonctions suivantes :

    1° accord de Tonique en *ut* majeur
    2° — de Dominante en *fa* majeur
    3° — de Sousdominante en *sol* majeur
    4° — de Médiante en *la* mineur
    5° — de Susdominante en *mi* mineur

L'accord de *la* mineur peut à son tour devenir :

    1° accord de Tonique en *la* mineur
    2° — de Sustonique en *sol* majeur
    3° — de Susdominante en *ut* majeur
    4° — de Médiante en *fa* majeur
    5° — de Sousdominante en *mi* mineur
    6° — de Dominante en *ré* mineur.

§ 141. Le nombre, la qualité et la forme des accords intermédiaires exigés par les modulations éloignées sont indéterminés.

Les auteurs qui jusqu'à présent ont essayé d'établir un principe uniforme avec les seules ressources de l'harmonie simple, ont toujours fait de l'arbitraire, et quelque ingénieux que soient les types de modulations éloignées qu'ils ont proposés, le trop grand nombre d'accords intermédiaires constitue, dans leurs formules, une grande difficulté de mémoire lorsqu'il s'agit d'en faire l'application dans un ton quelconque.

Toutefois, on peut dire, mais seulement à titre de conseil, que plus le ton dans lequel on veut moduler est éloigné de celui du départ, plus il faut apporter de soin dans le choix des accords qui constituent les modulations transitoires dont il vient d'être parlé au § 140.

Ces modulations doivent généralement être peu développées, afin de ne pas donner un sens trop terminatif aux phrases incidentes.

Voici un exemple de modulation éloignée établie d'*ut* majeur à *si* mineur d'après les principes qui viennent d'être exposés ; ex. A.

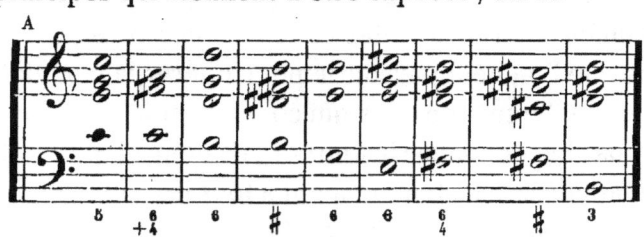

DE LA RELATION ELOIGNÉE

§ 142. Pour avoir une preuve incontestable de la difficulté qu'il y aurait à établir des types de modulations éloignées avec les seuls accords de l'harmonie consonnante, on n'a qu'à examiner la modulation d'*ut* majeur à *si* mineur de l'exemple précédent, écrite de nouveau de trois manières différentes ; ex. A, B, C.

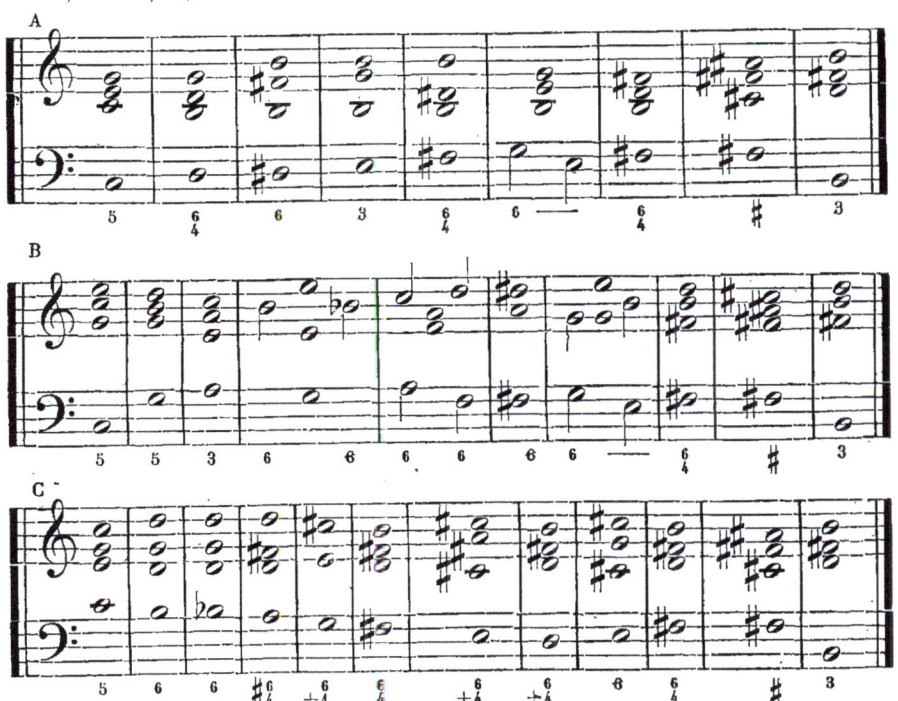

Il arrive souvent que les modulations directes ou indirectes sont traitées comme les modulations éloignées. Ce dernier genre, de style moins banal, est souvent préférable aux modulations effectuées par les moyens les plus simples qui, précisément en raison du petit nombre d'accords avec lesquels on les produit, sont sujettes à paraître écourtées, incohérentes. C'est alors que la variété des accords intermédiaires corrige la rudesse de certaines successions dont les accords s'enchaînent régulièrement.

Voici, par exemple, une modulation d'*ut* majeur à *la* mineur effectuée dans la forme d'une modulation éloignée ; ex. D.

DE LA RELATION ÉLOIGNÉE

Généralement, quand on veut rendre agréable la succession des accords qui servent à faire moduler, il faut surtout veiller à la marche des parties extrêmes, parce qu'elles ont le privilége de frapper plus particulièrement l'oreille; et moins les accords qui se succèdent ont de rapport entre eux, et plus il est nécessaire de faire marcher les parties par des intervalles rapprochés.

§ 143. Le passage d'un ton à un autre n'impose pas toujours la nécessité d'intercaler, entre les deux toniques, une série quelconque d'accords transitoires. Quelquefois un temps d'arrêt, un point d'orgue, pendant lequel un trait mélodique est exécuté, soit par une partie seule, soit par deux ou un plus grand nombre de parties à l'unisson, permettent de lier deux tons placés entre eux dans une relation quelconque.

Modulation de *sol* majeur à *mi* ♭ majeur.

Souvent une seule note d'un accord que l'on vient de frapper, prolongée ou répétée plusieurs fois de suite, suffit pour faire oublier l'impression du ton de départ et permettre d'attaquer brusquement un ton placé dans un ordre de relation quelconque avec le ton initial; ex. B.

Modulation d'*ut* majeur à *mi* ♭ majeur.

Dans ce cas, le prolongement de la note tient lieu d'accords intermédiaires.

Parfois la note prolongée, que, du reste, on place à toutes les parties, devient la dominante du ton nouveau; ex. C.

Modulation de *la* mineur à *ut* ♯ majeur.

DE LA RELATION ÉLOIGNÉE

Dans d'autres circonstances, la même note prolongée devient la tierce de l'accord tonique du ton dans lequel on veut moduler; ex. A.

Il arrive même des cas où cette note est prise pour la sensible du ton d'arrivée comme dans l'ex. B.

Ordinairement, lorsque les modulations sont produites par les moyens indiqués ci-dessus, le son prolongé se confond toujours avec l'une des notes les plus caractéristiques du ton nouveau : soit la tonique, soit la médiante, soit la dominante ou la sensible.

La *transition*, dont le principe est expliqué au § 131, rentre dans cet ordre de faits harmoniques. Observons que ces moyens d'opérer la modulation sont basés sur le principe général qui règle tout changement de gamme, lequel principe consiste à faire oublier l'impression du ton que l'on quitte pour entrer naturellement dans le ton nouveau.

DE LA FAUSSE RELATION

§ 144. L'enchaînement, en apparence légitime, de deux accords produit quelquefois une incohérence qui blesse l'oreille; et cette sensation ne se produirait pas si le mode majeur n'avait pas le pouvoir d'emprunter les accords relatifs du mode mineur de même base (§ 129).

Pour faire bien sentir cela, une fois encore, écrivons en *ut* mineur une formule de cadence parfaite, avec une cadence rompue sur l'accord parfait majeur du sixième degré *la* ♭; ex. C.

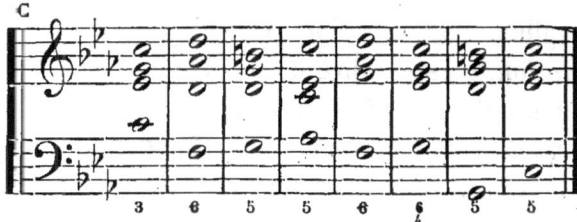

Si l'on écrit la même formule dans le ton d'*ut* majeur, et qu'au lieu de l'accord parfait mineur du 6ᵉ degré, *la ♮ ut mi*, on substitue, par emprunt l'accord parfait majeur de *la* ♭, il est évident que le mode majeur d'*ut* aura fait l'emploi d'un accord appartenant au ton d'*ut* mineur; ex. A.

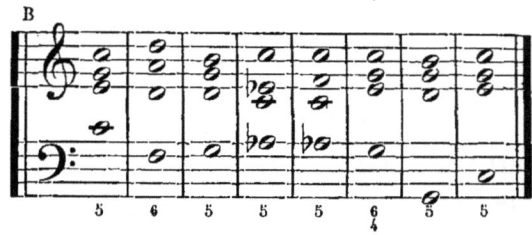

Remarque. Pour rentrer dans le ton d'*ut* majeur par l'accord de quarte et sixte en (*a*), on pourrait prendre l'accord de *fa* mineur, conformément au principe expliqué (§ 128) ; ex. B.

L'accord de *la* ♭ lui-même précédera, si l'on veut, celui d'*ut* majeur en vertu du principe exposé au § 132 ; ex. C.

§ 145. Supposons qu'après la cadence rompue des exemples A et B, on veuille rentrer dans le ton d'*ut* majeur par l'emploi de l'accord parfait mineur du second degré, *ré fa la*, lequel renferme le *la* naturel. La nécessité de frapper ce *la* ♮, entendu immédiatement après le *la* ♭ précédent, produit une octave augmentée mélodique, *la* ♭ *la* ♮, qui rend insupportable la succession des deux accords *la* ♭ *ut mi* ♭, *fa la* ♮ *ré*; ex. D.

Dans la succession des deux accords (*a*) et (*b*), l'incohérence de l'intervalle mélodique d'octave augmentée *la* ♭ *la* ♮, prend le nom de *fausse relation*, c'est-à-dire qu'il y a là un rapport faux, provenant de l'homonymie des notes, *la* ♭ *la* ♮. L'intervalle d'octave augmentée, qui produit la *fausse relation*, fait désigner cette faute d'harmonie sous le nom de *fausse relation d'octave augmentée.*

DE LA FAUSSE RELATION

§ 146. Le changement de ton qui nécessite la formation d'une note sensible à l'aide du signe d'élévation, dièse ou bécarre, suivant le ton, peut quelquefois produire une fausse relation d'octave augmentée. Pour en citer un exemple, écrivons la modulation du ton d'*ut* majeur à celui de *ré* mineur, en établissant la succession modulante de cette manière; ex. A.

Dans cet exemple, l'*ut* dièse, attaqué par la première partie du deuxième accord, produit une fausse relation d'octave augmentée avec l'*ut* naturel qui avait été entendu à la basse de l'accord précédent.

Voici le cas où une disposition différente des parties de l'harmonie peut donner lieu à la *fausse relation d'octave* diminuée; ex. B.

La fausse relation d'octave est produite par l'*ut* aigu du premier accord et l'*ut* ♯ grave du second.

En général, le moyen d'éviter ces incohérences harmoniques, dans les deux cas précédents, consiste à disposer les parties de manière à ce que la note qui doit recevoir le signe d'élévation pour devenir note sensible, soit exécutée à l'état naturel par la même partie dans le premier accord; ex. C et D.

Le changement de mode d'un accord produit quelquefois une fausse relation d'octave, si l'on n'a pas le soin de faire entendre d'avance, dans son état naturel, la note qui doit être altérée; ex. E et F.

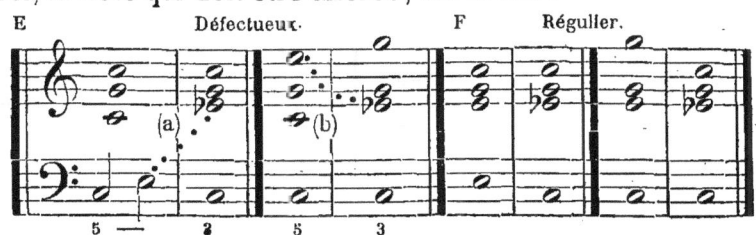

Dans l'exemple E, (a) est une fausse relation d'octave diminuée; et (b) est une fausse relation d'octave augmentée dont l'exemple F présente le correctif.

Remarque. Quand on examine attentivement les successions modulantes les plus simples, les fausses relations d'octave diminuée ou augmentée s'y trouvent fréquemment en principe, toutes les fois que l'on est obligé de hausser ou de baisser des notes soit pour créer des notes sensibles, soit pour changer le mode des accords. Nous dirons même qu'il ne serait pas possible de produire les successions les plus légitimes sans cela. Ainsi, dans l'exemple C ci-dessus, l'*ut*♮ de la basse, dans le premier accord, et l'*ut*♯ de la première partie, dans le second, forment une octave augmentée dissimulée par la présence de l'*ut* naturel placé à l'aigu du premier accord.

Il en est de même pour l'octave diminuée de l'exemple D qui suit.

§ 147. On sait que, dans la succession des accords, le triton mélodique et son renversement, la quinte diminuée, sont classés parmi les intervalles défendus lorsqu'ils se produisent en montant, et qu'ils soient permis de l'aigu au grave; ex. A et B.

Dans l'enchaînement de deux accords, si l'intervalle de triton mélodique ascendant est produit, soit par la même partie, soit par deux parties différentes, cette nouvelle incohérence harmonique se désigne par : *fausse relation de triton.*

Voici l'exemple d'une fausse relation de triton résultant de la marche de deux parties qui chantent deux notes différentes ; ex. C.

De même que, dans la fausse relation d'octave, celle de triton est corrigée par l'audition préalable, dans son état naturel, de la note qui reçoit le signe d'élévation.

Ainsi, pour détruire le mauvais effet du *fa* ♯ de l'exemple C, on peut disposer les parties de la manière suivante ; ex. D.

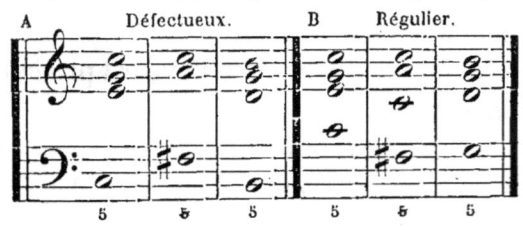

La modulation n'est pas toujours la seule cause qui provoque cette irrégularité harmonique, car si la sous-dominante et la note sensible forment l'intervalle mélodique de quarte augmentée dans une succession monotonique, la fausse relation de triton peut avoir lieu; ex. A.

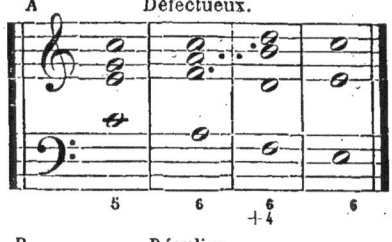

Voici le moyen de corriger cette irrégularité; ex. B.

Mais, dans ce cas, si l'on voulait appliquer toute la rigueur de la règle, on serait souvent condamné à l'impuissance, car il faudrait bannir les successions monotoniques dans lesquelles la fausse relation de triton est inévitable. Par exemple, dans la succession fondamentale des trois accords géné-

rateurs d'un ton du mode majeur, lorsque l'accord de la sousdominante précède celui de la dominante, la fausse relation de triton a lieu nécessairement entre le *fa* grave du premier accord et le *si* aigu du second; ex. C.

Toutefois, la rigueur de ces règles n'est observée que dans l'harmonie dite *du style sévère*.

DE LA FAUSSE RELATION CHROMATIQUE

Dans les successions modulantes, les notes qui reçoivent le signe d'altération, dièse ou bécarre, suivant le cas, peuvent donner lieu à une irrégularité qu'on désigne par: *fausse relation chromatique*.

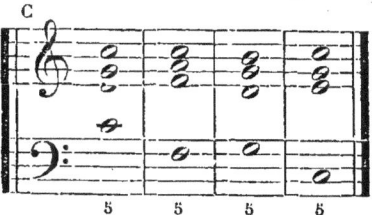

Supposons le passage d'*ut* majeur à *la* mineur, écrit de cette manière; ex. D.

Il y a ici une fausse relation chromatique, consistant en ceci:

Le *sol* naturel, chanté par la deuxième partie du premier accord, devient *sol* ♯ dans le second, ce qui produit un intervalle de demi-ton chromatique ascendant. Mais ici ce *sol* ♯ est attaqué par la troisième partie qui chantait *mi* dans le premier accord.

Pour éviter une semblable irrégularité, il faut que la deuxième partie (*sol* naturel du premier accord) exprime elle-même le *sol* ♯ du second; ex. A.

La fausse relation chromatique peut être également amenée par le changement du mode d'un accord parfait. On la corrige par le moyen indiqué ci-dessus; ex. B, C, D, E.

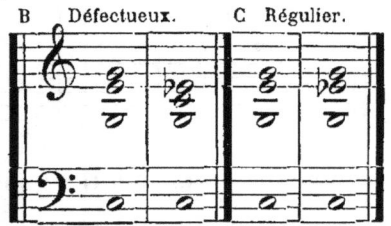

DES SUCCESSIONS MODULANTES

(Suite du § 95)

§ 148. On connaît maintenant les règles qui président aux successions monotoniques et modulantes; ainsi, lier convenablement les accords d'après la loi des mouvements harmoniques, éviter autant que possible les fausses relations et maintenir surtout les parties extrêmes dans un rapport agréable, tels sont les préceptes généraux dont l'exacte application permettra d'écrire l'harmonie élégante et correcte à l'aide des deux accords parfaits, combinés à celui de quinte diminuée dans les deux modes.

Ces principes fondamentaux une fois établis, cherchons à les appliquer sur des espèces particulières qui se présentent souvent dans la pratique.

On peut donc dès à présent essayer d'écrire, en partant d'un ton donné, des successions modulantes dans les relatifs directs ou indirects de tous les ordres, ainsi que dans les tons éloignés; ex. F.

DE LA MODULATION

Analyse. *Fa* majeur, ton principal. — (a) Modulation brusque en *mi* majeur; relatif indirect (deuxième ordre). — (b) Modulation passagère en *la* mineur, relatif direct du premier ordre. — (c) Modulation passagère en *sol* majeur, suivie d'un passage en *ré* majeur. — (e) Cette dernière modulation est confirmée par une formule de cadence parfaite. — (f) Modulation passagère en *sol* majeur, relatif indirect du deuxième ordre. — (g) Transition de *ré* majeur en *si* ♭ majeur. — (h) Formule de cadence parfaite confirmant la modulation par transition. — (i) Modulation fugitive en *sol* majeur. — (j) Retour passager dans le ton principal (*fa* majeur). — (k) (l) (m) modulations effleurées en *ré* mineur et en *ut* majeur. — (n) Rentrée dans le ton de début.

OBSERVATIONS IMPORTANTES SUR LA MODULATION

§ 149. Ce que nous avons dit au § 123, concernant le changement de mode d'un accord parfait majeur, donne lieu aux observations suivantes sur le plus ou moins de facilité que l'on rencontre dans la pratique, quand on veut passer d'un ton dans tel ou tel autre.

Étant donné le ton d'*ut* majeur, par exemple, si l'on veut moduler en *sol* majeur qui n'a qu'un dièse à l'armure, la note sensible de la nouvelle gamme ne peut être formée qu'à l'aide du *fa* dièse; si le ton dans lequel on veut passer est armé de deux, de trois, de quatre, etc., dièses, de plus que celui d'*ut* majeur, il est évident que le nombre de dièses dont il faut affecter les notes de la gamme d'*ut*, est en rapport avec celui de l'armure de la gamme nouvelle. Ainsi, du ton d'*ut* majeur à celui de *mi* majeur, la différence est de quatre dièses de plus en faveur du ton de *mi*. Or, l'élévation des notes par le dièse ou le bécarre expose la succession des accords à être entachée de fausses relations. C'est pourquoi les modulations dans les tons qui marchent en progression croissante de dièses, qu'on désigne quelquefois par : *modulations ascendantes*, exigent certaines précautions motivées par l'arrivée des notes diésées.

§ 150. Supposons maintenant qu'en prenant le ton d'*ut* majeur pour point de départ, on veuille moduler dans les tons dont les armures vont en progression croissante de bémols, dans ce cas la note sensible du ton d'arrivée n'a pas besoin d'être formée à l'aide du signe d'élévation, car elle se trouve naturellement renfermée dans la gamme de départ. En effet, dans toutes les gammes qui marchent par quinte juste inférieure à partir d'*ut*, jusqu'à six bémols, la note sensible est renfermée dans la gamme d'*ut* ; exemple :

D'*ut* majeur à *fa* majeur (1 bémol) à l'armure. La note sensible est *mi*;
— à *si*♭ — (2 bémols) à — — *la*;
— à *mi*♭ — (3 bémols) à — — *ré*;
— à *la*♭ — (4 bémols) à — — *sol*;
— à *ré*♭ — (5 bémols) à — — *ut*;
— à *sol*♭ — (6 bémols) à — — *fa*.

Non seulement la note sensible est toute faite quand on module dans les tons descendants par quinte juste, mais tous les musiciens savent que l'abaissement d'une note par le bémol produit à l'oreille un effet plus doux que l'élévation par le dièse, et cela parce que la voix humaine éprouve moins de peine à descendre qu'à monter. C'est pourquoi le passage du majeur au mineur de même base semble plus naturel que le changement contraire, ce qui explique qu'on fasse un plus grand usage de la première de ces mutations. Du reste, tout cela dépend des effets que l'on veut produire ou des images que l'on veut peindre. Dans la prière de *Moïse*, que Rossini a écrite en mode mineur, on est saisi d'admiration, nous l'avons dit déjà, par l'effet surprenant qui résulte du passage au majeur d'un chant d'abord écrit en mode mineur.

C'est ainsi qu'on peut expliquer ce fait, connu de tous les harmonistes, que les modulations qui ont lieu dans les tons diésés sont, en pratique, moins faciles d'exécution que celles qui marchent dans les tons bémolisés.

DE LA BRISURE DES ACCORDS

§ 151. Les modulations passagères ou définitives enrichissent les successions d'accords. Observons, toutefois, qu'un nombre trop multiplié de modulations peut, en détruisant l'unité harmonique, produire un effet tout opposé à celui que l'on cherche. L'analyse des œuvres des maîtres montre que les modulations doivent, en général, être conduites de manière à entrer dans le ton nouveau par des séries d'accords formant un tout homogène, et avec le soin d'éviter les passages trop brusques, à moins que la brusquerie ou la rudesse de certaines successions ne soit nécessaire à une situation donnée.

Les modulations dans les tons éloignés exigent surtout de grandes précautions lorsqu'elles sont faites avec l'harmonie simple des accords parfaits, afin qu'on ne tombe pas dans le défaut désigné par le savant Reicha, sous le nom de *modulations étranglées*. Il faut, dans ce cas, que le nombre d'accords intermédiaires soit en rapport avec la relation plus ou moins intime des tons que l'on doit enchaîner. En règle générale, plus le ton d'arrivée est éloigné de celui de départ, plus le nombre des modulations intermédiaires doit être grand.

Avant de pénétrer plus avant dans l'étude si variée des successions modulantes, il est utile de faire connaître quelques particularités de formes affectées par les accords, pour donner aux modulations le plus de perfection et le plus d'agrément possible.

DE LA BRISURE OU ARPÉGE

§ 152. Lorsqu'on écrit de l'harmonie plaquée, la stricte observation des règles qui président à l'enchaînement des accords est obligatoire. Mais la variété étant une des nécessités les plus impérieuses de la musique, nous allons indiquer quelques moyens de rompre sur le clavier la monotonie des accords plaqués.

Disons d'abord que tout accord plaqué peut se traduire en accord brisé ou arpégé (§ 1) ex. A et B.

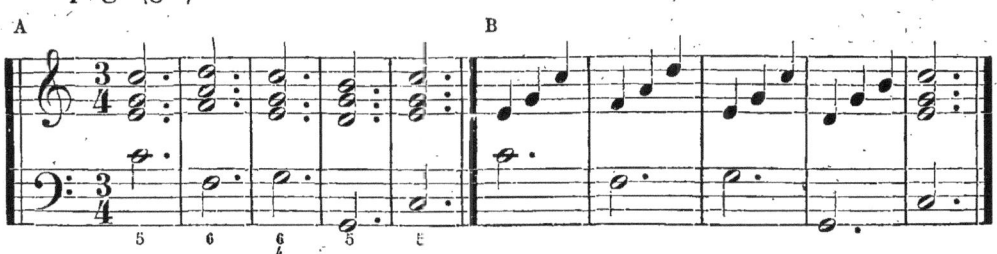

132 — DE LA BRISURE DES ACCORDS

Les formes de la brisure sont très variées et s'adaptent à tous les rhythmes; ex. A, B, 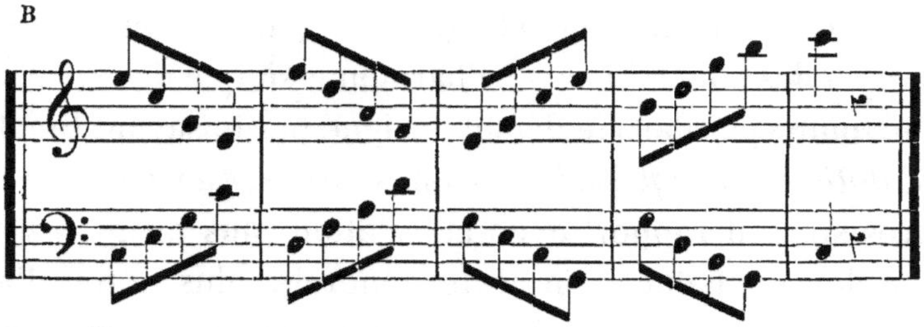 C.

On remarquera que la brisure des accords est principalement du domaine de l'instrumentation. Cependant la voix humaine produit aussi quelquefois les accords en arpége. C'est ainsi que, dans le grand duo de la *Pie Voleuse*, Petit-Jacques accompagne en arpéges le chant de Ninette. Voici le passage; ex. D (1).

(1) « Les arpéges sont souvent plus agréables qu'une suite ordinaire d'accords, à cause de la variété dont
» elles sont susceptibles par le nombre des notes successives d'un même accord que chacun peut faire à
» son gré, aussi en emploie-t-on de temps en temps dans la musique vocale et très souvent dans l'instru-
» mentale. »

MERCADIER DE BELESTA, *Nouveau système de musique*, page 180.

DE LA BRISURE DES ACCORDS

§ 153. Une suite d'accords régulièrement écrits en harmonie plaquée se traduit, si l'on veut, par la brisure, dans l'une des innombrables formes qu'il convient au pianiste de lui donner, et cela sans être obligé de rien changer à la disposition des notes. De plus, à la faveur de l'arpége, on peut, sans blesser l'oreille, enfreindre certaines règles auxquelles les accords plaqués sont soumis sans aucune restriction. Ainsi les quintes et les octaves, qui seraient défectueuses dans toute autre circonstance, passent inaperçues sous ces formes variées. Nous dirons même qu'elles deviennent nécessaires quand on doit rendre tout l'effet d'une harmonie bien remplie.

Pour ne citer qu'un seul exemple, voici comment Meyerbeer a écrit en arpéges l'accompagnement de l'air du 4ᵉ acte de *Robert le Diable* : *Grâce ! grâce !* ex. A.

Les octaves consécutives, qui passent inaperçues sous la forme de l'arpége dans l'exemple A, deviendraient défectueuses si l'harmonie de cet accompagnement était écrit ou exécuté en harmonie plaquée ; ex. B.

Au contraire, quand on veut traduire en harmonie plaquée un accompagnement écrit en harmonie arpégée, il faut observer rigoureusement la règle de succession des accords.

Cependant, lorsque le nombre des parties de l'harmonie est de plus de cinq, comme, dans ce cas, les octaves et les quintes consécutives par mouvement semblable sont souvent inévitables, ces défectuosités deviennent in-

134 DES MARCHES D'HARMONIE

sensibles, et l'on a vu, au § 96, que, plus il y a de parties, moins les règles sont sévères.

Généralement, quand on prélude (1), on donne aux accords les formes de la brisure. Le genre des exemples ci-dessus peut être pratiqué par tous les instruments; mais il en est qui ne peuvent se faire que sur les instruments à sons simultanés, tels que le violon, le piano, l'orgue, la harpe, la guitare, etc. En voici un exemple : A.

DES MARCHES D'HARMONIE OU PROGRESSIONS D'HARMONIE

§ 154. Les intervalles mélodiques qui résultent d'une série de notes de basses fondamentales ou non fondamentales, se combinent souvent de manière à former sur la portée un dessin régulier (2); ex. B.

Dans cet exemple, la régularité du dessin provient de ce que les notes se suivent par intervalle de quarte inférieure *ut sol* et seconde supérieure *sol la*, et de ce qu'à partir de cette dernière note, les autres continuent à produire les mêmes intervalles, c'est-à-dire une quarte inférieure *la mi* et une seconde supérieure *mi fa*, et ainsi de suite.

Si, sur chacune des notes d'une basse qui forme un dessin régulier, on peut légitimement établir un accord fondamental ou renversé, il en résultera une succession particulière d'accords dans laquelle la disposition des parties entre elles participera de cette régularité.

(1) L'art de préluder consiste dans l'exécution d'un trait où, sans préparation préalable, on parcourt les relatifs de toute espèce du ton que l'on veut annoncer, soit avant d'exécuter un morceau, soit pour vérifier l'accord d'un instrument. On prélude même avec la voix ; mais sur certains instruments tels que le piano, l'orgue, la harpe, etc., l'art du prélude a beaucoup plus de charme et d'étendue que sur ceux qui n'émettent qu'un son à la fois. C'est un talent que possèdent les musiciens qui ont fait des études d'harmonie et c'est souvent à la manière de préluder que l'on reconnaît un grand artiste, et non pas toujours dans l'exécution d'un morceau qu'il a répété mille fois avant de le jouer en public.

(2) Le *dessin* est la forme générale de la mélodie figurée sur la portée. L'écriture musicale usuelle est la *seule* qui ait le privilége de permettre aux yeux de faire une appréciation instantanée des intervalles musicaux, ce qui est très favorable à l'exécution rapide de toute espèce de musique.

DES MARCHES D'HARMONIE

Ainsi la série des basses de l'exemple ci-dessus, écrite dans le ton d'*ut* majeur, appartient à cet ordre de choses, car on peut, sur chacune de ces notes, écrire un accord parfait majeur ou mineur suivant le degré, conformément à la règle établie au § 63.

On aura donc la succession fondamentale suivante; ex. A.

La disposition des parties dans le groupe formé des deux premiers accords, *ut mi sol, sol si ré*, se trouve reproduite avec exactitude dans le groupe suivant composé des troisième et quatrième accords, soit : *la ut mi, mi sol si*. Le groupe suivant des cinquième et sixième accords, composés de *fa la ut* et *ut mi sol*, est analogue aux deux groupes précédents; enfin le dernier groupe produit par les deux derniers accords, *ré fa la, la ut mi*, donne un résultat identique.

Cet ordre régulier, dans le mouvement des basses et des accords qu'elles supportent, a reçu le nom spécial de *Marche d'harmonie* ou *Progression d'harmonie*.

§ 155. Lorsqu'une succession d'accords fondamentaux ou renversés est disposée de manière à former un groupe annonçant une marche d'harmonie, leur nombre doit être de deux au moins. Ce premier groupe se nomme la première *période* (1).

Le groupe suivant formera la *seconde période*, le troisième groupe s'appellera donc la *troisième période*, et ainsi de suite; ex. B.

§ 156. Une marche d'harmonie, qui se maintient dans le cercle des accords relatifs directs du première ordre d'un ton donné, est qualifiée de

---

(1) Dans le langage mathématique, le mot *période* s'applique aux divers groupes de termes formant une progression; chacun de ces groupes est lié au précédent par une loi identique qui les engendre tous. Par analogie de la loi de formation des progressions arithmétiques aux marches d'harmonie, nous désignons sous le nom de *périodes* les groupes harmoniques similaires qui se succèdent les uns aux autres. Quelques auteurs donnent au premier groupe d'une marche d'harmonie le nom de *modèle*, et les groupes suivants sont désignés par : 1re *progression*, 2e *progression*, etc. d'autres disent : 1er *dessin*, 2e *dessin*, etc. Nous avons pensé qu'il valait mieux désigner par le mot *période* ces reproductions régulières du premier groupe.

monotonique. Mais si des notes étrangères au ton de départ entrent dans les accords, la marche d'harmonie est dite *modulante* ; ex. A.

[Musical example A]

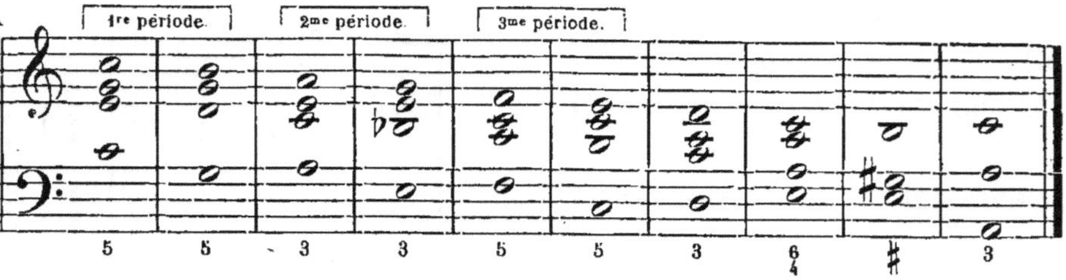

Deux périodes suffisent pour caractériser une marche d'harmonie ; ex. B.

[Musical example B]

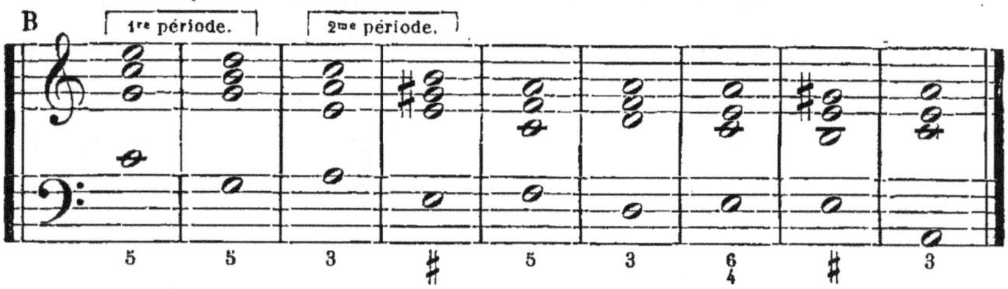

Dans cet exemple, la marche d'harmonie est arrêtée après le quatrième accord.

Les principes généraux qui règlent les marches d'harmonie étant posés, nous allons en faire l'application aux cas particuliers.

DES MARCHES D'HARMONIE MONOTONIQUES

§ **157.** Le nombre des périodes d'une marche d'harmonie est indéterminé, et la progression monotonique établie en *ut* majeur, sur la première période des exemples qui précèdent, pourrait être prolongée indéfiniment. La huitième période n'étant que la reproduction de la première, avec les mêmes notes, la prolongation de cette marche n'offre aucun intérêt. C'est pourquoi, dans la pratique, il est rare qu'on rencontre plus de cinq ou six périodes ; ex. C.

[Musical example C]

DES MARCHES D'HARMONIE

Le mode mineur se prête également à la production des marches d'harmonie; néanmoins elles y sont plus rares que dans le mode majeur, à cause de la difficulté qu'on éprouve à lier certains accords, difficulté qui provient de la condition musicale du 7ᵉ degré, haussé d'un demi-ton par un signe accidentel ou qui reste quelquefois dans son état naturel; ex. A.

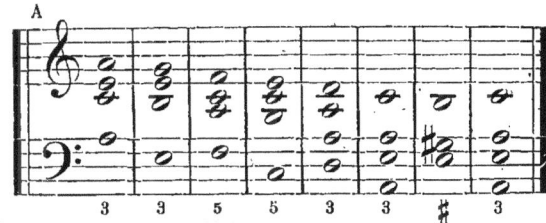

Les accords du ton de *la* mineur étant formés par les mêmes notes que ceux du ton d'*ut* majeur, l'impression du mode disparaît avec le *sol* naturel et ne renaît qu'à la réapparition du *sol* dièse.

§ 158. Les accords d'une marche d'harmonie peuvent se présenter dans leurs renversements; cette disposition donne même le moyen de varier le chant de la basse.

Supposons que l'on écrive au premier renversement le deuxième accord de la première période des exemples précédents, il est évident que la reproduction de cette première période par les suivantes exigera que le second accord de chacune d'elles se présentent dans ce même état; ex. B et C.

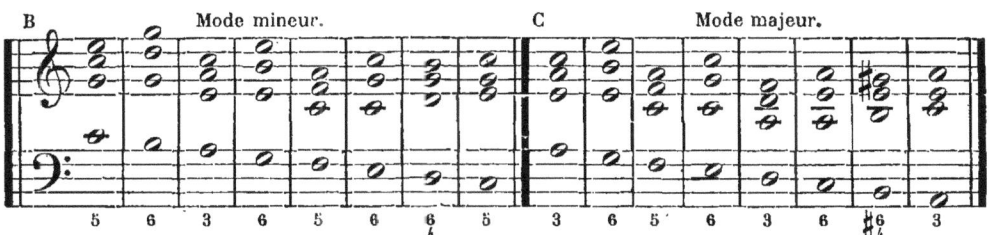

Voici la même marche écrite à trois parties; ex. D et E.

§ 159. Les octaves et les quintes défectueuses doivent, autant que possible, être évitées dans les progressions harmoniques. Toutefois, l'identité des périodes et la régularité dans la disposition des parties impriment aux mouvements des marches d'harmonie une propriété particulière qui rend l'oreille plus tolérante à l'endroit des quintes et des octaves. Cette tolé-

rance est encore plus grande lorsqu'on emploie a forme de l'arpége;
ex. A.

§ **160.** Une marche d'harmonie est *descendante* lorsque la note qui commence la seconde période est plus grave que la première note de la période de début. Ainsi les progressions harmoniques des exemples ci-dessus sont descendantes.

Si la première note de la seconde période est plus aiguë que la première note de celle qui commence, la marche d'harmonie est *ascendante;* ex. B.

Les progressions ascendantes ont un caractère plus vif, plus alerte que les descendantes. Les premières, qui servent souvent à exprimer l'amplification d'une même idée, sont généralement annoncées par le *crescendo;* tandis que les autres, dont le caractère est plus doux, s'expriment par le *diminuendo.* Voici quelques exemples de ces diverses espèces de marches : B, C de cette page et A B de la page suivante :

DES MARCHES D'HARMONIE

§ 161. La progression harmonique a par elle-même un entrain si bien caractérisé que, parmi les accords qui la composent, s'il en est qui ont une direction tracée d'avance, ils peuvent en être détournés sans que l'oreille en éprouve le moindre regret. Ainsi, dans les exemples ci-dessus, écrits en *ut* majeur, on voit l'accord de quinte diminuée, *si ré fa*, s'enchaîner avec l'accord du quatrième degré (ex. B de la page précédente), avec l'accord de la dominante (ex. A), et avec l'accord du troisième degré (ex. B), au lieu de se diriger vers celui de la tonique (1).

§ 162. Pour qu'une marche d'harmonie soit bien écrite, le dernier accord de la première période doit se lier régulièrement avec le premier accord de la période qui suit ; il en est de même d'une période quelconque en égard à la suivante.

Lorsque les accords se lient de proche en proche par des sons communs, on suit alors la règle indiquée au § 113, c'est-à-dire que les notes communes qui appartiennent à la même mesure peuvent être contenues dans la valeur d'une même note ; et, d'une mesure à l'autre, elles sont unies par le signe de liaison ; ex. C de cette page et A de la suivante :

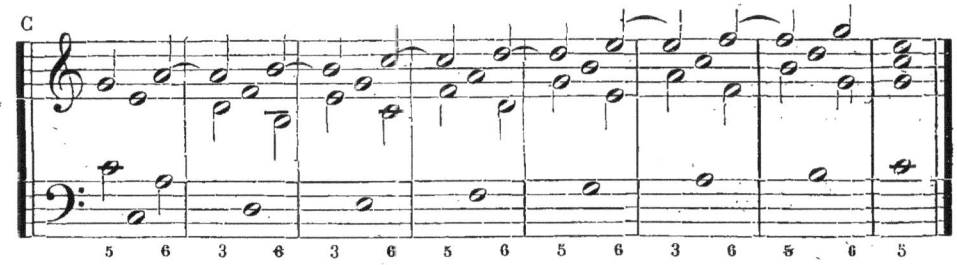

(1) « Cette marche uniforme de la mélodie occasionne quelquefois et justifie alors l'emploi d'intervalles mélodiques interdits partout ailleurs que dans ces progressions. »

A. SAVARD, *Cours complet d'harmonie*, page 118.

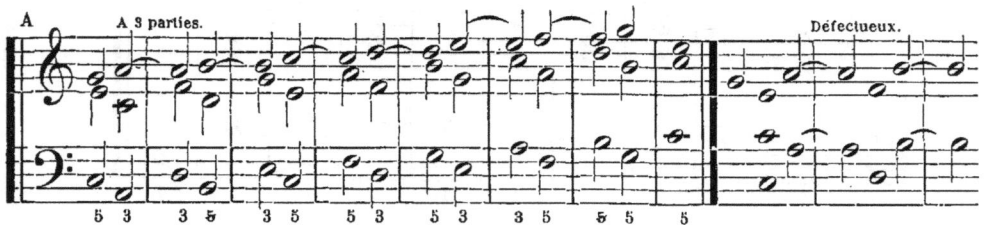

Règle générale. Dans une marche d'harmonie, la syncope, produite par une partie ne doit jamais être doublée par une autre; ex. A.

§ 163. Les marches d'harmonie s'écrivent à deux, à trois, à quatre et jusqu'à huit parties; quelquefois l'harmonie à trois parties est plus favorable à l'élégance de certaines marches, que l'harmonie à quatre parties: cela tient à la difficulté de faire mouvoir régulièrement une quatrième partie dans une harmonie composée d'accords de trois sons.

On sait que la première période d'une progression harmonique doit être formée de deux accords au moins; mais ce nombre peut être dépassé, pourvu que la rapidité du mouvement contribue à donner à cette première période un sens assez complet pour se prêter à une reproduction dont le sens soit saisissable (1). Toutefois, une première période composée de plus de deux accords n'offre d'intérêt que dans les marches d'harmonie modulantes. En attendant que cela soit démontré, voici quelques types de marches monototiques à trois, quatre parties et plus; ex. C, D, de cette page et A, B, C. D. E, F. de la page suivante :

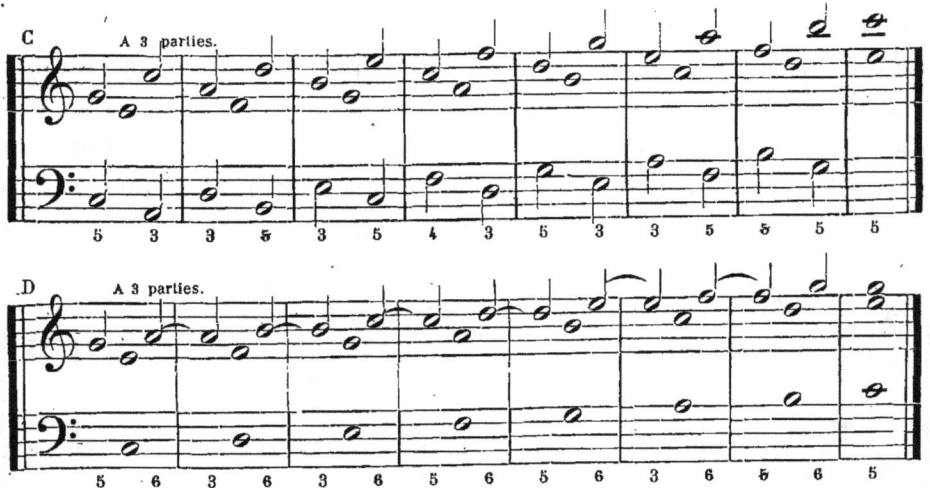

(1) « Il résulte de ces observations que toute phrase composée de quelques accords peut fournir des mar-
» ches harmoniques. »

REICHA, *Cours de composition musicale,* page 178.

DES MARCHES D'HARMONIE

N. B. *Transposer ces marches dans tous les tons du mode majeur.*

DES MARCHES D'HARMONIE MONOTONIQUES AVEC LES ACCORDS DE SIXTE

§ 164. Au § 91, on a exposé le motif qui s'oppose à ce qu'on puisse frapper une suite d'accords fondamentaux placés par degré conjoint; ex. A.

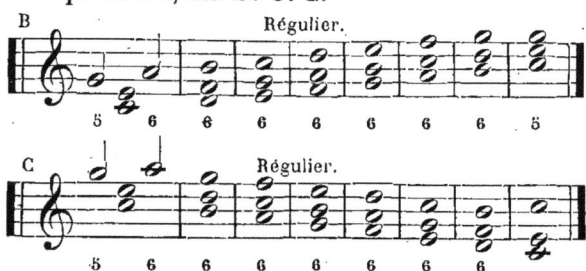

Mais quand ces accords sont écrits dans leur premier renversement, la succession devient possible, ex. B. et C.

§ 165. Les seconds renversements des accords parfaits et de celui de quinte diminuée ne permettent pas une succession conjointe établie de cette manière : ex. D.

Remarque. On conçoit aisément que les quintes consécutives par mouvement semblable qui résultent de la succession A des exemples ci-dessus soient un motif d'exclure une pareille suite d'accords fondamentaux ; mais on n'a pas encore expliqué pourquoi une série conjointe d'accords de quarte et sixte est défectueuse, tandis que l'oreille admet la série conjointe des mêmes accords dans leur premier renversement. Voici, sur cet objet, l'opinion la plus généralement admise parmi les harmonistes.

L'accord de *sixte* et celui de *quarte et sixte* se composent des mêmes intervalles, avec cette différence, toutefois, que dans l'accord de sixte, *mi sol ut*, par exemple, l'intervalle de quarte, *sol ut*, est placé dans la région aiguë de l'harmonie, et que, dans l'accord de quarte et sixte, *sol ut mi*, ce même intervalle de quarte, *sol ut*, se trouve du côté de la basse. Cette dernière circonstance doit nécessairement influer sur notre sensibilité musicale qui distingue une quarte juste placée du côté de la basse d'une quarte juste placée à l'aigu d'un accord.

Notre intention n'est pas de chercher à résoudre ce que la science n'a pas expliqué : nous nous bornerons à constater un fait que les théoriciens ont remarqué et qui tient à la métaphysique de l'art musical. Il n'est pas non plus en notre pouvoir de rendre raison d'un autre principe en vertu duquel la quinte juste est soumise à des règles plus sévères que la quarte juste, son renversement. Par exemple, la marche des accords de sixte ci-dessus, en B, ne serait pas tolérable si, par un changement de position des accords, les quartes qui, dans cet exemple, sont placées dans le haut de l'harmonie, devenaient des quintes par suite de leur renversement; ex. A.

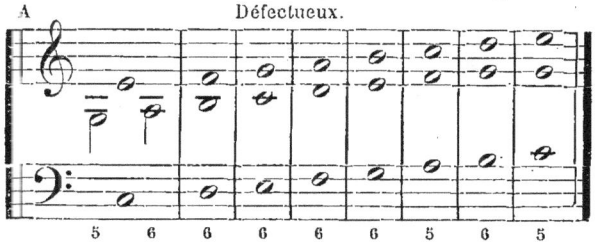

Les progressions d'accords de sixte se combinent de bien des manières : en voici quelques types; ex. B, C, D.

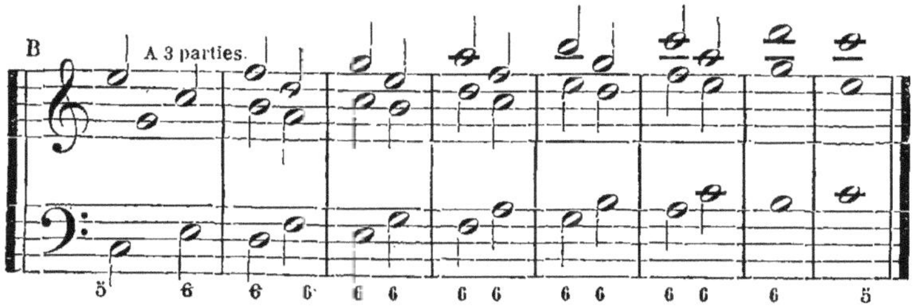

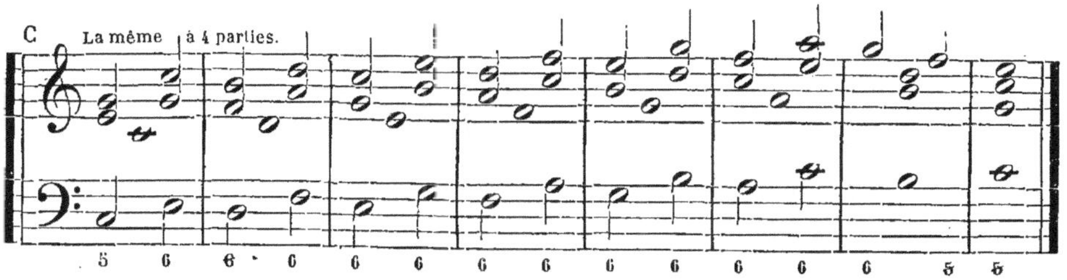

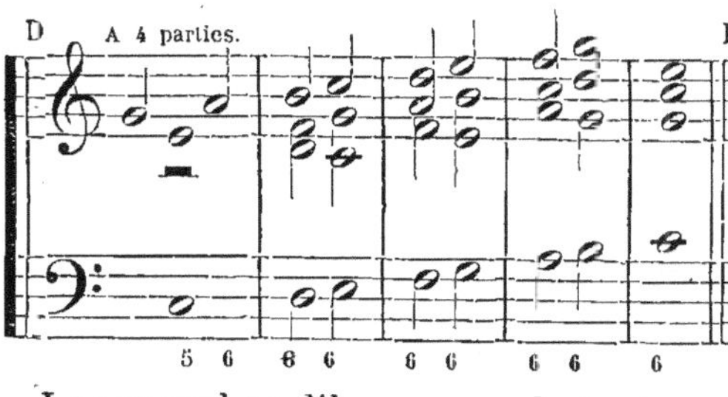

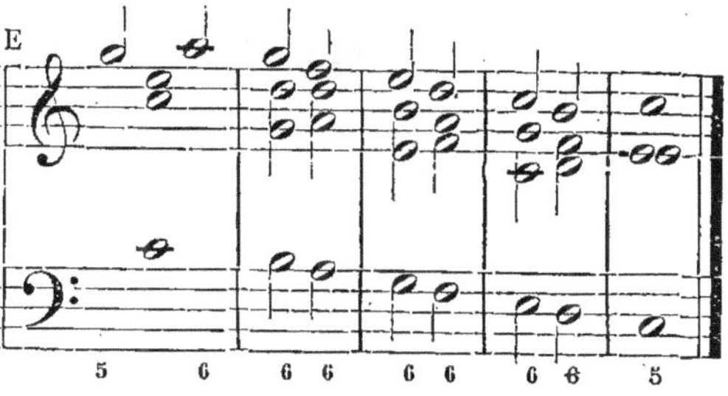

Les marches d'harmonie de toute espèce de sixte sont souvent employées par les maîtres. Nous ferons observer, toutefois, que les types de marches de nos exemples sont de simples canevas auxquels la mélodie, avec ses formes variées, peut seule donner de l'intérêt.

Voici, par exemple, une marche d'accords de sixte, brisés, que Rossini a placée à la fin de l'ouverture de la *Pie Voleuse* ; ex. A ci-après.

DES MARCHES D'HARMONIE

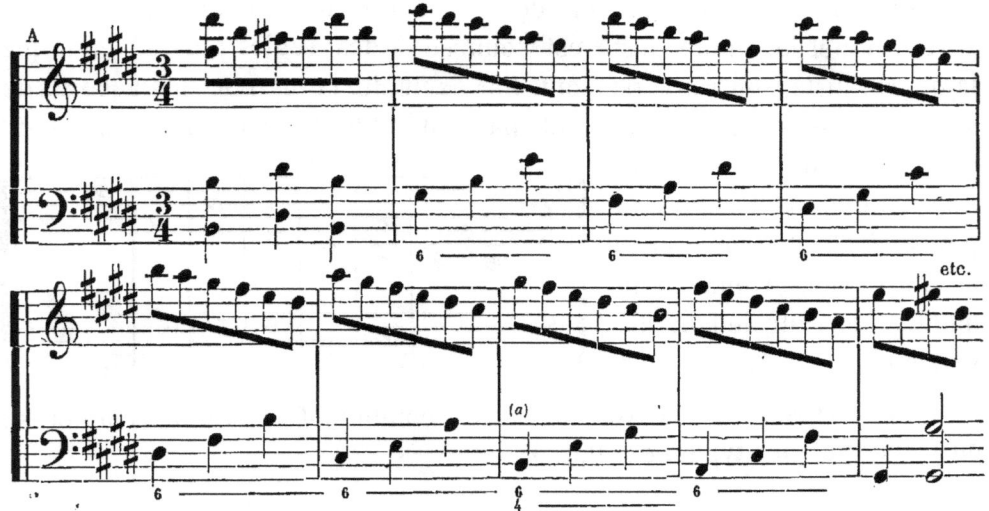

Dans cet exemple, après cinq accords de sixte consécutifs, on trouve en (a) un accord de quarte et de sixte qui vient rompre agréablement la régularité de cette marche d'harmonie.

DES MARCHES D'HARMONIE MODULANTES

§ 166. La modulation passagère est la base des marches d'harmonie modulantes ; d'où il suit que l'accord parfait majeur de la dominante des tons que l'on effleure, ainsi que l'accord de quinte diminuée posé sur la note sensible de ces gammes, doivent remplir dans ces marches un rôle important ; ex. B.

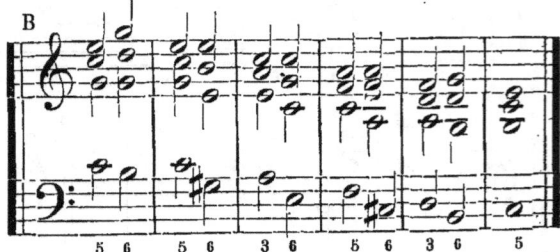

Remarque. La première période de cette marche d'harmonie modulante est formée par le deuxième et le troisième accord ; le premier n'en fait pas partie.

La modulation effectuée par cette première période a lieu du ton d'*ut* majeur dans celui de *la* mineur (6ᵉ degré), à l'aide du premier renversement de l'accord de la dominante, *sol ♯ si mi*. La deuxième période module en *fa* majeur par un moyen analogue. La troisième période passe en *ré* mineur sur lequel la marche est interrompue par le retour au ton de départ.

§ 167. Quand les marches d'harmonie modulantes sont établies dans les

DES MARCHES D'HARMONIE

tons relatifs directs du premier ordre d'un ton donné, il arrive souvent que la marche des accords n'offre pas une régularité complète; ex. A.

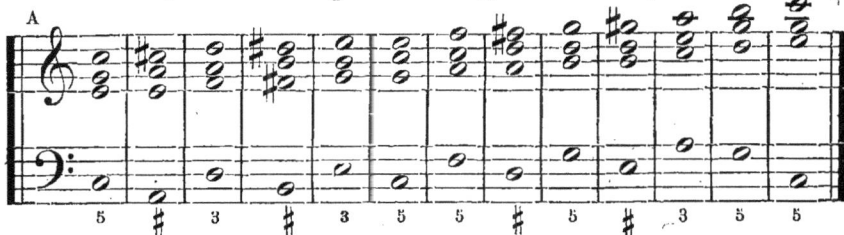

Cette marche modulante est produite par un passage rapide dans tous les tons relatifs directs du premier ordre du ton d'*ut* majeur (ton principal). Les relatifs sont parcourus dans l'ordre diatonique ascendant, d'*ut* majeur à *ré* mineur, à *mi* mineur, à *fa* majeur, à *sol* majeur, à *la* mineur, et la marche se termine sur ce dernier ton, après lequel on opère un retour en *ut* majeur.

On conçoit que les dièses que l'on est obligé d'introduire pour établir les accords parfaits majeurs de dominante de tous ces tons, excepté celui de *fa* majeur, doivent déranger l'ordre régulier que l'on rencontre ordinairement dans une marche d'harmonie modulante dont les toniques sont placées, de l'une à l'autre, à des intervalles égaux. Or, dans le cas qui nous occupe, les gammes dans lesquelles on module successivement n'ont pas leur tonique placée, entre elles, à des distances égales. Ainsi, la note *ré* est séparée de la tonique *ut* par un intervalle de seconde majeure; le même intervalle existe entre le *ré* et le *mi*; mais on ne trouve qu'un demi-ton de *mi* à *fa*.

Il n'en est pas de même lorsque tous les tons par lesquels on passe sont du même mode et qu'ils ont leur fondamentale séparée par des intervalles identiques. Dans ce cas, la régularité devient complète dans la basse et dans la disposition des notes des accords; ex. B.

§ 168. La progression d'harmonie de l'exemple A, ci-dessus, donne lieu à l'observation suivante : lorsqu'une suite de modulations passagères est établie dans un ou plusieurs tons relatifs directs de premier ordre du ton de départ, l'impression produite par celui-ci ne s'efface pas entièrement dans le cours de ces modulations, à moins que l'on ne confirme l'un de ces tons par une formule de la cadence parfaite, de manière à le faire devenir lui-même le ton principal. C'est de cette façon qu'on expliquera comment on peut parcourir un grand nombre de tons, faire les modulations les plus variées, abandonner en apparence le ton principal, sans laisser éteindre la première impression que l'oreille en a reçue, et sans cesser par conséquent de se tenir dans l'unité harmonique.

Par exemple, dans la marche d'harmonie modulante de l'exemple A (page précédente), quelles que soient les modulations passagères effectuées dans cinq tons successifs, le retour en *ut* majeur se trouve amené si naturellement qu'il semble qu'on n'a pas abandonné ce ton.

Voilà une preuve excellente de l'homogénéité qui règne parmi les accords relatifs directs du premier ordre d'un ton donné.

Au contraire la marche d'harmonie de l'exemple B ci-dessus, régulière en tout point, fait disparaître spontanément l'impression du ton de départ dont le retour paraîtrait singulièrement étrange s'il était effectué après une de ces modulations prise au hasard, et n'importe laquelle.

Voici encore deux types de marches modulantes; ex. A et B.

On combine de diverses manières l'ordre dans lequel, dans une progression modulante, les tons relatifs peuvent se suivre; ex. C.

Les accords de cet exemple peuvent se renverser, et, si l'on veut quitter le ton d'*ut*, on le prolonge jusqu'à ce que l'on ait accusé les douze tons majeurs et les douze tons mineurs de la gamme chromatique, c'est-à-dire les tons qui prennent chacun leur point de départ sur une des douze notes d'une gamme chromatique contenue dans l'étendue d'une octave; ex. A.

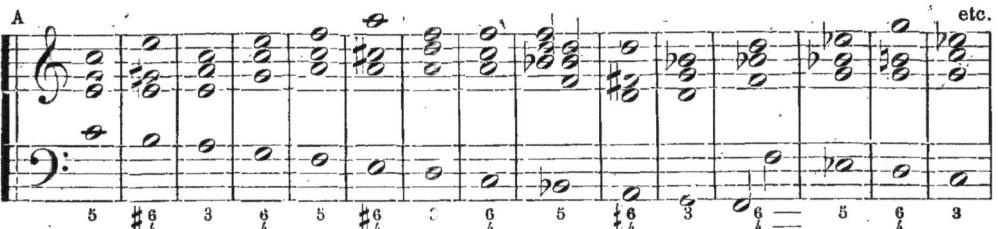

§ 169. Il découle du principe général de la modulation, exposé au § 141, que le même accord peut appartenir à plusieurs tons, mais qu'il n'y remplit pas la même fonction. Ainsi, l'accord de quinte diminuée, *si ré fa*, se résout sur l'accord de la tonique en *ut* majeur et sur la dominante du ton relatif (6ᵉ degré, § 75).

On sait aussi que l'accord *si ré fa* peut précéder l'accord de la tonique en *la* mineur, pourvu que l'un des deux accords soit renversé, et que, dans ce cas, il appelle l'accord parfait majeur de la dominante en *la*, surtout quand il est résolu sur l'accord quarte et sixte de la tonique.

§ 170. Ce double rôle de l'accord de quinte diminuée *si ré fa* permet d'opérer le passage rapide d'*ut* majeur à *la* mineur; ex. B et C.

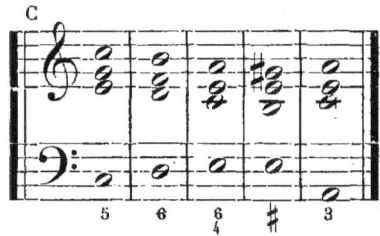

On voit, dans ces deux exemples, que l'accord *si ré fa*, écrit dans son premier renversement et précédé légitimement de l'accord de la tonique en *ut* majeur, se résout (ex. B) sur l'accord parfait majeur de la dominante, en *la* mineur, son relatif (6ᵉ degré), et sur le deuxième renversement de l'accord de la tonique du même relatif (ex. C), conformément à la règle exposée au § 76. On a donc opéré une modulation à la tierce inférieure, d'*ut* à *la* mineur. Nous remarquerons que la modulation de l'exemple C est plus coulante que celle en B. C'est ce qui a lieu généralement toutes les fois que l'on entre dans le ton d'arrivée par l'accord quarte et sixte de la tonique, lequel, sans confirmer le ton nouveau, annonce la cadence parfaite vivement sollicitée par lui. (Voir § 58).

Le ton de *fa* majeur (tierce inférieure de *la*) est un relatif direct du ton de *la* mineur. On peut donc faire une nouvelle modulation de *la* mineur à *fa* majeur par un moyen analogue à celui qui a servi au passage d'*ut* majeur à *la* mineur, avec cette différence que les accords ne sont pas de la même nature. Conséquemment si, après l'accord de *la* mineur, on frappe le premier renversement de l'accord de *sol* mineur (2ᵉ degré en *fa* majeur), on pressent sur le champ une formule de cadence parfaite en *fa* majeur; ex. A.

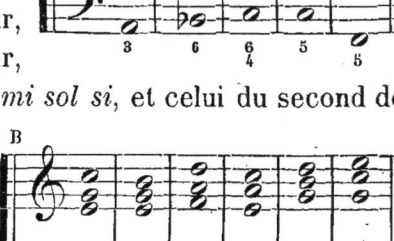

Remarque. La succession conjointe de l'accord de *la* mineur et de celui de *sol* mineur, est justifiée par celle qui a lieu, en *ut* majeur, entre l'accord parfait mineur du 3ᵉ degré, *mi sol si*, et celui du second degré, *ré fa la;* ex. B.

Cette succession fondamentale et descendante de deux accords placé par degré conjoint, découle du principe des basses fondamentales expliqué au § 37, où l'on a vu que l'accord de la dominante précède celui de la sousdominante.

Après avoir modulé de *la* mineur en *fa* majeur, on passe de nouveau par tierce inférieure au ton de *ré* mineur, à l'aide des moyens qui ont servi à moduler d'*ut* majeur au ton de *la* mineur; ex. C.

Le ton de *ré* mineur peut être pris pour point de départ d'une modulation au ton de la tierce inférieure, *si* ♭ majeur, opérée conformément à celle de *la* mineur à *fa* majeur; ex. D.

Du ton de *si* ♭ majeur, on module dans celui de *sol* mineur; ex. E.

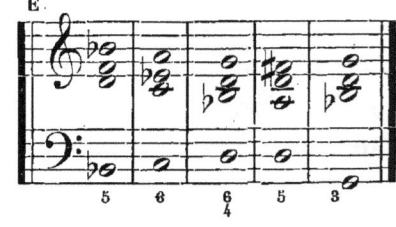

On peut ainsi, en partant d'*ut* majeur, moduler par tierce inférieure dans tous les tons majeurs et mineurs suivants : ton d'*ut*, point de départ; de là, on va en *la* mineur, en *fa* majeur, en *ré* mineur, en *si* ♭ majeur, en *sol* mineur, en *mi* ♭ majeur, etc. Dans cette série de modulations, on trouve que l'intervalle de tierce mineure sépare les deux premières toniques *ut* et *la*, tandis que la tierce est majeure lorsqu'en partant du mineur de *la* on passe par tierce inférieure au majeur de *fa*. De *fa* majeur à *ré* mineur, la tierce est mineure ; de *ré* mineur à *si* ♭ majeur, la tierce est majeure, et ainsi

DES MARCHES D'HARMONIE 149

de suite. Cet ordre régulier se maintient constamment jusqu'au retour en *ut* majeur.

La réunion de toutes ces modulations constitue une marche d'harmonie modulante qui a pour première période les deuxième, troisième, quatrième et cinquième accords; ex. A.

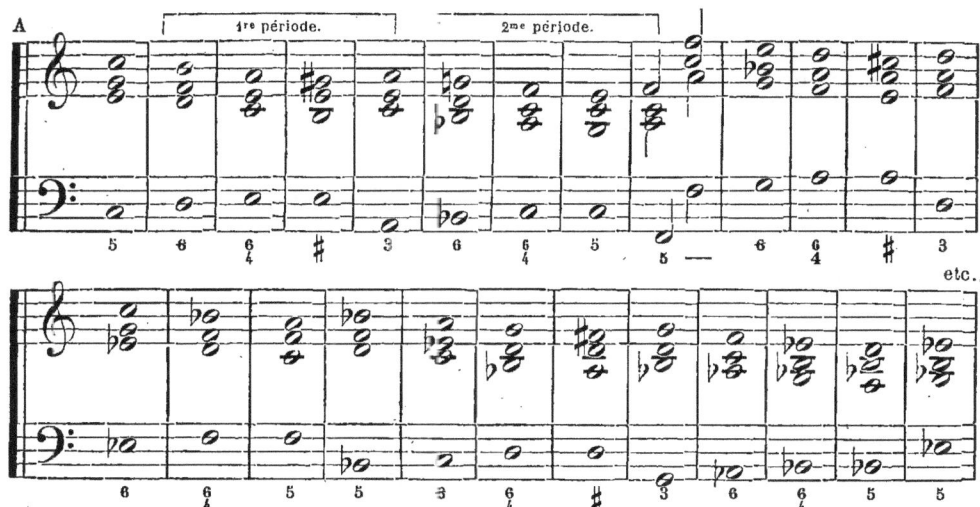

Si l'on prolongeait cette marche, on accuserait par quinte inférieure les douze tons majeurs et mineurs de la gamme chromatique.

Voici une marche du même genre et avec laquelle on module à la quinte supérieure, après avoir accusé le ton relatif (6e degré) de chacun des tons du mode majeur; ex. B.

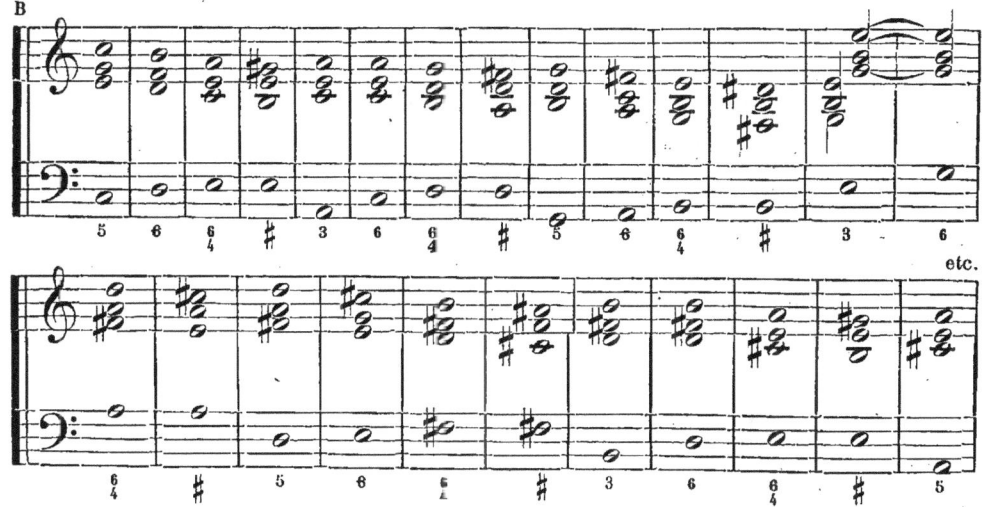

DES NOTES ÉTRANGÈRES A L'HARMONIE

§ 171. Dans les exemples qui ont été donnés jusqu'ici, les notes qui forment la mélodie sont, à peu d'exceptions près, accompagnées chacune par un accord plaqué; mais ce genre de successions finirait par engendrer la monotonie, si l'on n'avait pas la possibilité de varier les formes mélodiques indépendamment des accords qui les accompagnent.

Lorsque le chant est composé pour un mouvement vif, on conçoit qu'une trop grande quantité d'accords plaqués enchaînés rapidement, serait fatiguante, car l'oreille en saisirait difficilement le sens harmonique. C'est pourquoi les accords sont généralement placés sur les *temps forts* ou les *parties fortes* des temps de la mesure, lesquels caractérisent le rhythme.

Citons, par exemple, un fragment d'un air tyrolien bien connu, et supposons-le accompagné par des accords frappés sur les parties fortes de chaque temps; ex. A.

On voit dans cet exemple que le nombre des notes de la mélodie est plus grand que celui des accords. Dans les deux premières mesures, le chant est formé avec les notes de l'harmonie; mais il n'en est pas toujours ainsi, car souvent les notes du chant ne font pas partie des accords. Ce que l'on peut voir à la troisième mesure dont le troisième temps est composé de trois croches formant un triolet, *sol la si*, dans lequel la note du milieu *la* n'appartient pas à l'accord d'accompagnement *sol si ré*. Le *la* étranger à l'harmonie prend le nom de *note de passage*.

§ 172. Les notes de passage combinées avec celles de l'harmonie, soumises comme ces dernières au rhythme et à la mesure, concourent ensemble à la formation de la mélodie.

Lorsque, d'un accord à l'autre, deux notes de la même partie sont placées par degré disjoint, on peut intercaler entre elles une ou plusieurs notes de passage, soit diatoniques, soit chromatiques.

A L'HARMONIE

Voici, en A, un exemple d'harmonie simple dans lequel on a introduit des notes de passage en B et en C.

N. B. Les notes de passage des exemples B et C, sont marquées par la lettre *p*, afin qu'on les distingue de celles de l'harmonie.

En règle générale, ces notes étrangères aux accords doivent marcher entre elles par degré conjoint, diatonique ou chromatique. Elles suivent ou précèdent les notes de l'harmonie et sont placées sur les temps faibles ou les parties faibles des temps; ex. D en harmonie simple, et E avec des notes de passage.

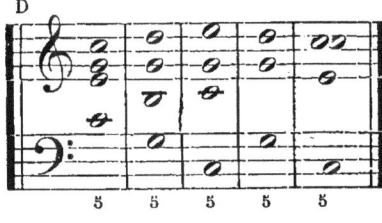

Lorsqu'une partie marche par degré conjoint de seconde majeure en montant ou en descendant, on ne peut intercaler que des notes de passage chromatiques; ex. F (le même que les précédents).

Les intervalles disjoints, de tierce, de quarte, de quinte, etc., produisent des vides qui peuvent être remplis par des notes de passage diatoniques. Ainsi, entre *ut* et *mi*, tierce, on peut intercaler la note *ré;* entre *ut* et *fa* quarte, on placera les notes *ré* et *mi;* l'intervalle de sixte *ut la* sera complété diatoniquement par les notes *ré mi fa sol*. Ce cas se présente dans le changement de position des accords, parce que leurs notes prennent toujours la disposition disjointe, quelle que soit la forme qu'on leur donne; ex. A et B.

Cet exemple montre que les notes de passage se placent à toutes les parties, soit simultanément, soit séparément. Voici deux exemples à trois parties où cette règle est plus en relief; ex. C et D.

Les notes de passage, diatoniques ou chromatiques, ont généralement pour but de servir d'ornement à la mélodie d'une phrase principale que l'on peut simplifier par l'élision de ces notes.

Ainsi, toute mélodie dont on supprime les notes de passage se réduit à son expression la plus simple. Pour éclaircir notre pensée, soit donné l'air : *Une robe légère*, etc., de *Marie*; ex. E.

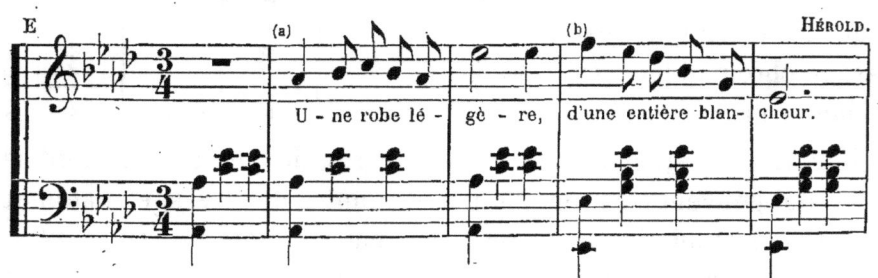

Dans la mesure (a), on trouve deux notes de passage sur *si* ♭.
Dans la mesure (b), le *ré* et le *fa* sont aussi des notes de passage.

Si l'on fait abstraction des paroles, et en supprimant les notes de passage, le chant se réduit à ceci; ex. A.

Cet exemple fait voir la pauvreté mélodique qui résulterait d'un chant formé uniquement avec les notes de l'harmonie (1).

§ 173. On conçoit, d'après cela, qu'une combinaison convenable des notes de passage, comme les décompositions diverses que les parties peuvent faire dans la valeur des notes, deviennent pour le compositeur une source intarissable qui permet de varier les successions de toute espèce en détruisant la monotomie des accord plaqués.

Pour établir une comparaison entre ces deux manières de traiter l'harmonie, écrivons d'abord en accords plaqués et à trois parties une succession modulante; ex. B.

Voici le même exemple traité avec des notes de passage à toutes les parties; ex. A ci-après.

---

(1) L'exposé des principes qui règlent les notes étrangères aux accords proprement dits, recevra plus d'extension au § 298 et suivants. Nous avons pensé qu'un simple aperçu concernant cet ornement mélodique suffirait pour le moment.

Avec une harmonie identique, on peut varier le même exemple, soit par le rhythme, soit par le placement différent des notes de passage ; ex. B.

On voit que cette manière de traiter l'harmonie offre de plus grandes difficultés d'exécution sur le clavier que les successions plaquées. Elle exige qu'on apporte un grand soin dans la décomposition des notes de la mesure et dans la marche des parties extrêmes. En général, elles s'écrivent pour le piano à trois parties, afin d'éviter une complication de mécanisme qui résulterait de la présence d'une quatrième partie.

N. B. Toutes les successions plaquées se traduisent de la même manière, avec des notes de passage. Celles-ci produisent souvent des agrégations, qui, par la suite, seront classées dans les accords de l'harmonie moderne.

§ 174. On varie les marches d'harmonie par des notes de passage placées dans une ou plusieurs parties à la fois ou séparément. Si la première période est formée de ces notes, sa reproduction par les périodes qui succèdent produit une variante dans la marche harmonique. On peut d'avance signaler le type de la marche. Soit donnée la marche suivante en harmonie simple ; ex. A.

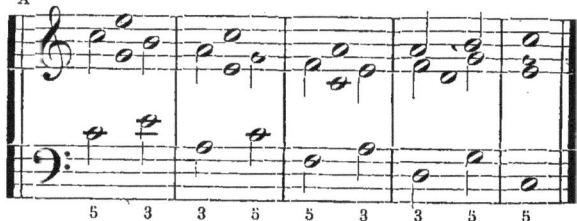

Voici la même marche variée par des notes de passage exécutées par la basse ; ex. B.

On peut en même temps varier la marche des parties supérieures ; ex. C.

Écrivons maintenant en harmonie simple avec des accords plaqués, la marche d'harmonie suivante ; ex. D. ci-contre,

Voici deux variantes de ce dernier exemple : A et B.

Ce type de marche harmonique a été employé par Meyerbeer dans le duo bouffe du troisième acte de *Robert le Diable*; ex. C.

La variante de cet exemple est exécutée par la voix de basse et l'accompagnement est fait par les instruments aigus. *N. B.* Il y a là des agrégations dont on verra plus loin l'analyse.

DE L'IMITATION

§ 175. Dans l'harmonie à deux, à trois, à quatre parties et plus, lorsque l'une d'elles exécute un trait mélodique de courte durée, soit avec les notes des accords, soit avec les notes de passage, et que ce trait est immédiatement reproduit par une autre partie, le fait musical qui en résulte prend le nom d'*imitation*.

DE L'IMITATION

Supposons, dans le ton d'*ut* majeur, l'accord de la tonique et celui de la sousdominante formant la succession suivante : ex. A.

Remplissons l'intervalle, *ut fa*, que chante la basse, en passant du premier au second accord, par un trait mélodique, et que ce trait soit immédiatement reproduit par la première partie; ex. B.

L'ensemble des notes *ut ré mi fa*, chanté par la basse, se nomme *le trait proposé;* la reproduction de ce trait par les notes, *la si ut la*, exécutée par la première partie, en est *l'imitation*.

Si l'on prend les deux accords d'*ut* et de *fa* de l'exemple B, pour former une première période, on aura la progression harmonique suivante : ex. C.

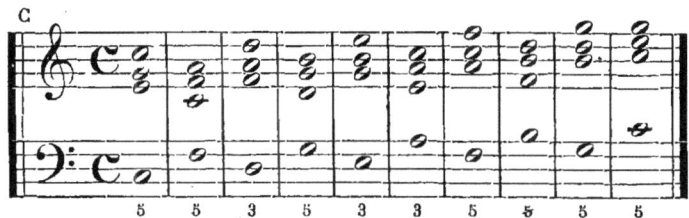

Le *trait proposé* et son *imitation*, étant reproduits dans chacune des périodes, il en résulte une marche d'harmonie avec variante et imitation de la variante; ex. D.

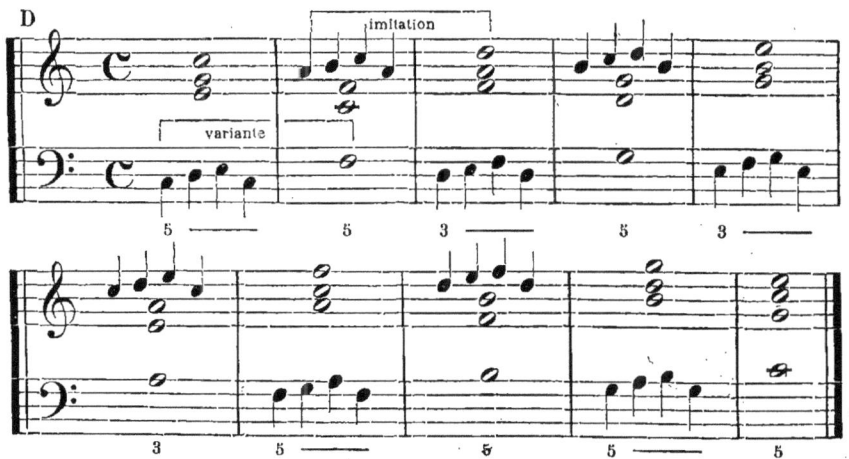

Si l'on examine l'intervalle de la première note, *ut*, du trait proposé, à la première note, *la*, de l'imitation, on trouve un intervalle mélodique de sixte supérieure, *ut la;* on dit alors que l'imitation est faite à la *sixte.*

§ 176. Tous les intervalles simples ou redoublés donnent lieu à l'imitation que l'on dit alors être à la seconde, à la tierce, à la quarte, etc. Dans tous les cas, le trait proposé, ne doit pas être de longue durée. Lorsqu'il est terminé, il doit être imité par une autre partie le plus tôt possible, car on risquerait, sans cela, d'anéantir l'effet que produit une réponse subite à une question adressée.

Dans une progression harmonique, on peut comparer le trait proposé et son imitation à un dialogue composé de demandes et de réponses séparées par un laps de temps très court.

On conçoit que l'ordre régulier qui caractérise les marches d'harmonie, permette de produire un trait mélodique dans la première période, et son imitation dans les suivantes.

Les variantes reçoivent une quantité innombrable de formes; la fantaisie et le goût sont les seuls guides du compositeur pour imaginer des traits mélodiques qui puissent se prêter avec facilité aux imitations de toute espèce.

Les deux grandes catégories d'imitations indiquées plus haut, se subdivisent elles-mêmes en douze espèces particulières qui font l'objet de traités spéciaux, et dont le détail ne peut pas entrer dans le cadre d'un ouvrage élémentaire.

Voici maintenant quelques types de variantes usitées établies sur la marche d'harmonie déjà citée au § 175; ex. A, B de cette page et A, B, C, D de la page suivante.

DE L'IMITATION

DE L'IMITATION

Ce dernier exemple renferme une *imitation double;* c'est-à-dire que deux parties proposent simultanément un trait différent, et que chacune d'elles exécute l'imitation de sa voisine.

On distingue deux grandes catégories d'imitations : 1° L'imitation exacte ou régulière; 2° l'imitation de quantité.

L'imitation de la marche précédente est *exacte.* Voici une imitation de quantité à la seconde supérieure ou son redoublement à la neuvième; ex. A.

§ 177. Les marches d'harmonie n'ont pas seules le privilége de l'emploi des imitations; on en fait un usage fréquent dans les successions ordinaires, monotoniques ou modulantes (1).

La sérénade des *gondoliers vénitiens* de la *Reine de Chypre*, renferme une imitation de ce genre; ex. B.

Le trait proposé par la première partie est exactement imité par la seconde, à la quinte inférieure.

Voici une imitation à l'octave, tirée du duo bouffe chanté au troisième acte de *Robert le Diable;* ex. C.

(1) Les imitations de toute espèce étaient si fréquentes dans la musique du moyen-âge qu'elles formaient véritablement le fond de presque toutes les compositions musicales de cette époque. C'est ce qui a donné naissance au *canon* et à cette partie savante de la musique qu'on nomme la *fugue.*

Le *canon* n'est autre chose qu'une imitation perpétuelle d'un trait proposé par une partie et chanté alternativement par les autres, de manière à produire une harmonie régulière quand toutes les portées sont en mouvement. (V. *Dictionnaire de musique* de J.-J. Rousseau, aux mots : *imitation, canon, fugue.*)

DU CONTRE-POINT

§ 178. Du moment que l'on eut imaginé de figurer sur des lignes parallèles les sons de l'échelle musicale, et qu'on voulut écrire de l'harmonie, les parties, placées nécessairement entre elles à des distances respectives, se nommèrent : *punctum contra punctum*. De là vint le mot de *contrepoint*. En conséquence, toutes les fois que plusieurs parties vocales ou instrumentales marchent ensemble, en un mot toutes les fois que l'on fait de l'harmonie, on produit proprement du contrepoint. Or, les parties d'une harmonie quelconque ne peuvent se mouvoir ensemble que de quatre manières :

1° Note pour note ;

2° Deux notes pour une partie, alors que les autres parties n'en font entendre qu'une ;

3° Quatre notes pour une ;

4° En faisant syncoper l'une d'elles.

Ceci est du contrepoint *simple* : en raison de ce qui vient d'être dit, on le divise en quatre espèces.

Une cinquième sorte de contrepoint simple, que l'on nomme le contrepoint *fleuri*, consiste dans une combinaison des quatre premières.

A cet égard, voici ce que dit Fétis dans son ouvrage intitulé : *La musique à la portée de tout le monde* (page 136) :

« Un mot presque barbare, qui n'a plus depuis longtemps qu'une signi-
» fication traditionnelle, sert à exprimer l'opération d'écrire la musique
» selon de certaines lois ; ce mot est celui de *contrepoint*..... Si le contre-
» point était autrefois l'art d'arranger des points contre des points, c'est
» maintenant celui de combiner des notes avec des notes. Cette opération
» serait certainement longue, fatigante et destructive de toute inspiration,
» si le compositeur ne parvenait, au moyen d'études bien faites dans la
» jeunesse, à se rendre familières toutes ces combinaisons, de telle sorte
» qu'elles ne soient pour lui que comme les règles auxquelles personne
» ne pense en écrivant ou en parlant..... Ces études se font sur un chant
» choisi ou donné, et on commence ordinairement par écrire à deux voix,

---

La *fugue* consiste à faire marcher deux parties principales se rattachant au corps de l'harmonie, de manière à simuler la poursuite de l'une par l'autre jusqu'à leur rencontre sur l'accord final.

Ces diverses manières de traiter l'harmonie font l'objet d'ouvrages spéciaux destinés à compléter les études de haute composition. (V. *Dictionnaire de musique* de J.-J. Rousseau, aux mots : *Imitation, Canon, Fugue*.

», puis à trois, à quatre, à cinq, à six, à sept et à huit. Plus le nombre de
» voix augmente, plus les combinaisons se compliquent : si l'on écrit à trois
» parties, par exemple, on peut mettre une seule note à une voix, tandis
» qu'il y en a deux à la seconde et quatre à la troisième ; à quatre parties,
» on peut y joindre la syncope, etc. On conçoit que de pareilles études,
» souvent répétées, enseignent à prévoir tous les cas, à vaincre toutes les
» difficultés, et cela sans effort et presque sans y penser...... Le contre-
» point simple, dont il vient d'être parlé, est la base de toute composition,
» car ces applications sont de tous les instants, de toutes les circonstances ;
» on ne peut écrire quelques mesures avec élégance sans en faire usage,
» et celui qui en parle avec le plus de mépris, en fait, comme M. Jourdain
» faisait de la prose, *sans le savoir*. Il n'en est pas de même de ce qu'on
» nomme *contrepoint double*; celui-ci est fondé sur de certaines condi-
» tions dont l'usage est limité. Un compositeur dramatique peut écrire un
» grand nombre d'opéras sans avoir l'occasion de s'en servir, mais dans la
» musique instrumentale et dans la musique d'église, cette espèce de contre-
» point est fréquemment employée. En écrivant du *contrepoint simple*, le
» compositeur n'est occupé que de l'effet immédiat de l'harmonie ; mais
» dans le *contrepoint double*, il faut encore qu'il sache ce que cette har-
» monie deviendrait si elle était renversée, c'est-à-dire si ce qui est aux
» parties supérieures passait à la basse, et réciproquement ; en sorte que
» l'opération de son esprit est réellement double.

» Lorsque le contrepoint peut être renversé à trois parties différentes,
» on lui donne le nom de *contrepoint triple*; s'il est susceptible d'être
» renversé en quatre parties, il s'appelle *contrepoint quadruple*.

» Le renversement peut s'opérer de plusieurs manières : s'il consiste dans
» un simple changement d'octave entre les parties, c'est-à-dire si ce qui
» était aux voix graves passe à l'aigu, et réciproquement, sans changer les
» notes, on appelle cette faculté de renversement *contrepoint double à l'oc-
» tave*. Si le renversement peut s'opérer à l'octave de la quinte, soit supé-
» rieure, soit inférieure, on appelle la composition *contrepoint double à la
» douzième*; enfin, si l'arrangement de l'harmonie est tel que le renverse-
» ment puisse avoir lieu à l'octave de la tierce supérieure ou inférieure,
» c'est un *contrepoint à la dixième*. Le contrepoint double à l'octave est
» plus satisfaisant pour l'oreille que les deux autres ; il est aussi d'un usage
» plus général.

» Lorsqu'il s'agit de développer un sujet, une phrase, un motif, et de les
» présenter sous toutes les formes, comme Haydn, Mozart et Beethoven l'ont

» fait dans leurs quatuors et leurs symphonies, Hændel dans ses oratorios et
» Chérubini dans ses belles messes, le contrepoint double offre des res-
» sources immenses que rien ne pourrait remplacer ; mais dans la musique
» dramatique, où ce développement nuirait à l'expression et mettrait à la
» place de la vérité une affectation pédantesque, ce contrepoint serait
» non-seulement inutile en beaucoup d'occasions, mais même souvent
» nuisible. Le goût et l'expérience doivent guider le compositeur à cet
» égard » (1).

N.-B. Les études du *contrepoint simple* se font naturellement dans les cours d'harmonie élémentaire, mais celles du contrepoint *double*, *triple* et *quadruple* sont les humanités de l'élève compositeur. En outre des beaux effets que l'on produit par le renversement, de l'aigu au grave ou du grave à l'aigu, d'une phrase mélodique, ces études apprennent à coordonner les diverses espèces de voix humaines comme celles des instruments qui leur correspondent.

Le cadre de cet ouvrage élémentaire ne permet pas de développer ici les règles multiples du contrepoint ; nous nous sommes arrêtés à la définition de cette partie savante des études musicales pour faire comprendre son importance au point de vue de la haute composition musicale vers laquelle notre livre est un acheminement.

DE LA PARTITION

§ 179. Le § 111 a montré que, si l'on veut figurer pour le clavier les parties d'une harmonie vocale ou instrumentale dans laquelle les notes d'une même mesure présentent des valeurs diverses, il se produit un imbroglio dans l'écriture qui la rend souvent difficile à déchiffrer (2).

---

(1) « Quelquefois cependant on met deux ou plus de parties sur une même portée ; c'est ce que faisaient
» communément les premiers harmonistes ; c'est pourquoi sans doute ils donnèrent à l'harmonie le nom de
» *contrepoint*, car les notes, qu'on mettait les unes au-dessus des autres, se marquaient avec des points. »
MERCADIER DE BELESTA, *Nouveau système de musique*, page 54.

(2) Ceci s'applique seulement à l'écriture musicale d'une harmonie à plusieurs parties, figurée sur une portée de piano ou d'orgue ; car il n'est pas rare de trouver, surtout dans les ouvrages des anciens maîtres classiques composés pour ces instruments, des passages où l'on distingue parfaitement la marche particulière de deux, de trois et même de quatre parties.

DE LA PARTITION

Voici, par exemple, la fin d'une strophe du *Stabat Mater* de Palestrina, chef de l'école romaine au seizième siècle; ex. A.

On voit, dans cet exemple, que le mot *filius* est décomposé d'une manière différente par trois parties; afin de rendre plus saillante et plus claire l'écriture particulière de chacune d'elles, on les représente séparément sur une portée de cinq lignes; ex. B (1).

Cette manière de figurer chacune des parties d'une harmonie vocale ou instrumentale prend le nom de *partition* (partimento en *italien*).

On sait que l'opération contraire se nomme *la réduction de la partition*.

Dans l'harmonie vocale, si l'on n'emploie que la clé de *sol*, il faut nécessairement placer quelques-unes des notes sur les lignes supplémentaires, surtout quand on veut représenter les diapasons vrais, comme on le voit à la troisième partie de l'exemple B.

Dans ce cas, si les groupes de cinq lignes se trouvent rapprochés, les notes d'une partie inférieure écrite sur les lignes additionnelles s'enchevêtrent dans les notes supplémentaires et supérieures de la portée au-dessous.

Mais, ainsi qu'on va le voir, la clé d'*ut*, dans ses quatre positions, donne le moyen de ramener la figure des notes dans l'intérieur de la portée.

ORIGINE DES CLÉS

§ 180. La date de l'invention des lignes parallèles pour figurer l'échelle

---

(1) Dans les écoles d'harmonie, on fait quelquefois usage de la *blanche* prise pour unité de temps. Dans ce cas, pour représenter la valeur de deux blanches dans un seul signe, on se sert d'une note de l'ancienne musique dont la forme est celle d'un petit rectangle. Dans les mesures du rhythme ternaire, l'unité de temps est figurée par une blanche pointée.

musicale des sons est inconnue ; mais on sait que, vers le commencement du treizième siècle, la musique s'écrivait encore sur vingt-deux lignes, qui correspondaient au nombre des sons produits par l'ensemble de toutes les espèces de voix humaines, chacune d'elles étant prise dans son étendue moyenne. Les lettres de l'alphabet, placées sur ces lignes d'une manière fixe, indiquaient le degré de gravité ou d'acuité des notes de cette échelle. Les sons graves étaient dans le bas et les sons aigus occupaient le haut de cette échelle qui a reçu le nom de *portée générale*.

On sait que les dénominations des six degrés de la gamme actuelle, *ut ré mi fa sol la*, ont été imaginés par le moine Guy d'Arezzo, et que l'invention de la note *si* ne date que du commencement du seizième siècle. L'illustre musicien du moyen-âge comprit que, d'une part, le trop grand nombre de lignes de la portée générale, et, de l'autre, que l'appellation des notes par les lettres, constituaient deux obstacles qui s'opposaient au progrès de l'enseignement musical. Pour obvier à ces inconvénients, il supprima d'abord la moitié du nombre des vingt-deux lignes, et des onze qui restèrent il fit une nouvelle portée générale plus simple, en utilisant les interlignes comme autant de degrés diatoniques, de manière à conserver les vingt-deux sons que les voix embrassaient.

La suppression des lignes, ainsi que l'emploi des interlignes rapprochèrent les unes des autres les lettres en usage, si bien que la lecture musicale devint plus difficile qu'auparavant. Guidé par le sentiment d'une réforme nécessaire, Guy eut alors l'ingénieuse idée de substituer des points aux lettres, auxquels points il assigna des noms d'une seule syllabe, tirés, comme on le sait, de la première strophe d'une hymne qu'on chantait en l'honneur de saint Jean-Baptiste (1), dont la première syllabe de chaque vers forma la série des six notes *ut ré mi fa sol la*, et qui se chantait de manière à donner à ces syllabes l'intonation des notes de la gamme diatonique.

Les trois lettres F C G, qui, sur la portée générale de onze lignes, avaient leur place invariable sur la quatrième, la sixième et la huitième ligne, furent néanmoins conservées par Guy d'Arrezzo, non pour représenter, comme antérieurement, le degré de gravité ou d'acuité de ces sons, mais pour marquer le caractère des voix graves, moyennes et aiguës. Ainsi la lettre F était destinée aux voix graves, la lettre C indiquait les voix moyennes, et la lettre G marquait la région des voix aiguës.

§ **181.** Par suite des transformations successives qu'elles ont subies, ces

(1) *Essai d'instruction musicale*, page 47.

lettres sont devenues ce qu'on nomme aujourd'hui des *clés*. Ainsi la lettre F a donné naissance à la clé de *fa*, la lettre C s'appelle clé d'*ut*, et la lettre G est devenue la clé de *sol*.

Telle est l'origine de cette admirable écriture musicale qui a résisté et qui résistera toujours aux vaines tentatives des réformateurs, parce qu'elle a le double avantage de peindre à l'œil la gravité et l'acuité des sons au point de vue de la mélodie, et de rendre tangibles les faits harmoniques qui résultent de l'enchaînement naturel des accords.

Voici la portée générale de onze lignes comptées de bas en haut et munie de ses trois clés ; ex. A.

L'*ut*, première note de la série inventée par Guy, est placée sur la sixième ligne portant la lettre C ou clé d'*ut*.

Si, à partir de cette note *ut* et en montant, on poursuit la série diatonique *ut ré mi fa sol*, en utilisant les interlignes, on trouve que la note *sol* est placée sur la huitième ligne. C'est pourquoi la lettre G, qui occupait la même place, s'est appelée la clé de *sol*.

En partant de nouveau de l'*ut* (sixième ligne) et en descendant, on trouve la série diatonique suivante : *ut si la sol fa*. La note *fa* correspond à la lettre F qui occupait la quatrième ligne. Cette lettre a ainsi donné naissance à la clé de *fa*.

§ 182. Au moyen-âge, les voix humaines furent classées comme elles le sont encore aujourd'hui, en sept espèces générales. Trois sont attribuées aux femmes et aux enfants, et quatre appartiennent aux hommes.

Voici les dénominations les plus modernes :

1° Le Soprano ou 1er dessus ⎫
2° Le Mezzo-Soprano ou 2me dessus ⎬ Voix des femmes ou enfants.
3° Le Contralto ou Voix grave ⎭

4° Le 1er Ténor ou Ténor léger ⎫
5° Le 2me Ténor ou Ténor grave ⎬ Voix des hommes (1).
6° Le Baryton ou Voix mixte ⎪
7° La Basse ou Voix grave ⎭

Quand on veut figurer l'étendue moyenne et particulière de ces voix,

---

(1) Autrefois, le premier ténor et le deuxième ténor se nommaient la *haute-taille* et la *taille*. Le baryton prenait le nom de *concordant* ou *basse-taille*, et l'on désignait par *basse-contre* la plus grave des voix humaines.

ORIGINE DES CLES

contenue chacune dans une octave et une tierce, il suffit de prendre le groupe qui est attribué à la voix de femme la plus aiguë, au soprano; ex. A. ci-contre.

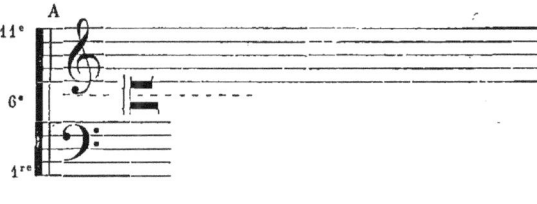

Le groupe des cinq lignes inférieures de la grande portée appartient à la voix de basse; ex. B.

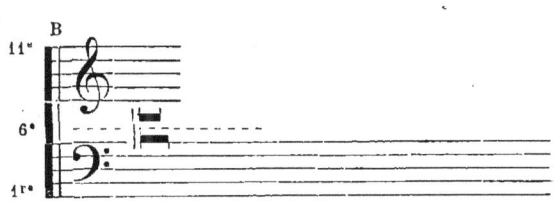

Par suite, les voix intermédiaires prennent le groupe de cinq lignes qui leur est nécessaire, en partant de ce principe : que les voix sont placées de tierce en tierce de la plus aiguë à la plus grave; ce qui veut dire que le *Mezzo-Soprano*, par exemple, ayant à l'aigu une tierce de moins que le *soprano*, cette voix (le *Mezzo-Soprano*) reprend une tierce au grave du *Soprano*, de manière à lui rendre la onzième ligne qui lui est inutile, et à lui faire occuper le groupe de cinq lignes compris de la sixième à la dixième; ex. C.

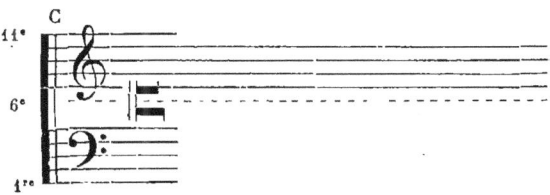

Il en est de même pour la voix de *Contralto*, eu égard à celle de *Mezzo-Soprano*, pour le *Ténor* comparé au *Contralto*, et ainsi de suite.

Il résulte de cette classification que, lorsqu'on veut écrire de la musique pour le diapason d'une voix quelconque, on ne prend, sur la portée générale, que le groupe de cinq lignes qui appartient au diapason de cette voix, mais en ayant le soin de placer en tête de cette portée particulière la clé qui lui correspond sur la grande portée; ex. D.

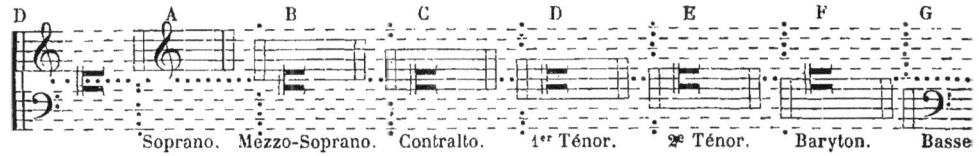

§ 183. Les clés ne changent jamais de place sur la portée générale, mais elles occupent des places différentes sur les portées particulières. Voici quelle est la combinaison distributive de ces clés :

Le Soprano   A s'écrit en clé de *sol*,

Le Mezzo-Soprano B en clé d'*ut* première ligne.
Le Contralto C en clé d'*ut* deuxième ligne.
Le premier Ténor D en clé d'*ut* troisième ligne.
Le deuxième Ténor E en clé d'*ut* quatrième ligne.
Le Baryton F en clé d'*ut* cinquième ligne ou clé de *fa* troisième ligne.
La Basse G en clé de *fa* quatrième ligne.

Remarque. La musique écrite pour l'orgue ou le piano avec clé de *sol* et clé de *fa*, représente exactement la portée générale des onze lignes de Guy d'Arezzo.

§ 184. Toutes les positions de la clé d'*ut* et de la clé de *fa* ne sont pas en usage, et généralement les compositeurs écrivent la partition vocale avec la clé de *sol* ou la clé d'*ut* première ligne pour les voix aiguës, et ils se servent de la clé d'*ut*, troisième et quatrième ligne, pour les voix de diapason moyen; enfin, ils font chanter les voix graves sur la clé de *fa*, quatrième ligne. D'où il suit que la clé d'*ut*, deuxième ligne, et la clé de *fa*, troisième ligne, ne sont pas usitées.

Voici donc quelle est la distribution des clés pour la partition vocale à quatre parties; ex. A.

Les diverses positions que peut prendre la clé d'*ut* permettent aux voix de placer la figure de leurs notes dans l'intérieur de chacune des portées particulières de cinq lignes; ex. B.

Si l'on voulait traduire cette formule avec la clé de *sol*, au lieu de la clé d'*ut*, et figurer les notes dans le vrai diapason des voix, le *Contralto* et le *Ténor* devraient s'écrire ainsi : ex. C.

Il est aisé de concevoir, par l'exemple C, que, si l'on écrit de la musique pour le *Contralto* ou le *Ténor*, en plaçant les notes dans le milieu de la portée, les signes de cette musique se trouvent

ORIGINE DES CLES

alors, figurés à l'octave au-dessus du diapason vrai; ex. A.

C'est pourquoi, lorsque l'on écrit la partition vocale ou instrumentale avec les diapasons réels, on emploie communément la clé d'*ut*.

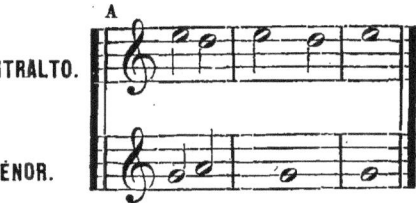

Supposons que la formule de l'exemple B ci-dessus soit écrite sur deux portées de cinq lignes, avec clé de *sol* et clé de *fa;* voici comment seront placées les voix: ex. B.

Le § 59 montre que des accords écrits comme ceux de l'exemple B, ne pouvaient pas être exécutés sur le clavier en musique d'accompagnement, c'est-à-dire si la main gauche ne touche que les notes de basse. On est donc obligé de réduire la partition en portant les notes écartées à leurs octaves, de manière à produire l'harmonie serrée. Dans ce cas, la formule ci-dessus se présentera de la manière suivante; ex. C.

§ 185. La transposition instrumentale se fait en empruntant la notation des diverses positions de la clé d'*ut* et de la clé de *fa;* mais ce moyen nécessite au préalable une étude longue et pénible, abordée seulement par les personnes qui veulent faire de la musique une profession.

N. B. Dans un chapitre spécial de l'*Essai d'instruction musicale* (1), page 147, nous avons démontré qu'à l'aide de la notation de la clé de *sol* et de la clé de *fa*, quatrième ligne, on pouvait arriver facilement à transposer couramment, dans tous les tons, un accompagnement noté pour le piano.

LECTURE DE LA MUSIQUE VOCALE ÉCRITE SUR LES QUATRE POSITIONS DE LA CLÉ D'*UT* ET SUR LES DEUX POSITIONS DE LA CLÉ DE *FA*, AVEC LE SECOURS DE LA SEULE CLÉ DE *SOL*

Dans les études les plus élémentaires du solfége, on se contente de faire apprendre la clé de *sol*. Nous allons faire connaître un moyen facile de lire la musique vocale écrite sur une position quelconque de la clé d'*ut* ou de *fa*, à l'aide de cette seule clé de *sol*.

(1) Troisième édition, in-8°, Perrotin éditeur (Claye, imprimeur).

LECTURE DE LA CLÉ D'UT

N. B. Il est bien entendu que le principe qui va suivre n'est applicable que pour la voix humaine, seul instrument naturellement transpositeur.

Supposons qu'après avoir suivi le premier cours de l'excellente méthode Wilhem, on soit devenu capable de lire à première vue la musique vocale élémentaire, et qu'en même temps on connaisse parfaitement la génération des tons, d'après la théorie développée dans l'*Essai d'instruction musicale*. Voici comment on pourra lire sur toutes les clés au moyen de la clé de *sol* :

Clé d'ut *première ligne*.

Soit donnée la gamme d'*ut* majeur écrite en clé d'*ut* première ligne; ex. A.

Si l'on substitue mentalement la clé de *sol* à la clé d'*ut* première ligne, la notation indiquera la gamme de *mi* majeur avec quatre dièses à l'armure, ou *mi* ♭ avec trois bémols. Dans ce cas, en prenant l'intonation *ut*, on lira les notes de la gamme de *mi* ♮ ou *mi* ♭ avec la notation de la clé de *sol*; ex. B et C.

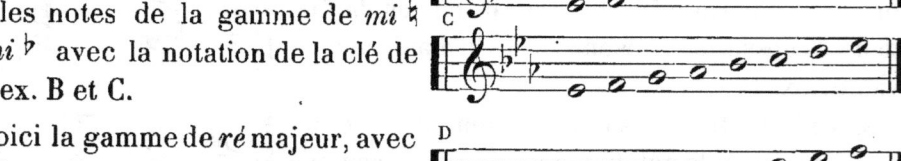

Voici la gamme de *ré* majeur, avec ses deux dièses à l'armure, écrite en clé d'*ut* première ligne; ex. D.

La notation de cette gamme en clé de *sol* indique la gamme de *fa* majeur avec un ♭ ; ex. E.

On chante donc la gamme de *fa* sur l'intonation *ré*.

On procédera de même pour tous les tons.

Clé d'ut *deuxième ligne*.

Ecrivons la gamme d'*ut* majeur en clé d'*ut* deuxième ligne; ex. F.

En clé de *sol*, la notation de cette gamme est celle de *sol* majeur avec un dièse à l'armure; ex. G.

On chantera sur l'intonation *ut*, avec les notes, la gamme de *sol* majeur.

Soit donnée maintenant une gamme quelconque écrite en clé d'*ut* deuxième ligne, par exemple celle de *la* ♭ avec quatre bémols; ex. H ci-contre.

LECTURE DE LA CLÉ D'UT

Avec l'intonation *la*♭, on chantera la gamme de *mi*♭, en supposant mentalement une clé de *sol* et trois bémols à l'armure.

Clé d'ut troisième et quatrième lignes.

Voici la gamme d'*ut* majeur figurée avec la clé d'*ut* troisième ligne; ex. A.

La lecture de la clé d'*ut*, troisième ligne, se fait d'après le même principe.

Ainsi, en clé de *sol*, il faudrait chanter la gamme de *si*♮ ou *si*♭ en supposant les cinq dièses du ton de *si*♮ ou les deux bémols du ton de *si*♭.

Un seul exemple suffira pour appliquer les principes précédents à la clé d'*ut* quatrième ligne. Soit donnée la gamme d'*ut* majeur écrite sur cette clé; ex. B.

En substituant la clé de *sol* à la clé d'*ut* quatrième ligne, la gamme d'*ut* majeur devra être chantée en *ré* majeur avec deux dièses à l'armure; ex. C.

Clé de fa troisième ligne.

Si l'on écrit la gamme d'*ut* avec la clé de *fa* troisième ligne, voici quelle en sera la notation; ex. D.

La gamme d'*ut* de cette clé correspond, en clé de *sol*, à la gamme de *fa*; on devra donc chanter la gamme de *fa* sur l'intonation de la gamme d'*ut*.

Le même principe devra être appliqué pour faire la lecture de la clé de *fa* quatrième ligne.

En résumé, quelle que soit la clé que l'on veuille lire au moyen de la clé de *sol*, il faut d'abord chercher la place de la tonique du ton donné sur telle ou telle clé. Cette note indiquera le ton qui, en clé de *sol*, correspond au ton et à la clé réels.

Supposons le fragment suivant écrit en clé d'*ut* quatrième ligne et dans le ton de *ré* majeur; ex. E.

La tonique *ré* du ton ci-dessus indiqué, occupe en clé de *sol* la place de la note *mi*; conséquemment ce fragment de mélodie pourra se traduire en *mi* majeur; ex. A ci-après.

Il est bien entendu qu'en chantant en *mi*, on prendra l'intonation *ré*.

Cet exposé peut être utile aux personnes qui n'ont pas fait l'étude spéciale des clés d'*ut*, toutes les fois que, dans les partitions écrites avec cette clé, elles auront besoin, pour leurs études d'harmonie, de se rendre compte de la mélodie produite par une seule partie. Lorsqu'on applique ces règles à un instrument quelconque, on produit toujours une transposition relative. Ainsi l'exemple E ci-dessus, écrit en *ré* majeur, sera joué en *mi* majeur sur un piano, tandis que la voix le chantera réellement en *ré* majeur, avec les notes du ton de *mi*.

DE L'ENHARMONIE

§ 186. Lorsque la voix humaine, instrument régulateur de l'harmonie, parcourt l'intervalle de seconde majeure *ut ré* en montant ou *ré ut* en descendant, elle peut s'arrêter chaque fois sur le son qui forme le demi-ton. Il semble d'abord que le point d'arrêt placé entre *ut* et *ré*, et celui qu'elle fait entre *ré* et *ut*, doivent former deux sons absolument identiques, et c'est en effet ce qui a lieu sur le clavier d'un piano. Mais les apparences sont trompeuses, car voici de quelle manière la nature a réglé ce point important et délicat.

Disons d'abord qu'en admettant, dans toute sa rigueur, la théorie mathématique des cordes vibrantes, les divers intervalles que forment les notes d'une gamme, prises par degré conjoint, d'*ut* à *ré*, de *ré* à *mi*, de *mi* à *fa*, etc., étant chacun divisés par de petits intervalles égaux désignés sous le nom de *comma* (1), on trouve que :

D'*ut* à *ré*, il y a 9 de ces intervalles ;
De *ré* à *mi*, — 8 —
De *mi* à *fa*, — 5 —
De *la* à *sol*, — 9 —
De *sol* à *la*, — 8 —
De *la* à *si*, — 9 —
De *si* à *ut*, — 5 —

Ces résultats sont parfaitement exacts, envisagés comme l'expression ri-

---

(1) *Essai d'instruction musicale*, page 94.

goureuse de la théorie mathématique, et abstraction faite de toute considération appartenant à la pratique de l'art musical. Mais la voix humaine, en parcourant les divers degrés de la gamme, apporte quelques modifications dans les rapports théoriques.

1° En vertu de la symétrie, l'instinct musical nous porte impérieusement à désirer que les deux tétracordes de la gamme soient identiques, quant à la nature des intervalles qui les composent; il ne saurait donc y avoir des intervalles de seconde majeure différents les uns des autres, comme cela a lieu dans la gamme théorique. Nous admettrons ainsi que tous les intervalles de seconde majeure sont égaux entre eux et qu'ils se composent tous de neuf *commas;*

2° Le caractère essentiel de la musique moderne consiste dans l'attraction exercée par la tonique sur la note sensible; il suit de là que notre oreille obéit à cette influence attractive en tendant à rapprocher le plus possible la sensible de la tonique, et elle manifeste cette tendance en diminuant d'un *comma* l'intervalle théorique qui sépare ces deux sons; d'où il résulte que les deux demi-tons, *mi fa* et *si ut*, de la gamme vocale, doivent comprendre chacun quatre *commas*, et non pas cinq.

C'est encore en vertu de cette dernière considération que, lorsque la voix humaine doit franchir l'intervalle de seconde majeure, *ut ré*, en intercalant l'*ut* ♯, elle sensibilise pour ainsi dire cet *ut* ♯, comme pour mieux accentuer la marche ascendante des sons qu'elle émet; de sorte que le premier de de ces intervalles, *ut ut* ♯, se composera de cinq *commas*, et que le deuxième, *ut* ♯ *ré*, n'en aura que quatre; d'où il suit que les deux demi-tons qui divisent l'intervalle de seconde majeure ne sont pas égaux. On nomme *chromatique* celui qui a cinq *commas*, et *diatonique* celui qui en a quatre (1).

Si, au contraire, il s'agit de parcourir l'intervalle de *ré* à *ut*, en intercalant le *ré* ♭, la marche descendante imprimée à la voix tend à rapprocher le *ré* ♭ de l'*ut*, de telle sorte qu'il n'y ait que quatre *commas* de *ré* ♭ à *ut*. On voit donc que l'*ut* ♯ et le *ré* ♭ ne sont pas identiques; le premier de ces sons étant plus élevé que le second d'un *comma* (2). Mais cette différence est assez petite pour que l'oreille puisse permettre de confondre ces deux

---

(1) *Essai d'instruction musicale*, page 95 ; *Méthode Wilhem*, deuxième cours, page 100.

(2) Le violon et le violoncelle ont un grand rapport avec la voix humaine, eu égard à la justesse des sons ; c'est pourquoi on les considère comme les seuls instruments de précision. En effet, lorsque les doigts du violoncelliste, par exemple, qui sont, comme la voix, guidés par la sensibilité de l'ouïe musicale, font entendre sur cet instrument les notes *ut ut* ♯ *ré* en montant, et *ré ré* ♭ *ut*, en descendant, on voit parfaitement, sur le manche, que les notes *ut* ♯ et *ré* ♭ ne sont pas produites à la même place. Ce fait physique démontre suffisamment que les deux demi-tons qui composent le ton entier ne sont pas égaux.

sons dans la pratique de la musique instrumentale, et c'est par suite de cette tolérance que l'on peut construire des instruments à sons fixes, tels que l'orgue et le piano sur lesquels, comme nous l'avons dit plus haut, l'*ut* ♯ et le *ré* ♭ sont produits sur la même touche ; on dit alors que les deux notes, *ut* ♯ et *ré* ♭, qui donnent un son identique, sans porter le même nom, sont enharmoniques l'une de l'autre. Conséquemment l'accord parfait ou la gamme que l'on établit sur la note *ut* ♯, sera l'enharmonique de l'accord parfait ou de la gamme de *ré* ♭. De cette manière, chacune des notes du clavier a son enharmonique. Par exemple, le *sol* ♯ est l'enharmonique de *la* ♭, et ainsi de suite ; c'est-à-dire que toute note munie d'un dièse est enharmonique de celle que l'on nomme un degré plus haut, mais affectée d'un ♭, et réciproquement.

Tel est le principe en vertu duquel il sera possible d'éviter d'entrer, par modulation, dans les tons trop chargés de dièses, en leur substituant leurs enharmoniques qui renferment toujours un nombre moins grand de bémols, et réciproquement.

C'est aussi par l'enharmonie que certains accords que nous aurons l'occasion de signaler, tout en conservant la même forme sur le clavier, pourront se transformer sur-le-champ en accords d'une nature différente, ouvrir ainsi une carrière illimitée à la modulation et produire de très beaux effets harmoniques. Les seuls accords consonnants se prêtent peu à l'emploi des modulations enharmoniques ; c'est pourquoi nous attendrons de connaître ceux qui, par leur caractère spécial, permettent de produire ces sortes de transformations et de moduler facilement dans les tons les plus éloignés.

DU RETARD

§ 187. Du moment où les compositeurs comprirent que, non-seulement les renversements des accords étaient nécessaires à la marche naturelle des voix dans l'harmonie vocale (§ 41), mais aussi que ces formes apportaient une grande variété dans la marche des basses, leurs efforts tendirent de jour en jour au perfectionnement de l'art musical.

Le principe des sons communs les conduisit à chercher des modifications qui furent introduites dans les accords, afin d'établir artificiellement des notes communes entre des accords qui n'en avaient pas.

La modification la plus ancienne, telle qu'on la pratique encore largement dans la musique moderne, consiste en ceci :

DU RETARD

Toutes les fois que, dans la succession de deux accords, une des parties du premier doit faire en descendant un mouvement diatonique, pour venir occuper dans le second la place qui lui est destinée, si cette note est prolongée, au lieu d'opérer sa descente quand le second accord est frappé, on produit une dissonance qui prend le nom spécial de *retard*. Cette dissonance est causée par l'introduction dans le second accord d'une note étrangère à son harmonie.

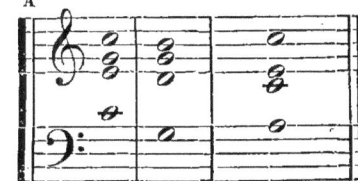

Écrivons en *ut* majeur la succession qui forme une cadence rompue sur l'accord parfait mineur du 6° degré, *la* ; ex. A.

On a vu, au § 82, que, lorsqu'on veut écrire avec élégance cette forme de cadence rompue, il faut éviter de doubler la fondamentale *la* et conserver à la note sensible *si* sa marche naturelle sur la tonique *ut*, ainsi qu'on le voit en A.

La doublure de la fondamentale *la* ne constituerait pas précisément une faute, mais le caractère essentiellement transitoire de la cadence rompue serait un peu troublé, sinon détruit, par cette doublure.

Supposons maintenant que la note sensible *si*, de l'accord de la dominante *sol si ré*, soit prolongée dans l'accord de *la*, on obtiendra ainsi l'agrégation *la ut mi si*, dans laquelle la note *si*, par un changement de rôle, doit descendre d'un degré sur *la* au lieu de se diriger sur *ut* ; ex. B.

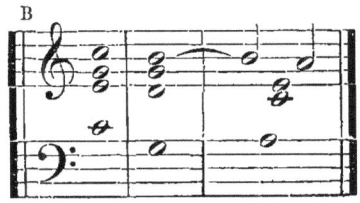

Cette note *si*, en retardant le *la* dont elle prend momentanément la place, rend agréable l'audition subséquente de la note qui double, parce que les deux notes *la la* (à distance d'octave), entendues l'une après l'autre, n'augmentent pas la sonorité de la première. La cadence rompue ainsi pratiquée ne perd rien de son caractère passager.

L'intervalle *la si*, formé par les notes extrêmes de l'agrégation *la ut mi si*, et résultant de la prolongation, est une neuvième qui, en sa qualité de dissonance, sollicite une résolution ; l'oreille n'est complètement satisfaite que lorsque le *la*, placé à un degré diatonique au-dessous de la note *si*, est entendu.

Nous ferons remarquer ici qu'à l'aide du *retard* : 1° une note commune artificielle vient souder les deux accords *sol si ré* et *la ut mi*, qui n'ont pas naturellement de note commune (§ 91) ; 2° que la fonction remplie par l'accord de *sol* n'a rien de changé dans cette circonstance.

Pour donner déjà une idée plus complète de ce genre de modification, supposons une cadence imparfaite écrite en *ut* majeur ; ex. A.

Si l'on prolonge la note *ut*, doublure de la fondamentale du premier accord, dans celui de la dominante, *sol si ré*, on obtiendra l'agrégation *sol ut ré* ; ex. B.

La note *ut* prolongée vient momentanément prendre la place de la tierce *si* ; cette tierce, ainsi retardée, produit une dissonance de seconde, *ut ré*, dont la résolution exige la descente de la note *ut* sur le *si*.

§ 188. La prolongation des sons produit des *retards* d'espèces différentes dont nous nous occuperons en traitant de l'harmonie artificielle.

Telle est, du reste, comme on le verra dans la cinquième partie, la loi générale de toutes les dissonances qui résultent de la prolongation des sons ; les notes qui les produisent doivent toujours descendre d'un degré diatonique.

En parlant ici du *retard*, nous n'avons pas eu l'intention de faire un exposé complet de l'une des modifications les plus importantes amenées dans l'harmonie simple par la mélodie ; il nous suffit, quant à présent, d'avoir donné l'idée d'un principe qui doit apporter de grands éclaircissements à la théorie des accords dissonants, telle qu'elle sera étudiée dans les deux dernières parties.

QUATRIÈME PARTIE

HARMONIE DISSONANTE

§ 189. Les compositions musicales religieuses ou mondaines qui ont été produites jusqu'au commencement du dix-septième siècle, sont toutes basées sur la tonalité du plain-chant. Remarquables sous bien des rapports, ces œuvres attestent que, jusqu'à cette époque, les compositeurs n'avaient pas soupçonné l'existence de ce qui a donné le plus de caractère à la musique moderne, c'est-à-dire de la modulation. Néanmoins, ils avaient déjà compris que, pour soutenir longtemps un ensemble harmonique sans fatiguer l'oreille, les accords consonnants, les seuls qui leur fussent connus, ne devaient pas présenter une harmonie toujours complète. Pour cela, ils faisaient marcher les voix de telle sorte que, dans un ensemble à plus de trois parties, les accords n'étaient souvent exprimés que par deux notes (1).

Ainsi, pendant qu'une ou plusieurs parties soutenaient des sons sur le même degré, ou qu'elles cessaient momentanément de chanter, d'autres exécutaient des traits mélodiques ; ensuite celles qui d'abord faisaient les tenues de notes exécutaient à leur tour des broderies. Il s'opérait ainsi, entre les voix, un échange continuel des deux rôles.

Le perfectionnement qui s'est manifesté dans l'harmonie dès la dernière moitié du quinzième siècle devient plus significatif au commencement du seizième siècle. A cette époque, toutes les ressources du genre d'harmonie vocale, dit *alla Palestrina*, semblaient épuisées, et l'on commençait à se fatiguer des contrepoints en imitations de toute espèce qui formaient le principal mérite de ces compositions. Il est donc indubitable que la nécessité de créer des effets nouveaux fit comprendre que les agrégations de sons, produites par les *retards* et les notes de *passage*, pouvaient constituer des accords dont la puissance harmonique n'avait pas encore été comprise.

L'introduction dans l'harmonie d'un accord qui fut le point de départ

---

(1) « C'est donc un principe certain et fondé dans la nature, que toute musique où l'harmonie est scru-
» puleusement remplie, tout accompagnement dont les accords sont complets, doit faire beaucoup de bruit,
» mais avoir très peu d'expression. (J. J. Rousseau, *Lettre sur la musique française*.)

d'une tonalité nouvelle, amena un progrès dont la conséquence a été la production des chefs-d'œuvre de la musique moderne.

Pour montrer l'origine de ce merveilleux accord, écrivons à quatre parties une formule primitive de cadence parfaite établie de la manière suivante dans le ton d'*ut* majeur; ex. A.

On sait que l'accord de la sousdominante et celui de la dominante, étant placés par degré conjoint, ne peuvent pas avoir entre eux de note commune; mais un lien artificiel vient s'établir entre ces deux accords consonnants, si l'on prolonge l'octave de la fondamentale de l'accord de *fa* (sousdominante) dans celui de *sol* (dominante); ex. B.

Dans cette formule démonstrative, l'accord de sixte de la sousdominante a été employé pour éviter les deux quintes défectueuses, *fa ut* et *sol ré*, qui résulteraient de la succession fondamentale des deux premiers accords; ex. C. ci-contre.

N. B. On peut éviter cette faute d'harmonie en disposant les notes des accords de la manière suivante; ex. D, E.

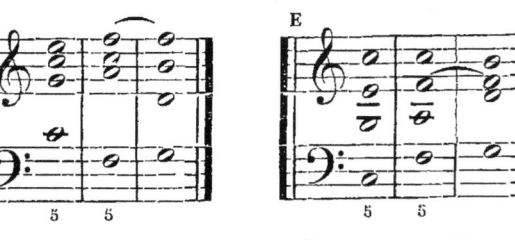

Dans ces deux exemples, les quintes consécutives ne sont pas produites par les mêmes parties, elles ont lieu conséquemment par mouvement contraire, ce qui les rend possibles.

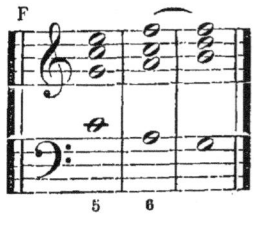

Quoi qu'il en soit, la prolongation du *fa*, de l'accord *fa la ut*, dans l'accord *sol si ré*, produit un accord de quatre sons qui peuvent toujours être disposés dans l'ordre le plus direct, c'est-à-dire par tierces superposées, *sol si ré fa;* ex. F.

L'accord *sol si ré fa*, formé par les notes du ton d'*ut* majeur, n'est autre que celui de la dominante, *sol si ré*, dans lequel est venu s'introduire le son *fa*, complètement étranger à son harmonie consonnante, et qui, par suite de la prolongation, s'est placé à distance de tierce mineure au-dessus de la quinte *ré* de l'accord *sol si ré*, et à distance de septième mineure de la fondamentale *sol;* c'est là le motif pour lequel l'accord de quatre sons, *sol si ré fa*, a pris le nom de *septième de dominante*, c'est-à-dire un accord dont la note la plus aiguë, *fa*, produit une dissonance de septième à partir de la fondamentale *sol*.

§ 190. En principe, pour figurer avec des chiffres un accord de quatre sons ou de septième, on applique la règle qui a servi à sténographier les accords de trois sons; on compte alors tous les intervalles formés par la fondamentale et chacune des notes supérieures. Ainsi, dans l'accord *sol si ré fa*, on trouve : une tierce, *sol si*, une quinte, *sol ré*, et une septième, *sol fa*. Les chiffres superposés, $\frac{7}{5}$, représentent donc un accord de septième à l'état fondamental.

Dans l'origine, on figurait tous les accords de septième par le seul chiffre 7; mais Rameau, voulant établir une distinction nécessaire pour l'accord de septième de dominante, chiffra cet accord par un 7, précédé d'une croix, soit : +7.

Cet usage s'est maintenu depuis; toutefois, la place de ce signe varie suivant les auteurs; les uns le placent au-dessus, tandis que les autres le mettent au-dessous du chiffre.

Nous conservons le chiffrage de Rameau ; ex. A.

§ 191. L'accord de septième de dominante, *sol si ré fa*, entièrement formé des notes de la gamme d'*ut*, appartient naturellement à la tonalité harmonique de ce ton. On conçoit que, sur la dominante de chacun des tons du mode majeur, il est facile d'établir un accord analogue. Ainsi le ton de *sol* majeur a pour accord de septième de dominante, *ré fa ♯ la ut*. Les quatre notes, *la ut ♯ mi sol*, composent l'accord de septième de dominante du ton de *ré* majeur, et ainsi de suite.

L'accord, *sol si ré fa*, pris pour type des accords de septième de dominante, peut être envisagé de plusieurs manières :

1° On sait déjà qu'il se compose de l'accord parfait majeur, *sol si ré*, surmonté d'une tierce mineure;

2° On y trouve une tierce majeure, *sol si*, une quinte juste, *sol ré*, et une septième mineure, *sol fa*;

3° L'accord parfait majeur de la dominante, *sol si ré*, et celui de quinte diminuée, *si ré fa*, se combinent ensemble dans l'accord *sol si ré fa*.

Ce fait est rendu plus saillant si l'on écrit ces deux accords de cette manière :   sol   si   ré
                si   ré   fa

DE L'ACCORD DE SEPTIÈME

Quelle que soit, du reste, la manière dont on l'envisage, le résultat est toujours le même, et dans tous les cas il est utile de savoir que :

La *dominante* est la fondamentale de l'accord;

La *note sensible* en est la tierce;

La *sustonique* forme sa quinte;

La *sousdominante* est la septième.

DE LA RÉSOLUTION DE L'ACCORD DE SEPTIÈME DE DOMINANTE FONDAMENTAL

§ 192. La résolution naturelle de l'accord de septième de dominante fondamental, est clairement indiquée par le rôle qui est assigné à chacune des notes de la gamme, et l'on sait, par le § 18, que, dans le ton d'*ut*, par exemple, la dominante *sol* se dirige vers la tonique par un mouvement de quarte juste en montant, ou de quinte juste en descendant. On sait aussi que l'accord de quinte diminuée, *si ré fa*, se résout sur celui de la tonique, mais que ce dernier accord doit être privé de sa quinte à cause de la marche obligatoire de la sousdominante *fa* sur la médiante *mi*; ex. A.

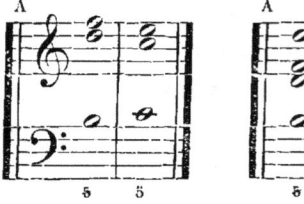

Il résulte de là que l'accord de septième de dominante doit se résoudre sur l'accord de la tonique de la manière suivante; ex. B.

On voit par ce dernier exemple que, lorsque l'accord de septième de dominante est complet, s'il est mis en mouvement sur l'accord de la tonique fondamental, la quinte de celui-ci doit forcément être absente; ce qui n'empêche pas l'accord résolutif d'être parfaitement caractérisé par sa fondamentale et sa tierce (§ 45).

Il arrive aussi que, dans cette résolution naturelle de l'accord de septième de dominante, la fondamentale, au lieu de marcher vers la tonique, reste sur le même degré; ex. C.

Dans ce cas, l'accord de la tonique se présente sous l'aspect du deuxième renversement.

Quant à la sustonique *ré*, son mouvement est libre ; elle peut monter à la médiante ou descendre sur la tonique ; ex. A.

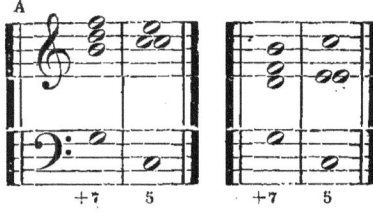

La résolution de l'accord de septième de dominante fondamental sur celui de la tonique dans le même état, produit une cadence parfaite ; d'où il suit que le rôle harmonique de cet accord dissonant est le même que celui de l'accord parfait majeur de la dominante, avec cette différence, toutefois, que dans l'accord de septième, *sol si ré fa*, la note sensible *si* et la sousdominante *fa* sont soumises à une marche obligatoire.

La résolution suivante donnée à l'accord de septième de dominante serait donc défectueuse ; ex. B.

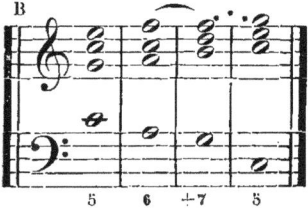

Le défaut consiste en ce que la dissonance (1) de septième, *fa*, a marché vers la dominante *sol*, contrairement au principe expliqué au § précédent.

Remarque. Le *retard* proprement dit, et tel qu'il a été défini au § 187, ne doit pas être confondu avec la prolongation qui produit l'accord de septième de dominante ; car, dans le premier cas, la note qui fait retard occupe la place de celle qui lui est diatoniquement inférieure et qui appartient au second accord, ce qui fait résoudre naturellement le *retard* proprement dit sur un accord qui ne change pas de fondamentale ; tandis que, dans le second cas, la dissonance de septième, quoique résultant également de la prolongation d'un son d'un premier accord dans le suivant, produit un accord résolutif qui change de fondamentale ; ex. C et D.

Dans l'exemple C, la note *fa*, prolongée dans l'accord, d'*ut* produit une

---

(1) Dans le langage de l'harmonie, il est convenu d'appeler *dissonance*, ou de qualifier de dissonante, la note étrangère qui s'introduit dans un accord constitué. Il faut reconnaître que cette expression manque de justesse, car une dissonance ne peut provenir que de deux sons formant un intervalle. Néanmoins, nous admettrons conventionnellement cette forme du langage harmonique, avec la pensée qu'on ne se méprendra pas sur sa signification.

dissonance de septième, *sol fa*, qui retarde le *mi*. L'oreille attend cette note *mi* pour caractériser l'accord *ut sol ut mi*.

Dans l'exemple D, la prolongation de la même note *fa* donne lieu à l'accord *sol si ré fa*, dont la résolution vient d'être expliquée.

Il résulte de cette observation que le *retard* proprement dit est une simple modification d'un accord consonnant, tandis que le son prolongé qui amène un accord de septième oblige ce dernier à opérer un mouvement résolutif dans lequel la fondamentale descend de quinte ou monte de quarte.

L'accord de septième de dominante appartient aux deux modes; en effet, si l'on reproduit en *ut* mineur la formule qui a servi à montrer son origine, on retrouvera l'accord *sol si♮ ré fa*; ex. A.

L'ACCORD DE SEPTIÈME DE DOMINANTE NE PEUT ÊTRE POSÉ QUE SUR LE CINQUIÈME DEGRÉ DE LA GAMME

§ 193. La théorie des accords relatifs, exposée aux §§ 64 et 73, nous a fait connaître que chacune des notes de la gamme majeure ou mineure est fondamentale d'un accord de trois sons de telle ou telle espèce. Si l'on ajoute une tierce au-dessus de la quinte de chacun de ces accords, on formera la série suivante d'accords de septième; ex. B et C.

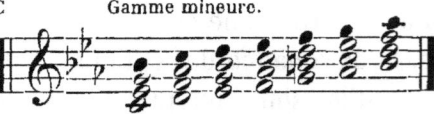

N. B. Dans chacun de ces accords, le quatrième son ajouté et figuré par une note noire, forme l'intervalle de septième avec la fondamentale. L'examen particulier de ces accords de septième fait voir que la dominante *sol* est la seule qui porte un accord de septième composé d'une tierce majeure, *sol si*, d'une quinte juste, *sol ré*, et d'une septième mineure, *sol fa*, c'est-à-dire d'un accord de septième de dominante.

PRÉPARATION DE LA DISSONANCE EN GÉNÉRAL ET DE LA DISSONANCE NON PRÉPARÉE

§ 194. Le fait harmonique qui résulte d'une note entendue dans l'accord précédent, avant de se prolonger dans l'accord qui suit, se nomme la *pré-*

paration. Mais attendu que cette note, étrangère au second accord, y introduit toujours une dissonance, on désigne alors la note qui doit se prolonger par *la préparation de la dissonance.*

Ainsi, dans le ton d'*ut* majeur, tous les accords qui renferment la sous-dominante *fa* sont propres à préparer la dissonance de septième de l'accord *sol si ré fa*; ex. A.

Dans les premières années du dix-septième siècle, un compositeur vénitien du nom de Claude Monteverde, obéissant aux instincts de son époque et cherchant des effets nouveaux dans l'harmonie, *osa* frapper l'accord de septième de dominante sans préparer la dissonance.

Or, voici de quelle manière on attaque une septième de dominante sans préparation ; ex. B.

Dans cet exemple, la première partie *mi*, du premier accord, passe directement au *fa* de l'accord *sol si ré fa.*

Les tentatives hardies de Monteverde, dont lui-même ne fit usage qu'en hésitant, eurent néanmoins pour résultat de rompre la monotonie de l'ancienne tonalité et de faire entrer l'art musical dans une phase nouvelle, en introduisant la modulation dans l'harmonie. En effet, la tendance résolutive de l'accord de septième de dominante est si claire que, lorsque l'on veut opérer un changement de ton par son intermédiaire, il peut à lui seul remplacer les formules ordinaires nécessitées par l'emploi des simples accords parfaits; nous le verrons tout à l'heure.

§ 195. La tonalité actuelle fut donc établie par l'introduction dans l'harmonie de l'accord de septième de dominante non préparé, parce que cet accord, aidé de la puissance de la note sensible qu'il renferme, fait sentir la nécessité de la cadence parfaite que la pratique des modes anciens produisait naturellement, mais que les maîtres du moyen-âge n'envisageaient pas au même point de vue que les modernes.

L'usage des retards, ainsi que des notes de passage qui servaient d'ornement à la mélodie, a pu quelquefois faire apparaître cet accord sans préparation dans les compositions musicales antérieures à Monteverde; mais les compositeurs n'avaient pas aperçu la faculté modulante qui lui est propre.— Voici un passage du cantique *Alla Trinita*, déjà cité au § 94, dans lequel on trouve en (a) un accord de septième de dominante non préparé et résolu régulièrement; ex. A.

L'accord de septième de dominante, qui fut le point de départ de l'harmonie modulante, est si agréable, qu'il peut être frappé *à priori* sans que l'oreille y soit préparée par d'autres accords préalablement entendus; et lorsqu'il est établi sur une note quelconque prise comme fondamentale, on reconnaît sur-le-champ le ton auquel il appartient sans qu'on ait d'abord entendu l'accord de la tonique, majeur ou mineur.

Sous ce rapport, c'est le seul accord de l'harmonie consonnante ou dissonante qui possède cette précieuse faculté; ex. B.

Lorsque la note sensible de l'accord de septième de dominante est placée dans le milieu de l'harmonie, au lieu de la faire monter sur la tonique, on la fait quelquefois descendre sur la dominante, afin d'obtenir l'accord résolutif au complet; mais cette résolution est d'une harmonie moins pure; ex. C.

Tout accord parfait majeur fondamental, dont la quinte est surmontée d'une tierce mineure, se transforme en accord de septième de dominante fondamental non préparé. Ainsi l'accord *ut mi sol*, avec l'adjonction d'un *si* ♭, devient l'accord de septième de dominante *ut mi sol si* ♭.

Supposons, par exemple, que le ton d'*ut* majeur soit établi par la formule de cadence parfaite suivante; ex. D.

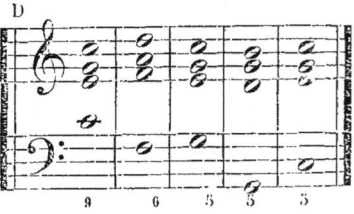

Après avoir frappé l'accord final de cet exemple, si l'on fait descendre l'*ut* de la première partie sur le *si* ♭, l'accord de septième de dominante *ut mi sol si* ♭, qui en résulte, détermine immédiatement le ton de *fa* majeur; ex. A ci-après, dans lequel on trouvera l'accord de septième employé pour la modulation, ainsi que pour exprimer la cadence parfaite.

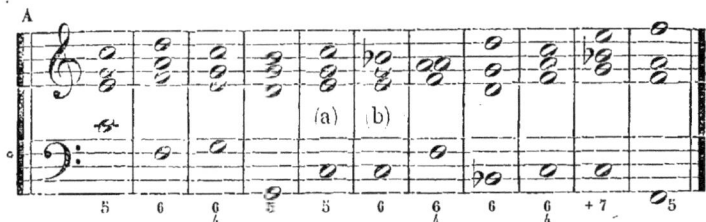

La note *ut*, tonique dans l'accord (a), devient dominante dans l'accord (b). Dès-lors, la cadence parfaite, annoncée dans le ton de *fa*, détermine la modulation dans ce dernier ton. Cette modulation est exprimée dès que l'on a entendu l'accord de *fa* sollicité par l'accord de septième de dominante (b). On a donc modulé du ton d'*ut* au ton de sa sousdominante.

§ 196. Suivant le nombre de parties qui entrent dans un ensemble harmonique, l'accord de septième de dominante affecte certaines particularités qu'il est utile de signaler :

1° A deux parties, l'accord *sol si ré fa* doit conserver la fondamentale *sol* et la dissonance de septième *fa*; ex. B.

2° A trois parties, on supprime la quinte *ré*; l'élision de toute autre note détruirait l'un des deux intervalles dissonants qui entrent dans cet accord, c'est-à-dire la septième *sol fa* ou la quinte diminuée *si fa*;

Cependant il arrive parfois, mais par exception, que, dans une harmonie à trois parties, on conserve la quinte *ré* au détriment de la tierce *si*; ex. C avec la quinte supprimée, et D sans la tierce en (a);

On remarquera que, dans l'exemple C, l'accord de sixte du second degré, *fa la ré*, précède l'accord de *mi* majeur, dominante en *la* mineur, pour faire une demi-modulation fréquemment employée :

3° A quatre parties, on peut éviter d'écrire la quinte, mais alors on double la fondamentale; ex. A.

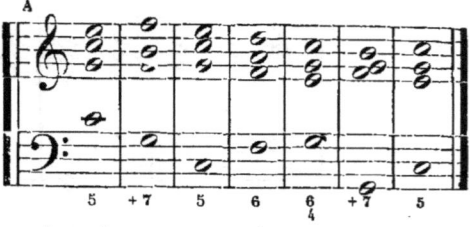

Remarque. L'exemple A montre que la résolution de l'accord de septième de dominante, sans la quinte, produit l'accord résolutif de la tonique au complet; la suppression de la quinte contribue même, dans cette circonstance, à rendre plus élégante la marche des parties, en évitant les unissons. Cette observation s'applique seulement à l'harmonie du clavier; car, avec les voix, on peut disposer les parties composant un accord de septième de dominante de manière à produire l'accord de la tonique avec toutes ses notes; ex. B.

On voit ici que l'harmonie large autorise la note *ré*, qui a son mouvement libre, à monter sur le *sol*, quinte de l'accord de la tonique.

Lorsqu'on fait mouvoir ensemble plus de quatre parties, la doublure obligée des notes porte sur la fondamentale *sol* ou sur la quinte *ré*; car si l'on doublait la sensible *si* (tierce), ou la sousdominante (septième), il en résulterait inévitablement des octaves défectueuses amenées par le mouvement obligatoire de ces notes; ex. C, D, E.

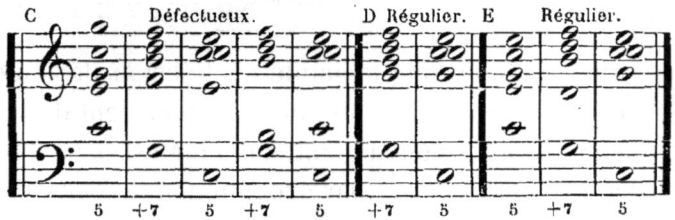

Les octaves consécutives de l'exemple C sont: *fa mi, fa mi*, et *si ut, si ut*.

A cinq ou six parties, on double la fondamentale et la quinte; ex. F et G.

Ajoutons que l'on peut, en toute circonstance, supprimer la quinte d'un accord de septième de dominante sans amoindrir sa puissance harmonique.

POSITIONS DE L'ACCORD DE SEPTIÈME DE DOMINANTE FONDAMENTAL

§ 197. Sur le clavier, l'accord de septième de dominante, écrit à quatre parties, peut recevoir trois positions avec lesquelles la marche obligatoire des notes reste toujours la même ; ex. A, B, C.

Quelle que soit la position adoptée, l'accord de septième de dominante, résolu sur celui de la tonique à l'état fondamental, amène toujours ce dernier privé de sa quinte.

N. B. Il en est de même lorsque les parties de l'harmonie sont disposées pour les voix ; mais, dans le cours de cet ouvrage, nous ne nous occuperons désormais que de la position sur le clavier.

L'accord de septième de dominante, destiné à remplir, dans les cadences, le rôle harmonique de celui de la dominante, a, sur cet accord, l'avantage de solliciter plus impérieusement la cadence parfaite. Toutefois, le choix à faire entre ces deux accords est soumis au goût du musicien. Dans la musique d'un caractère simple, l'accord parfait majeur de la dominante est souvent préférable. Citons, par exemple, le début du *Stabat Mater*, accompagné en D par l'accord de la dominante, et en E par celui de la septième sur la même note.

Dans l'exemple E, le *si* ♭, qui forme la septième de dominante, nuit à la simplicité de l'accompagnement.

Le contraire a lieu dans d'autres circonstances ; ainsi, dans la *Dernière Pensée musicale* de Weber, on trouve un exemple frappant de la supériorité de l'accord de septième de dominante employé dans les passages d'une expression mélancolique ; ex. F.

188 DE L'ANCIENNE TONALITÉ

L'accord de septième de dominante, *fa la ut mi* ♭, placé sur le premier temps de la mesure (a), et sur le dernier temps de la mesure (b), imprime à ce morceau un caractère de tristesse que ne produirait pas l'accord de la dominante; car, si l'on substituait la note *fa* (dominante) à la sousdominante *mi* ♭ (ex. G de la page précédente), l'effet de douce mélancolie qui caractérise ce morceau serait anéanti.

COMPARAISON ENTRE LA TONALITÉ ANCIENNE ET LA TONALITÉ MODERNE

§ 198. Il est évident que le plain-chant fut, pour ainsi dire, détrôné par l'accord de septième de dominante frappé sans préparation. Cette musique était basée sur huit gammes diatoniques d'espèces différentes que l'on nomme des *modes* ou *tons*.

Chacun des modes de l'ancienne tonalité est caractérisé par les limites de sa gamme prise dans l'étendue d'une octave, et par deux notes essentielles dont l'une, qu'on nomme la *finale*, remplit une fonction à peu près analogue à notre tonique. L'autre note se nomme la *dominante*, parce que, dans la psalmodie (chant des psaumes), elle est répétée plus souvent que les autres; ex. A.

La *finale* de ce mode est la note *ré*; le *la* en est la *dominante*.

Dans toutes les gammes de la musique moderne, la tonique et la dominante sont invariablement placées sur le 1er et le 5e degrés; tandis que, dans le plain-chant, l'intervalle qui sépare la *finale* de la dominante varie suivant le mode.

Les huit modes anciens forment deux grandes catégories:

1° Quatre modes *impairs*, 1, 3, 5, 7, que l'on nomme *authentiques* ou *supérieurs*;

2° Quatre modes *pairs*, 2, 4, 6, 8, que l'on nomme *plagaux* ou *inférieurs* (1).

En voici le tableau dans lequel la finale et la dominante sont marquées par une note noire:

---

(1) Les quatre modes impairs se nommaient: *Dorien, phrygien, lydien et mixo-lydien*. On désignait par: *hypo-dorien, hypo-phrygien, hypo-lydien et hypo-mixo-lydien*, les quatre modes pairs.

DE L'ANCIENNE TONALITÉ

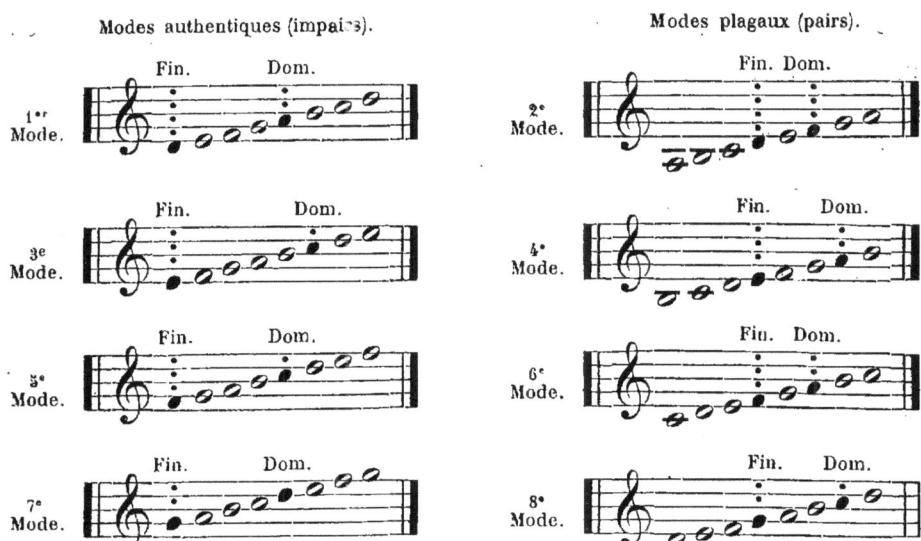

On remarquera que chaque ton *authentique* est accompagné du ton *plagal* qui en est le dérivé. Ces deux modes ont la même *finale;* mais la dominante est différente.

Cette variété dans la forme des tétracordes imprime aux chants qui sont construits avec chacune de ces gammes un caractère qui lui est propre.

Lorsque l'un de ces modes est choisi, on ne le quitte plus; c'est pourquoi la musique du moyen-âge est monotonique. Mais comme, dans tous les modes, on emploie le *si* ♮ et le *si* ♭; que, dans les premier et deuxième modes, on affecte souvent d'un dièse la note qui est diatoniquement au-dessous de la finale; que le même signe d'élévation est usité dans les modes où le triton ne doit jamais exister, il en résulte que l'harmonie des accords, formée avec les notes de ces modes, produit un peu l'effet de nos modulations passagères établies dans les tons les plus relatifs.

Voici, par exemple, de quelle manière on peut accompagner la psalmodie du cinquième mode, lequel a de l'analogie avec notre ton de *fa* majeur:

Le chant de cet exemple est à la première partie.

Voici un fragment tiré de l'hymne *Pange lingua*, écrit dans le troisième mode ; ex. A.

Ce dernier exemple paraît être encore plus modulé que le précédent. En effet, du ton d'*ut* majeur on passe en *ré* mineur, puis en *sol* majeur ; de là, on effleure le ton de *mi* mineur, et, après avoir réaccusé le ton d'*ut* majeur par une brusque transition sur son accord de tonique, on termine la cantilène, sur la finale *mi* du troisième mode, par une demi-modulation.

§ 199. Malgré le peu de ressources offertes par l'ancienne tonalité, la mélodie reçoit encore une assez grande variété du caractère inhérent à chacun des modes dont les quatre premiers ont de l'analogie avec notre mode mineur, tandis que les quatre autres ressemblent à notre mode majeur.

De nos jours, la musique n'a pas conservé les huit modes anciens, parce que, renfermée dans deux types de gamme qui les résument tous, elle remplace avec avantage la variété des modes par la modulation ; c'est pourquoi, avec un nombre de gammes beaucoup plus restreint, elle est néanmoins plus riche sous le rapport de la mélodie et de l'harmonie.

L'usage de tous les intervalles chromatiques, inusités dans le plain-chant (1), ainsi que l'emploi des accords nouveaux dont on a reconnu la puissance modulante, ont amené cette différence radicale entre les deux tonalités.

L'attraction des accords les uns sur les autres, qui caractérise la musique moderne, était à peu près inconnue des maîtres anciens. Ainsi, l'accord de notre dominante, suivi de celui de la tonique, n'avait pas pour eux plus de pouvoir terminatif que celui de la sousdominante placé dans une position analogue. Aussi la cadence plagale est-elle fréquemment en usage dans le plain-chant.

---

(1) « Le chant grégorien n'admettait que les six intervalles suivants : Le demi-ton, le ton, la tierce majeure, la tierce mineure, la quarte juste et la quinte juste ; c'est-à-dire que la voix ne pouvait passer d'une note à une autre que par l'un ou l'autre de ces intervalles. Dans l'échelle diatonique, le demi-ton se trouvait toujours de *mi* à *fa*, de *si* à *ut* et de *la* à *si* ♭ par exception. Partout ailleurs, on ne rencontrait que des tons, si ce n'est en certaines circonstances exceptionnelles. Il est donc certain, d'après le témoignage du maître des maîtres, qu'il y avait des circonstances où l'on faisait le demi-ton ailleurs que du *si* à l'*ut*, du *mi* au *fa* et du *la* au *si* ♭. » Le R. P. Lambillotte (*Esthétique du Chant Grégorien*, page 325).

§ 200. La modulation proprement dite, et telle que nous la comprenons aujourd'hui, n'existait pas dans l'harmonie du moyen-âge, parce que la tonique et la dominante ne formaient pas, comme chez nous, la base des cadences principales. Toutefois, les compositions qui datent de la deuxième moitié du quinzième siècle attestent que déjà, à cette époque, on a cherché à rompre la monotonie du genre ancien. L'immortel Palestrina, auteur du *Stabat Mater* dont un fragment a été cité (page 164), a écrit au seizième siècle des morceaux qui n'appartiennent à aucun des modes du plain-chant. C'est en quelque sorte un milieu entre l'ordre monotonique et le système modulant. En effet, à l'audition de cette suave musique, on éprouve le sentiment de modulations non définies qui impriment à l'harmonie de cette école une couleur indécise et un charme inexprimable que le caractère positif de la tonalité moderne peut difficilement produire.

Nous avons dit plus haut que les quatre premiers modes se rapprochaient du mode mineur. Voici, par exemple, de quelle manière, dans l'office de la messe, on accompagne sur le clavier le chœur qui précède la préface, lequel est du premier mode ; ex. A

La psalmodie de ce premier mode peut être accompagnée de la manière suivante : ex. B.

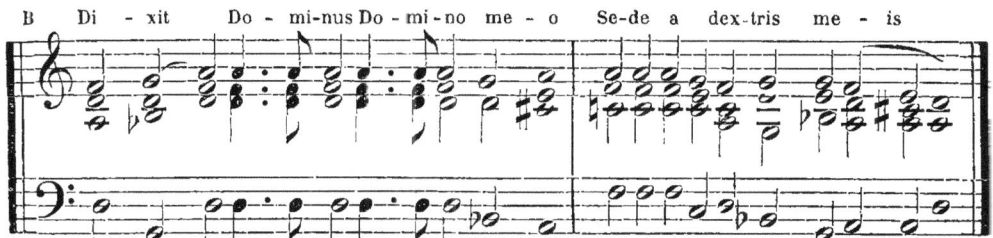

Les organistes ne suivent pas toujours une règle uniforme pour harmoniser le plain-chant. Les uns maintiennent constamment la mélodie principale dans le haut des accords, comme on le voit dans les exemples ci-dessus ; tandis que les autres placent ce même chant à la basse et l'exécutent alors de la main gauche de la manière suivante : ex. A à la page suivante.

On a vu, au § 41, que cette manière d'écrire l'harmonie produit ordinairement les accords dans leurs renversements, ainsi que l'indique le chiffrage de cet exemple.

Malgré les espèces de modulations fugitives produites par ces accompagnements, l'harmonie générale est bien du mode mineur.

Ce premier mode peut être harmonisé également de la manière suivante ; ex. B.

On voit ici que le chant est placé dans le médium de l'harmonie.

C'est ainsi généralement que le *Faux-Bourdon* est exécuté dans les maîtrises, où l'on dispose de voix d'enfants de chœur.

N. B. Notre intention n'est pas de donner ici des exemples d'accompagnement conformes à ceux du plain-chant pur ; nous avons simplement voulu, par cet aperçu comparatif, faire entrevoir que les principes fondamentaux de l'harmonie moderne sont renfermés dans ceux de l'ancienne tonalité. Ainsi, dans une strophe du *Dies iræ*, on trouve un type bien connu de marche d'harmonie ; ex. C.

Le changement de mode d'un accord parfait était souvent usité dans la musique du moyen-âge. On sait, par le § 135, tout le parti que l'on peut tirer de cette mutation, quand on veut moduler dans les relatifs directs et indirects.

§ 201. La note sensible et la sousdominante, mises harmoniquement en contact, produisent la dissonance naturelle de triton. Cet intervalle communique à l'accord de septième de dominante qui le renferme, la puissance modulante dont il est lui-même doué.

Nous avons donc anticipé sur la marche progressive et historique des faits principaux de l'harmonie, en exposant la théorie de l'accord de quinte diminuée en même temps que celle des accords parfaits, qui forment la relation directe du premier ordre (§ 67).

Mais on ne doit pas perdre de vue que le but de cet ouvrage est de présenter un ensemble rationnel des lois qui régissent les accords de l'harmonie moderne. Or, cette harmonie se distingue de l'ancienne, non-seulement par la modulation, mais aussi parce qu'elle renferme en elle-même un ordre monotonique particulier dont le principe constitutif est la succession d'aller et retour de l'accord de la tonique et de celui de la dominante, c'est-à-dire les cadences parfaite et imparfaite avec lesquelles on procure à l'oreille le sentiment du repos momentané ou de la conclusion nécessaire à toute phrase musicale construite suivant la règle du rhythme et de la mesure.

Un très grand nombre de mélodies, conçues dans ce genre monotonique, perdraient beaucoup de leur mérite si on cherchait à les accompagner d'une harmonie modulante. Les exemples que l'on pourrait citer sont innombrables.

La plupart des airs suisses et tyroliens, qui sont accompagnés d'un bout à l'autre avec l'accord de la tonique et celui de la dominante, ou de septième sur cette dernière note, se trouvent dans ce cas.

Souvent l'harmonie de l'accord de la sousdominante, fondamental ou renversé, est combinée avec celle des deux accords principaux (1). En voici un exemple (A ci-après) :

---

(1) « Les deux accords les plus importants d'une gamme sont ceux des 1ᵉʳ et 5ᵉ degrés; le premier, parce
» qu'il repose sur la tonique et l'autre sur la dominante qui est la note la plus essentielle de la gamme après
» la tonique ; leur enchaînement est si naturel, que presque tous nos grands maîtres ont créé leur mélo-
» die la plus suave, la plus exaltée avec ces deux accords. Aux théâtres, aux concerts, dans les salons,
» partout enfin les chants les plus énergiques, les plus passionnés sont toujours formés avec les accords
» du 1ᵉʳ et du 5ᵉ degrés auxquels on ajoute souvent celui du 4ᵉ degré. Il n'est pas de sentiments calmes
» ou pathétiques qu'on ne puisse rendre avec ces trois accords, et dans le Midi, où le ciel est toujours si
» beau, on passe souvent les nuits à improviser des duos, des chœurs ; c'est ravissant de mélodie, et pour-
» tant on n'entend presque jamais que les trois accords dont nous venons de parler, surtout ceux de toni-
» nique et de dominante. » H. COLET (Cours complet de composition théorique et pratique, page 35).

A P. Scudo.

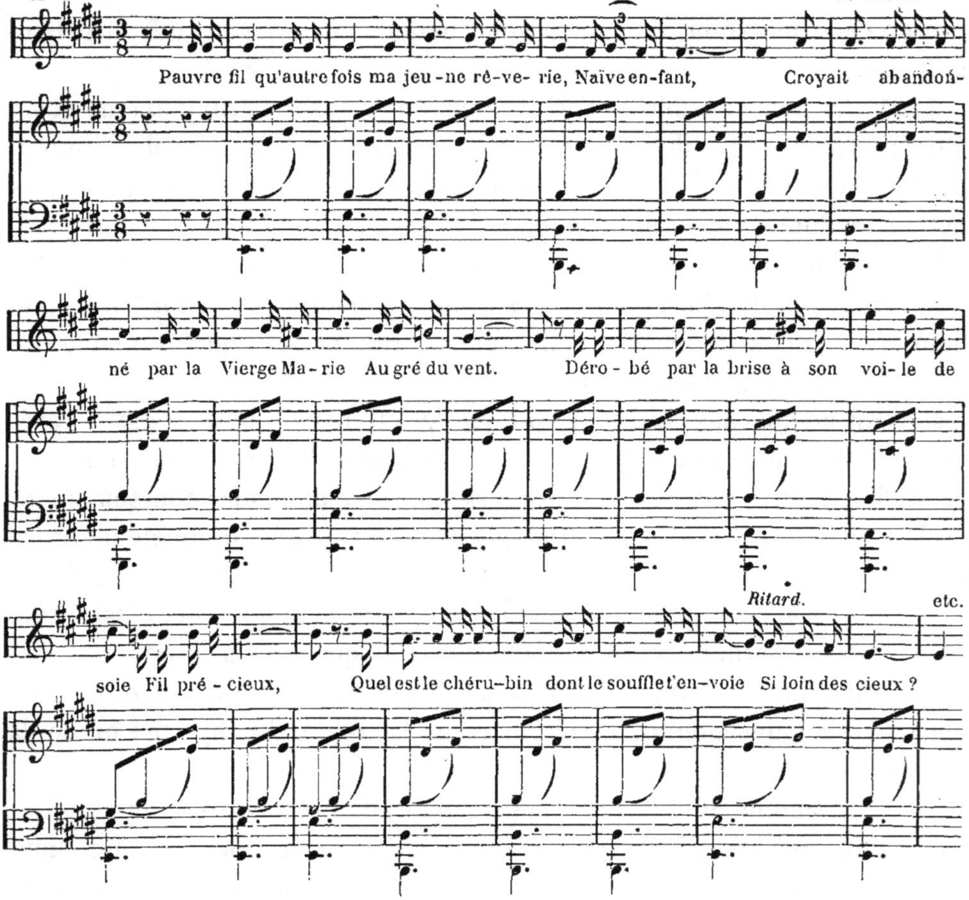
Pauvre fil qu'autrefois ma jeu-ne rê-ve-rie, Naïve en-fant, Croyait abandon-
né par la Vierge Ma-rie Au gré du vent. Déro-bé par la brise à son voi-le de
Ritard.
etc.
soie Fil pré-cieux, Quel est le chéru-bin dont le souffle t'en-voie Si loin des cieux ?

Cet exemple, tiré de la collection des romances de P. Scudo, est empreint d'une naïveté mélodique si suave qu'il peut être cité comme un des types les plus parfaits du genre monotonique moderne.

La comparaison des deux tonalités donne lieu à diviser le genre monotonique en trois espèces :

1° Celui du plain-chant ;

2° Le genre dit : *alla Palestrina;*

3° Celui de l'harmonie moderne.

Afin de rendre cette comparaison plus sensible, citons, comme un fragment de mélodie, le cri des marchands de *plaisir* à Paris, écrit avec les notes de la gamme d'*ut* majeur ; ex. B.

B

Voi - là l'plai - sir, mes - dam's voi - là l'plai - sir!

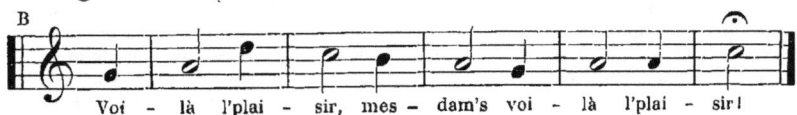

Peut-être ce fragment est-il d'origine ancienne ; il peut, dans tous les cas, recevoir un accompagnement monotonique dans la forme approximative du plain-chant ; ex. A et B.

On l'accompagne aussi avec une harmonie plaquée, du genre *Palestrina* ; ex. C.

L'harmonie monotonique moderne produit un repos établi sur l'accord de dominante ou de septième de dominante ; ex. D.

Le voici en harmonie modulante ; ex. E, F.

N. B. Les accords de la deuxième et de la cinquième mesures de l'exemple F nous sont encore inconnus.

La marche de certains accords des exemples A et B (ci-dessus) montrent que le genre monotonique de l'ancienne tonalité est imité quelquefois par une série rationnelle de nos accords relatifs du premier ordre. Ainsi la succession des trois accords parfaits mineurs des 2e, 3e et 6e degrés d'un ton du mode majeur, et des 1er, 4e et 5e dans le mode mineur, rappelle un peu l'harmo ie du plain-chant.

Dans un noël de A. Adam, au passage *Peuple à genoux*, etc., l'accompagnement est produit par une succession d'accords de ce genre; ex. A.

Le sentiment de l'harmonie grégorienne se manifeste également dans le mode mineur, lorsque l'accord de la tonique et celui de la dominante forment une suite de deux accords parfaits mineurs ; ex. B, C et D.

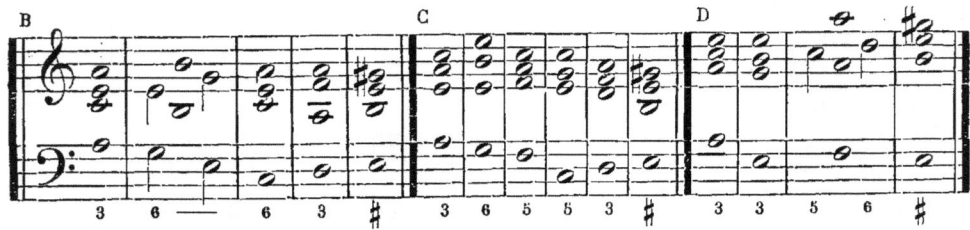

Le *sol* naturel de la deuxième mesure de chacune de ces formules de re-

DE L'ANCIENNE TONALITÉ

pos à la dominante, n'est pas sensibilisé par le dièse. L'absence du signe d'élévation communique à l'accord de la dominante une sorte d'inertie qui lui enlève la faculté d'opérer la cadence parfaite; c'est pourquoi le retour sur l'accord de la tonique n'a pas de caractère terminatif (1).

Les auteurs dramatiques produisent quelquefois de beaux effets par des successions qui semblent étrangères à la musique moderne.

Le sextuor du *Médecin malgré lui* (deuxième acte), de Gounod, contient une phrase accompagnée par des accords formant une succession du même genre que les formules ci-dessus; ex. A.

Cette phrase renferme dans la mesure (a), une demi-modulation bien caractérisée suivant les prescriptions du § 123.

EMPLOI DE L'ACCORD DE SEPTIÈME DE DOMINANTE DANS LA MODULATION

§ 202. On sait maintenant que l'accord de septième de dominante peut être substitué à l'accord parfait majeur de la même note dans ses fonctions monotoniques.

Voici l'emploi qu'on en fait dans les cadences principales ou rompues : ex. B et C.

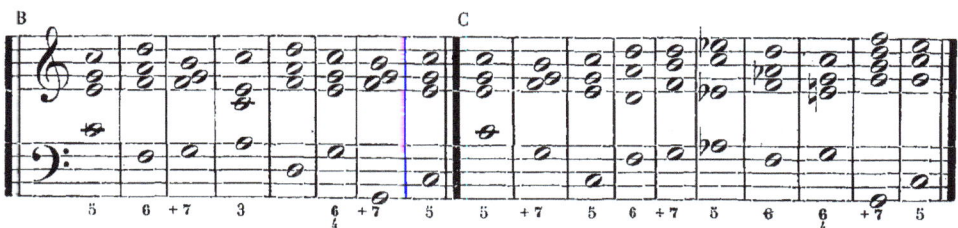

(1) Si l'on introduit la note sensible dans les modes du plain-chant, on peut alors accompagner la mélodie de cette musique avec les accords qui forment les cadences principales de l'harmonie moderne. Aussi nous prévenons de nouveau le lecteur que nos exemples ne sont pas accompagnés d'après les règles de l'harmonie du moyen-âge.

Remarque importante. — Lorsque l'accord parfait majeur de la dominante fondamental, en mouvement vers l'accord de la tonique, se résout sur l'accord de sixte de ce dernier, la conclusion n'est pas parfaite ; on sait, par le § 83, que cette succession se nomme une *demi-cadence*.

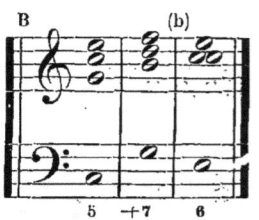

En voici un exemple en *ut* majeur ; ex. A.

Supposons que dans la demi-cadence (a) de l'exemple A, l'accord parfait majeur de la dominante *sol*, *sol si ré*, soit remplacé par son équivalent harmonique *sol si ré fa* (septième de dominante) ; ex. B.

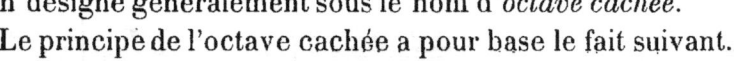

En (b), la tierce mélodique *sol mi*, chantée par la basse, et la seconde *fa mi* de la première partie, produite par le mouvement semblable de ces deux parties extrêmes, donnent naissance à une défectuosité mystérieuse que l'on désigne généralement sous le nom d'*octave cachée*.

Le principe de l'octave cachée a pour base le fait suivant.

Lorsqu'une partie marche par degré disjoint, par exemple de *sol* à *ré*, en descendant, on suppose que l'oreille sous-entend les notes intermédiaires *fa mi*. De *sol* à *mi*, comme ci-dessus, exemple B, on sous-entend le *fa*. D'où il résulte que, dans la demi-cadence de cet exemple, la base *sol mi* est censée avoir fait une octave cachée, *fa fa*, avant de produire l'octave apparente *mi mi* du second accord *mi ut mi*. C'est ce qu'on peut voir en figurant par une note noire le *fa* sous-entendu ; ex. C. ci-contre.

Une défectuosité du même genre, et qu'on nomme une *quinte cachée*, peut également se produire par le mouvement semblable de la basse à la première partie.

Pour éclaircir notre explication, soit donné en *ut* majeur l'accord parfait de la tonique suivi de celui de la dominante, formant ensemble une cadence imparfaite ; ex. D.

Si l'on remplit l'intervalle *ut sol* de la basse par les notes intermédiaires *ré mi fa*, on aura la figure suivante ; ex. E.

Dans l'exemple E, l'*ut* aigu du premier accord fait quinte juste avec le *fa* sous-entendu de la basse, ce qui produit la quinte cachée *fa ut* avant la quinte évidente *sol* grave et *ré* aigu du second accord.

Terminons cette remarque en disant que les successions d'accords les plus légitimes peuvent quelquefois produire des octaves et des quintes cachées. Ainsi, par exemple, la cadence parfaite renferme naturellement une octave cachée; ex. A et B.

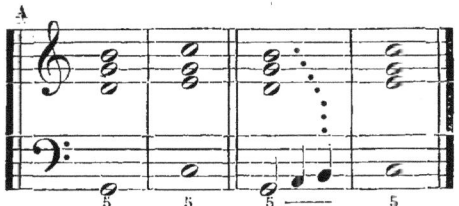

On vient de voir que la cadence imparfaite donne lieu à une quinte cachée; ex. C.

D'après cela, si l'on voulait soumettre l'enchaînement naturel des accords à toute la sévérité de règles imaginaires, souvent il serait impossible de produire les successions d'accords les plus rationnelles, comme on le voit dans les exemples A B et C (1).

§ 203. Ce qui a été dit (§ 192) au sujet de l'accord parfait majeur transformé en un accord de septième de dominante non préparé, par l'adjonction d'une tierce mineure au-dessus de sa quinte, s'applique également à l'accord parfait mineur; mais alors il est nécessaire de hausser d'un demi-ton chromatique la tierce de la fondamentale, en même temps que la septième mineure apparaît; ex. D.

Ici, le sentiment de la tonalité harmonique produit par l'accord parfait mineur dont l'ouïe a d'abord été frappée, dicte la nature du mode qui doit caractériser le ton nouveau, et l'on sent que l'accord de septième de dominante, *ut mi sol si* ♭, accuse le ton de *fa*, mode mineur (4ᵉ degré en *ut* mineur); ex. E ci-contre.

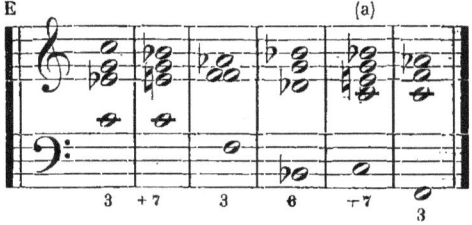

Dans cet exemple, l'accord de septième de dominante en (a) est écrit à cinq parties, afin d'avoir au complet l'accord résolutif de la tonique (§ 196).

---

(1) La remarque qui vient d'être faite montre la difficulté qu'il y a d'établir une règle absolue et formulée de manière à pouvoir, en toute circonstance éviter les fautes d'octave et de quinte cachées. La lecture des bons auteurs, le goût et l'habitude peuvent seuls amener les harmonistes à produire des œuvres exemptes d'irrégularités dont le plus souvent l'oreille est le seul juge.

DE L'ACCORD DE SEPTIÈME

§ 204. Partons de nouveau du ton d'*ut* majeur, et modulons dans le ton de *fa* majeur par l'intermédiaire de l'accord de septième de dominante; ex. A.

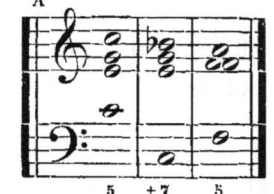

Après avoir modulé d'*ut* majeur en *fa* majeur, on peut de même passer au ton de si♭ majeur (sousdominante en *fa* majeur). Du ton de *si*♭ majeur, on module en *mi*♭ majeur; la modulation suivante s'établit en la♭ majeur, et ainsi de suite, de quinte en quinte juste inférieure ou de quarte en quarte juste supérieure; ex. B.

Chacune de ces modulations est opérée par l'accord de septième de dominante du ton d'arrivée. On effectue de la sorte des modulations dans les tons qui marchent en progression croissante de bémols.

On remarquera que, dans l'exemple B, écrit à quatre parties, lorsque l'accord de septième de dominante est composé de ses quatre notes, l'accord résolutif est privé de sa quinte; réciproquement si l'accord de septième de dominante se présente sans la quinte, l'accord résolutif possède la sienne.

Si l'on écrit cette série modulante à cinq parties en doublant la fondamentale de tous les accords de septième de dominante, et en triplant, au besoin, celles des accords parfaits, on obtiendra toujours les accords de tonique au complet; ex. C.

§ 205. Après la modulation en ut ♭ (exemple C), si l'on veut prolonger la série par quinte inférieure, on doit nécessairement entrer dans le ton de fa ♭, avec huit bémols à l'armure; mais pour éviter cette quantité de bémols, on fait alors une application du principe de l'enharmonie, exposé au § 134, et, dans ce cas, le ton de mi naturel avec quatre dièses, se substituant à celui de fa ♭, les armures des tons qui suivent par quinte inférieure se présenteront à l'inverse en progression décroissante de dièses. On rentrera ainsi dans le ton d'ut en passant par les gammes qui ont pour toniques les notes, mi, la, ré, sol, ut; ex. A.

La transformation enharmonique se fait généralement sur le point qui, dans le cours des modulations, paraît le plus favorable à la simplification de l'écriture musicale des accords. Dans l'exemple A, elle a lieu de l'accord d'ut ♭ à celui de septième de dominante du ton de mi. Ainsi, au lieu d'ut ♭ mi ♭ sol ♭ si ♭, on a écrit l'enharmonique si ♮ ré ♯ fa ♯ la.

§ 206. La régularité de la basse, qui descend de quinte juste et monte de quarte juste, fait de cette série de modulations une marche d'harmonie dont la première période est formée des quatre premiers accords. Ex. B.

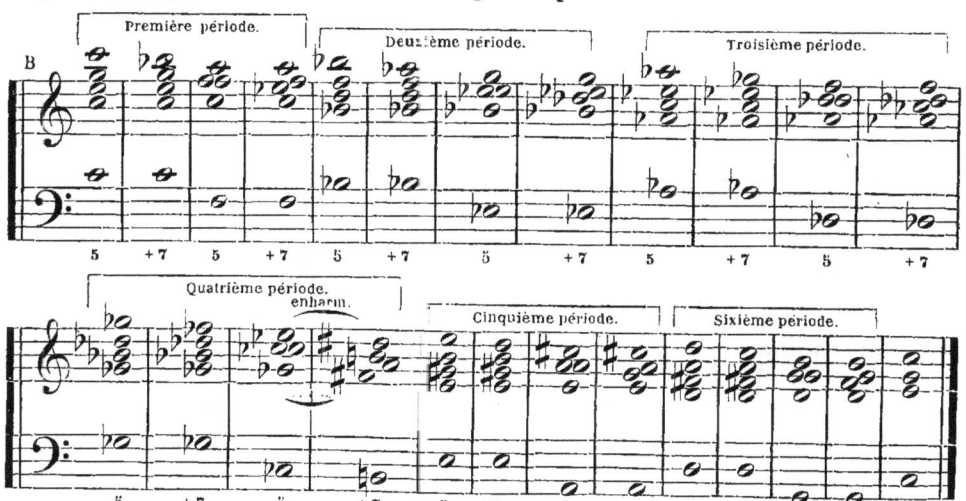

Quand on écrit cette marche à trois parties, la quinte de chacun des accords est supprimée; ex. A ci-après.

DE L'ACCORD DE SEPTIÈME

Cette progression d'harmonie se pratique également dans les tons du mode mineur; mais on doit alors se conformer aux prescriptions du § 203, relatives à l'accord parfait mineur transformé en accord de septième de dominante; ex. B.

DE LA CADENCE ÉVITÉE

§ 207. Lorsque l'accord de septième de dominante fait son mouvement résolutif sur celui de la tonique, si l'on abaisse d'un demi-ton chromatique la tierce de la fondamentale, au lieu de la faire monter sur la tonique, la marche naturelle de cette note, ainsi détournée, produit un nouvel accord de septième de dominante; ex C, D.

On voit dans l'exemple D ci-dessus, que la sensible *si* (tierce de la fondamentale) passe au *si* ♭, ce qui produit la dissonance non préparée de l'accord de septième de dominante, *ut mi sol si* ♭, du ton de *fa*.

La succession de ces deux accords de septième de dominante, se nomme une *cadence évitée*.

A quatre parties, lorsque deux accords de septième de dominante font une cadence évitée conforme à celle de l'exemple D, si l'un des accords possède sa quinte, le suivant doit être privé de la sienne. Ce principe est fondé sur la marche naturelle des parties. Pour le démontrer, écrivons une cadence évitée formée de deux accords de septième de dominante au complet; ex. A ci-contre.

Si des voix exécutaient cette succession comme elle est écrite, la marche des parties obligerait la deuxième à produire un intervalle mélodique de tierce majeure, *ré si* ♭, contraire au sens tonal et à la marche qui lui est dévolue. La troisième partie, en descendant sur le *sol*, ne remplirait pas la fonction dont elle est chargée, laquelle consiste à descendre d'un demi-ton chromatique, *si si* ♭.

Supposons maintenant que la voix qui tient le *si* ♮ du premier accord, remplisse fidèlement sa fonction en descendant sur le *si* ♭, et qu'on veuille en même temps obtenir l'accord *ut mi sol si* ♭ au complet, on sera forcé, dans cette circonstance, de faire marcher la deuxième partie, *ré*, sur le *sol*, en passant par-dessus le *si* ♭.

Il en résultera nécessairement un croisement de voix (voyez § 44).

Les inconvénients qui viennent d'être signalés disparaîtront si l'on imprime à chacune des parties sa marche naturelle. Dès-lors, la deuxième partie, descendant sur *ut*, et la troisième sur le *si* ♭, produiront un second accord de septième de dominante privé de sa quinte ; ex. B.

§ 208. La cadence évitée a pour but de passer dans les gammes éloignées de relation sans accuser les tons intermédiaires. Ainsi, du ton d'*ut* majeur, on passe dans celui de *mi* ♭ majeur avec deux cadences évitées; ex. C.

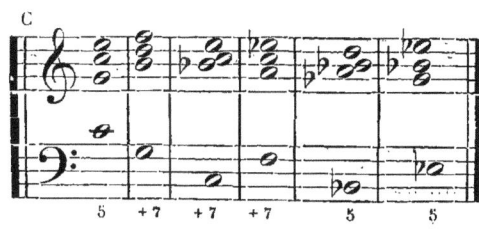

Quelquefois le sens d'une mélodie se prête à ce qu'elle soit accompagnée d'une cadence évitée. C'est ce qui a lieu par exemple dans l'air : *Ah! vous avez des droits superbes*, du *Nouveau Seigneur du Village*; ex. A.

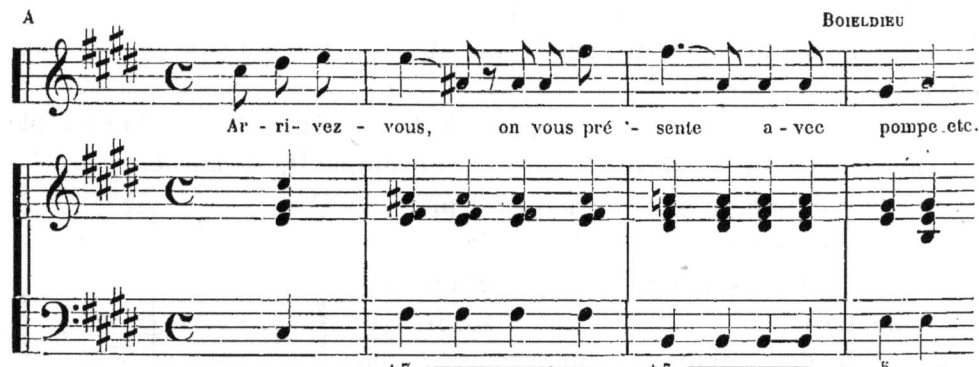

La cadence évitée de cet exemple, établie entre l'accord de septième de dominante du ton de *si* et celui du ton de *mi*, est écrite conformément à la règle ci-dessus; car la quinte n'existe pas dans le premier accord, tandis que le second est complet.

§ **209**. Deux accords de septième de dominante dont les fondamentales marchent par quinte juste inférieure, et qui produisent conséquemment une cadence évitée, constituent la première période d'une progression harmonique fort en usage et connue sous le nom de *marche de septième de dominante;* ex. B.

On remarquera que le premier accord de chacune des périodes possède sa quinte et que le second ne l'a pas. Le contraire aurait lieu si le premier accord n'était pas complet.

A cinq parties, tous les accords possèdent leur quinte; ex. A ci-après.

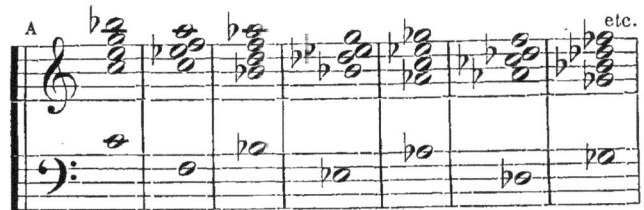

Cette marche d'harmonie est souvent employée par les maîtres. Au troisième acte d'*Obéron*, Weber en a fait une heureuse application dans un chœur de fête à trois parties ; ex. B.

L'accompagnement de ce chœur est écrit à cinq parties, c'est pourquoi les accords de septième de dominante sont tous complets. Le dernier de ces accords reçoit une résolution différente des autres, parce qu'il se transforme en un accord dont l'origine et l'emploi seront expliqués au § 236.

A trois parties, toutes les quintes sont supprimées ; ex. C.

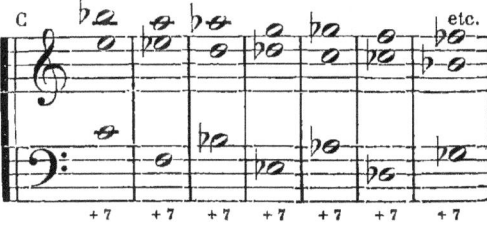

Cette marche de septième de dominante est susceptible de recevoir des variantes imitées; en voici deux exemples : A et B.

§ 210. La marche d'harmonie modulante du § 167, dont la basse fondamentale descend de tierce et monte de quarte, se fait également par l'accord de septième de dominante; ex. C.

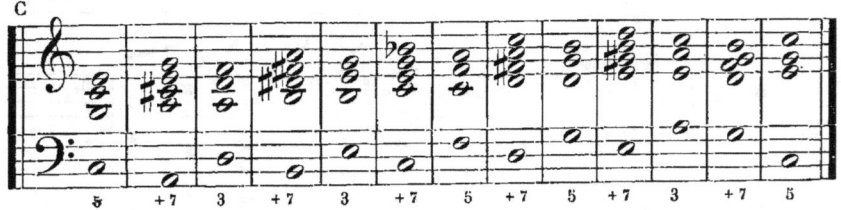

L'accord de septième de dominante permet de varier les types de marches modulantes; ex. D et E.

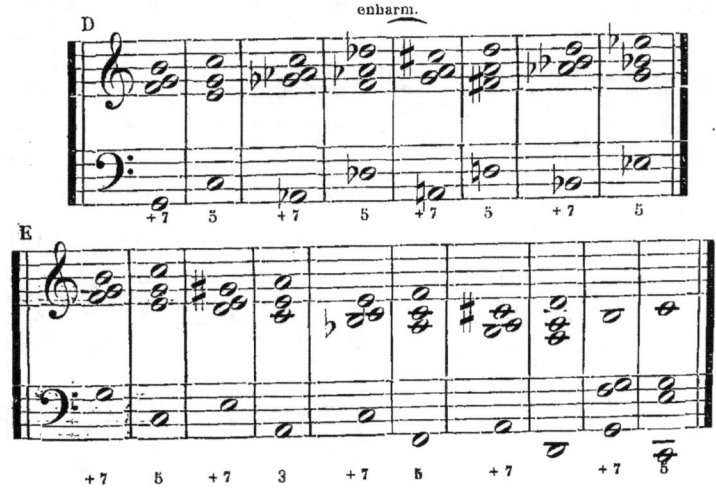

DU PREMIER RENVERSEMENT DE L'ACCORD DE SEPTIÈME DE DOMINANTE

§ 211. Le principe du renversement des accords de septième est le même que celui des accords de trois sons; il se fait du grave à l'aigu, afin d'obtenir les renversements dans la disposition de l'harmonie serrée.

Soit donné l'accord de septième de dominante fondamental, *sol si ré fa*, disposé dans l'ordre le plus direct; ex. A.

Pour obtenir le premier renversement, on porte la fondamentale à son octave supérieure, soit :

Sol si ré fa   fondamental ;
Si ré fa sol   1er renversement; ex. B.

Sous cet aspect, la note sensible de la gamme forme la note de basse de l'accord de septième de dominante ; la fondamentale *sol*, placée à l'aigu, à distance de sixte de la note de basse *si*, forme une seconde majeure avec la sousdominante *fa*, qui devient alors elle-même la quinte du premier renversement *si ré fa sol*. La sustonique *ré* (quinte de l'accord fondamental) remplit ici la fonction de tierce.

Les intervalles de ce renversement, comptés à partir de la note de basse, forment donc :

Une sixte	*si sol*	chiffrée par 6
Une quinte	*si fa*	— 5
Une tierce	*si ré*	— 3

Les trois chiffres superposés : $\frac{6}{5}$, représentent en principe le premier renversement d'un accord de septième. Pour signaler particulièrement l'accord de septième de dominante sous cet aspect, on emploie seulement les deux chiffres superposés $\frac{6}{5}$, en traversant le 5 d'une barre indiquant la quinte diminuée *si fa*; soit $\frac{6}{5}$. Dans cet état, l'accord de septième de dominante prend le nom de *sixte et quinte diminuée*.

§ 212. Les renversements de l'accord de septième de dominante ne changent pas la tendance résolutive de ses notes. Or, la note de basse de l'accord de sixte et quinte diminuée ayant une direction forcée vers la tonique, il en résulte que cet accord se résout naturellement sur l'accord de la tonique fondamental; ex. C et D.

DE L'ACCORD DE SEPTIÈME

La résolution naturelle de l'accord de sixte et quinte diminuée, *si ré fa sol*, produit l'accord de la tonique au complet, parce que la fondamentale *sol*, c'est-à-dire la sixte de ce renversement reste sur le même degré.

Dans son enchaînement avec l'accord de la tonique, l'accord de sixte et quinte diminuée procure le sentiment d'une sorte de terminaison du sens musical semblable à celui que produit le premier renversement de l'accord de la dominante en mouvement sur l'accord de la tonique. Mais la conclusion n'est pas aussi explicite que celle de la cadence parfaite; aussi l'emploie-t-on principalement dans les phrases incidentes. En voici un exemple tiré du grand air de *Figaro* dans le *Barbier de Séville*; ex. A.

Les modulations s'opèrent avec élégance par l'intermédiaire de ce renversement; ex. B, C, D, E.

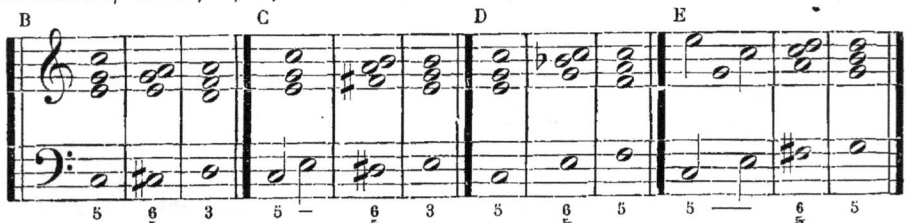

§ 213. Sur le clavier, l'accord de sixte et quinte diminuée reçoit trois positions; ex. F, G, H.

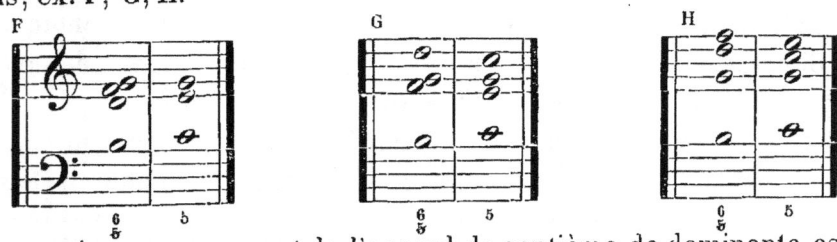

Le premier renversement de l'accord de septième de dominante est l'équivalent harmonique de l'accord de sixte de la dominante. Le choix dépend de la fantaisie, car il est des circonstances où l'un est préférable à l'autre.

Si de l'accord de la tonique on veut passer à l'accord fondamental du 6^e

degré par l'intermédiaire de l'accord de sixte et quinte diminuée, non-seulement la résolution naturelle de celui-ci sera contrariée, mais il en résultera deux quintes défectueuses; ex. A.

Les deux quintes défectueuses sont : *fa si* et *mi la*, de la seconde à la troisième mesure.

Dans cette succession, l'emploi de l'accord de sixte de la dominante corrigera cette irrégularité; ex. B.

Dans une sonate de Steibelt, une succession du genre de celle de l'exemple B accompagne très élégamment la mélodie suivante; ex. C.

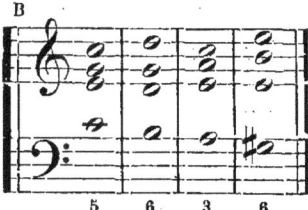

Dans cet exemple, si l'on ajoutait le *mi*♭ à l'accord de sixte, *la ut fa*, de la première mesure, afin de caractériser la dissonance de sixte et quinte diminuée, *la ut mi*♭ *fa*, l'accord de *sol* mineur (6ᵉ degré en si♭ majeur) ne se présenterait pas si naturellement au premier temps de la deuxième mesure.

Une harmonie du même genre accompagne la fin de chaque couplet d'une charmante romance de Pauline Duchambge; ex. D.

La marche d'harmonie de la page 206, dans laquelle la basse fondamentale descend de tierce et monte de quarte, se fait aussi par l'accord de sixte et quinte diminuée; ex. A ci-après.

Voici d'autres marches produites par ce renversement; ex. B et C.

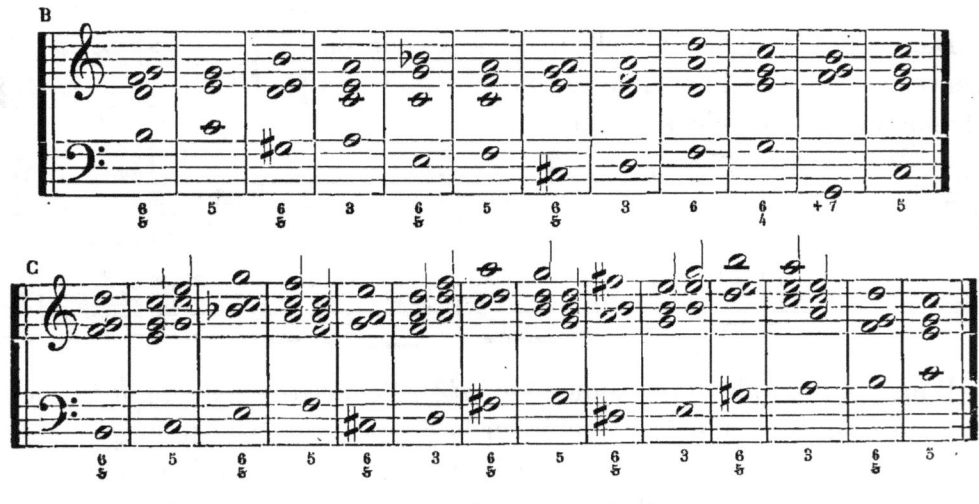

DU DEUXIÈME RENVERSEMENT DE L'ACCORD DE SEPTIÈME DE DOMINANTE, DIT ACCORD DE SIXTE SENSIBLE

§ 214. La note de basse de l'accord de sixte et quinte diminuée étant portée à son octave supérieure, on obtient le deuxième renversement de l'accord de septième de dominante, soit :

Si ré fa sol

Ré fa sol si; ex. D

En harmonie serrée, la disposition des notes du deuxième renversement de l'accord de septième de dominante présente dans le milieu de l'harmonie la seconde majeure formée par la sousdominante *fa* et la fondamentale *sol*.

Sous cet aspect, l'accord de septième de dominante se nomme *sixte sensible*, parce que la note sensible *si*, placée à l'aigu de l'harmonie, forme un intervalle de sixte avec la note de basse *ré*.

Les intervalles de l'accord de sixte sensible sont comptés de la manière suivante :

Une sixte majeure, *ré si*, chiffrée par 6 ;
Une quarte juste, *ré sol*, — 4 ;
Une tierce mineure, *ré fa*, — 3.

Ces trois chiffres superposés $\substack{6\\4\\3}$ représentent, en principe, un accord de septième au deuxième renversement. Pour figurer à la basse l'accord de sixte sensible, on prend seulement le chiffre 6, précédé de la petite croix soit : +6.

§ 215. La sustonique de la gamme forme la note de basse de l'accord de sixte sensible, et, à cause du mouvement libre de cette note, la résolution de l'accord de septième de dominante, sous cette face, a lieu sur l'accord de la tonique fondamental ou sur le premier renversement ; ex. A.

Cette résolution permet à l'accord de la tonique de se présenter au complet, parce que la fondamentale *sol* reste en place. L'effet de cette résolution ne produit pas une conclusion complète ; aussi l'accord de sixte sensible est employé d'ordinaire dans les phrases intermédiaires du discours musical.

Quand il marche après l'accord de la tonique fondamental, il donne de l'élégance au mouvement de la basse. Voici l'accompagnement du début d'un air chanté par Alice au troisième acte de *Robert le Diable*; ex. B.

N. B. Cette manière d'écrire les accords en plaçant la basse sur les temps forts, et les parties supérieures sur les temps faibles de la mesure, ne change pas la forme et la destination des accords.

L'accord de sixte sensible se prête aussi à produire de bonnes modulations, quelle que soit celle qu'on emploie, des trois positions suivantes qu'il peut recevoir; ex. A.

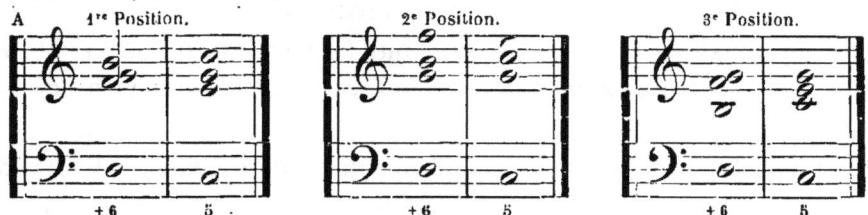

Voici, à partir du ton d'*ut*, une série de modulations établies dans les relatifs directs du premier ordre de ce ton. On y voit l'accord de sixte sensible figuré dans ses diverses positions; ex. B.

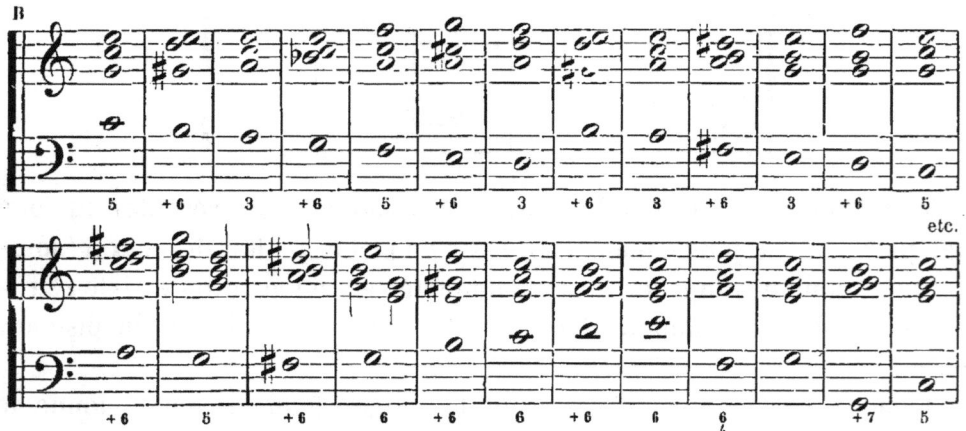

Au début d'une valse de Beethoven, connue de tous les pianistes, on trouve une belle modulation du mineur au majeur opérée par l'intermédiaire de l'accord de sixte sensible; ex. C.

Dans cet exemple, du ton de départ, *fa* mineur, on passe à celui de *ré* ♭ majeur relatif direct (6e degré).

On module également dans les relatifs directs du deuxième ordre, par l'intermédiaire de ce renversement; ex. A ci-après.

DE DOMINANTE

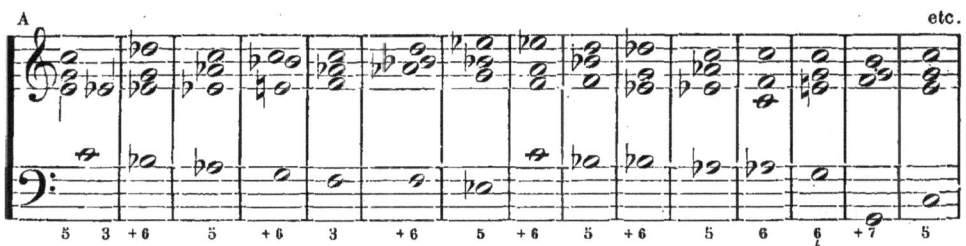

L'accord de sixte sensible est employé quelquefois dans les progressions harmoniques; ex. B, C, D.

DU TROISIÈME RENVERSEMENT DE L'ACCORD DE SEPTIÈME DE DOMINANTE, DIT ACCORD DE TRITON

§ 246. Lorsque la note de basse de l'accord de sixte sensible est portée à son octave supérieure, on obtient le troisième renversement de l'accord de septième de dominante, soit :

    Ré fa sol si   2e renversement,
    Fa sol si ré 3e renversement; ex. E.

214   DE L'ACCORD DE SEPTIÈME

Les intervalles du troisième renversement, comptés à partir de la note de basse, forment :

Une sixte majeure   *fa ré*   chiffrée par 6
Une quarte augmentée *fa si*   chiffrée par 4
Une seconde majeure   *fa sol*   chiffrée par 2

Ces trois chiffres superposés représentent, en principe, un accord de septième, sous l'aspect du troisième renversement.

Pour figurer à la basse le troisième renversement de l'accord de septième de dominante, on détache le chiffre 4 de l'ensemble $^6_2$, et l'on place la petite croix à côté et avant le chiffre; soit : +4. Ce signe indique la quarte augmentée, *fa si*, formée par la note de basse *fa* et la note sensible *si*. Pour ce motif, le troisième renversement de l'accord de septième de dominante se nomme : *accord de triton.*

Dans l'accord de triton, écrit en harmonie serrée, la note de basse *fa* (sous dominante) se trouve en rapport de seconde majeure avec la fondamentale *sol*. Dans ce renversement, la dissonance est à la basse.

§ 217. Quand l'accord de triton opère son mouvement résolutif, la note de basse *fa* doit descendre sur la médiante *mi* en mode majeur, et *mi* ♭ en mode mineur; d'où il suit que cet accord fait sa résolution naturelle sur le premier renversement de l'accord de la tonique; ex. A et B.

Dans l'harmonie à quatre parties, l'accord de triton, *fa sol si ré*, produit l'accord de sixte sans unisson, si l'on fait monter la sixte *ré* sur la dominante *sol*; ex. C et D.

Le mouvement mélodique de quarte, exécuté par la première partie, donne de l'élégance à cette forme résolutive. Rossini l'emploie souvent: en voici un exemple tiré du *Barbier de Séville* (1er acte); ex. A ci-après.

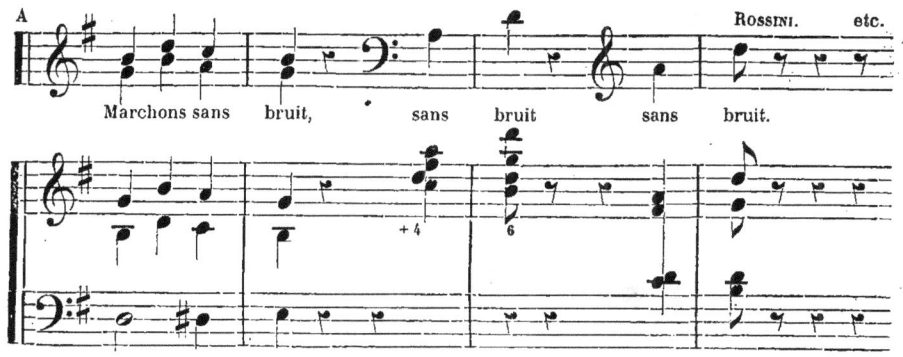

La marche descendante imposée à la note de basse de l'accord de triton, et la tendance résolutive de la quarte augmentée, *fa si*, donnent du charme aux successions où cet accord est employé. Dans le grand duo : *D'un métal si précieux*, du même opéra, l'accord de triton sert à faire une sorte de repos sur la dominante; ex. B.

La résolution naturelle de l'accord de triton l'empêche d'être jamais suivi de l'accord de la tonique fondamental, mais il peut en être précédé; ex. C.

§ 218. La résolution de l'accord de triton sur l'accord de sixte de la tonique produit une demi-cadence (v. § 83) aussi les modulations effectuées à l'aide de l'accord de triton sont moins décidées que celles où l'on emploie les autres formes de l'accord de septième de dominante : c'est pourquoi on les complète le plus souvent par une formule de cadence parfaite; ex. D, E de cette page, et A, B, C de la page suivante.

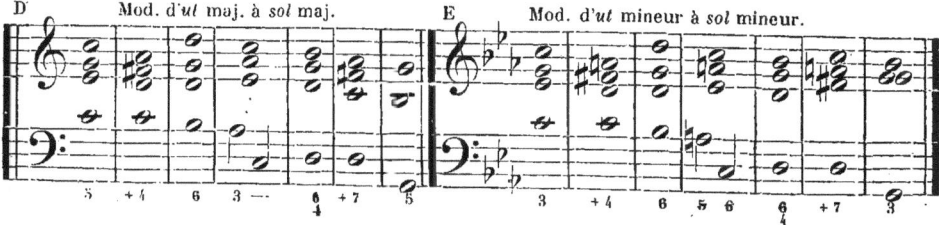

A Mod. d'*ut* majeur à *fa* majeur.

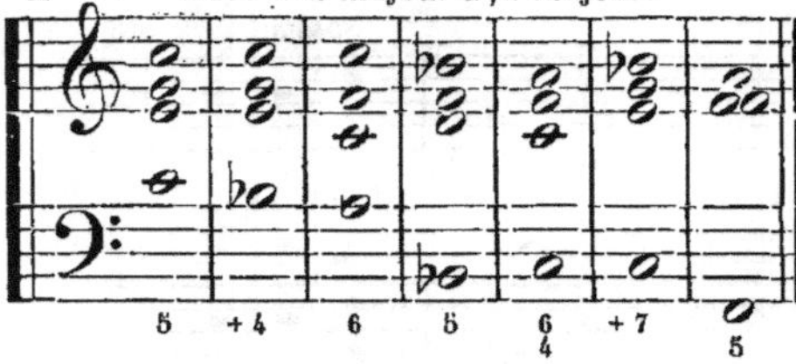

B Mod. d'*ut* mineur à *fa* mineur.

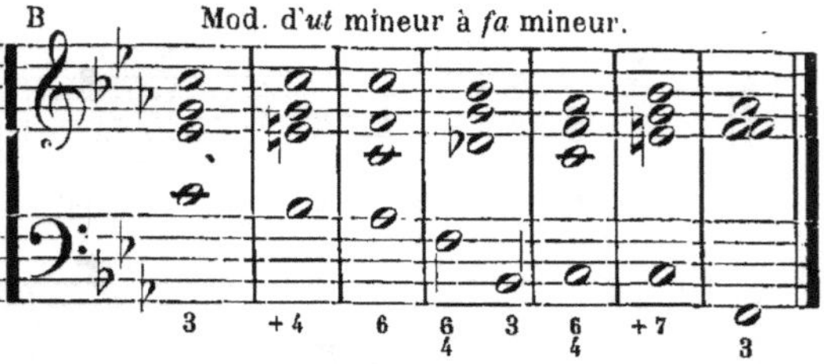

C Modulations fugitives.

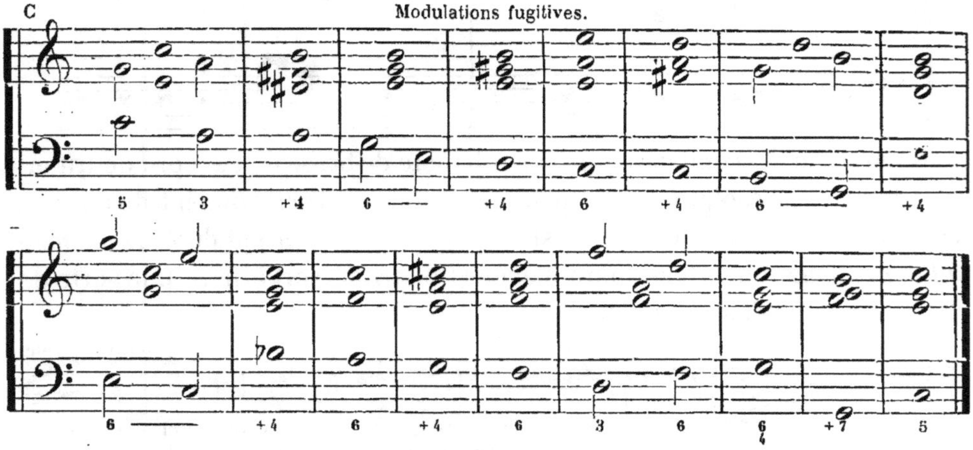

DE L'EMPLOI DES RENVERSEMENTS DE L'ACCORD DE SEPTIÈME DE DOMINANTE DANS LES PROGRESSIONS HARMONIQUES

219. Dans une cadence évitée qui provient de deux accords de septième de dominante, dont les fondamentales marchent par quinte inférieure, si le premier est fondamental, et qu'on veuille renverser le second, celui-ci doit nécessairement se présenter dans son deuxième renversement; ex. D.

D

Au contraire, si le premier accord est écrit sous l'aspect du deuxième renversement, le second accord doit alors se présenter à l'état fondamental; ex. E.

E

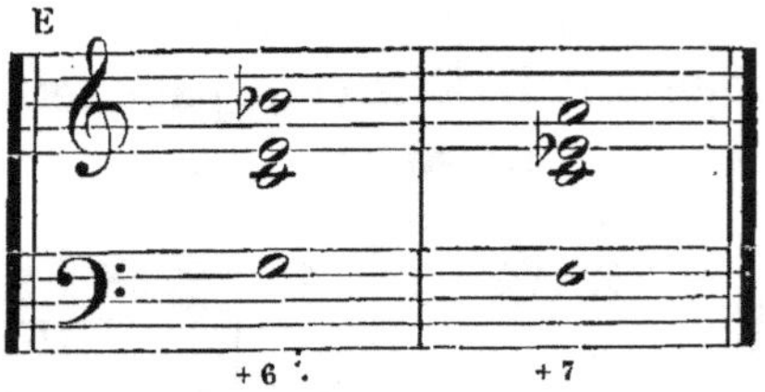

Ce résultat est une conséquence de la marche naturelle des parties.

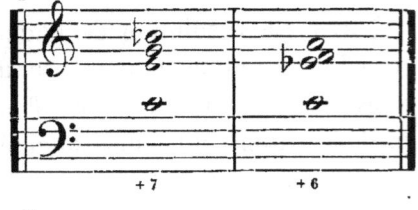

N. B. Deux accords de septième de dominante, qui produisent une cadence évitée, se présentent toujours dans leur état fondamental. Pour

DE DOMINANTE

établir une distinction, nous désignerons par le nom de *résolution détournée* la succession de ces mêmes accords lorsque l'un d'eux sera renversé.

Supposons que l'on prenne les deux accords de l'exemple D ou de l'exemple E ci-dessus, pour former la première période d'une marche d'harmonie, les périodes suivantes doivent être combinées d'une manière identique ; ex. A et B.

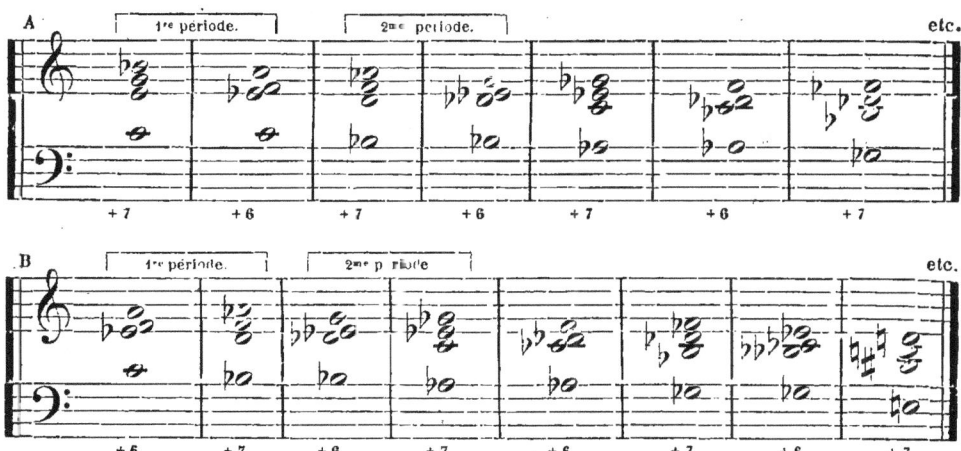

On remarquera que les accords de ces deux exemples sont toujours au complet et que la basse marche en descendant par seconde majeure.

Si la progression commence par un accord de sixte et quinte diminuée, la marche naturelle des parties oblige l'accord suivant à se présenter dans son troisième renversement ; ex. C.

Lorsque le premier accord est écrit au troisième renversement, le deuxième doit se présenter au premier ; ex. D.

Maintenant, voici la marche d'harmonie que l'on peut faire sur la période formée par l'un ou l'autre des deux exemples précédents ; ex. E, et A ci-après.

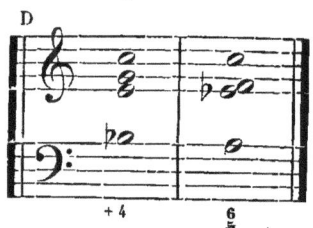

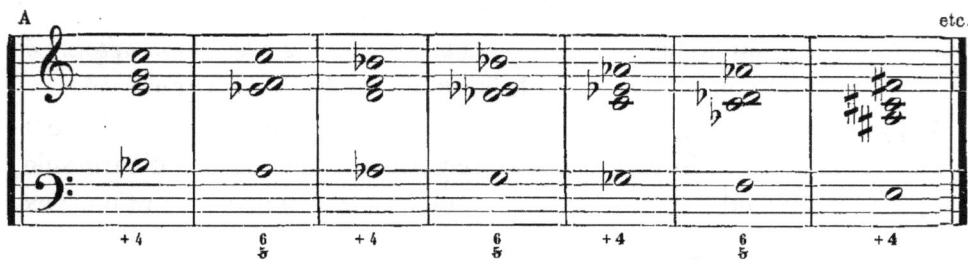

Cette progression est plus usitée que celle de l'exemple E ci-dessus, à cause de la marche chromatique de la basse.

Les charmants couplets de la bouteille du *Médecin malgré lui*, de Gounod, sont accompagnés par une marche d'harmonie de ce genre, au passage suivant; ex B.

A trois parties; la quinte de la fondamentale doit être supprimée dans tous les accords; ex. C et D.

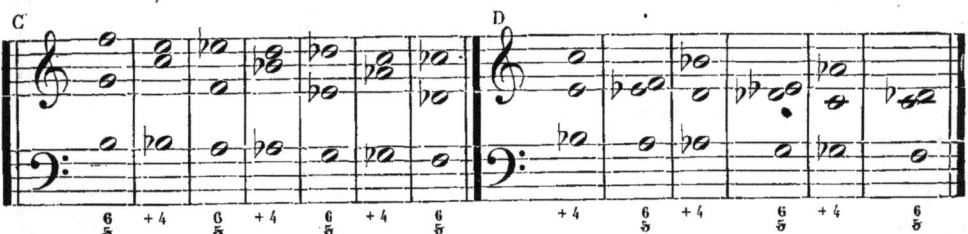

Voici quelques marches d'harmonie modulantes où l'on emploie les renversements de l'accord de septième de dominante ; ex. E de cette page et A, B, C, D, E, F ci-après.

DE DOMINANTE

§ 220. On a vu que le principe de la cadence évitée est établi sur la succession directe de deux accords fondamentaux placés sur deux dominantes. Or, l'accord parfait majeur de la dominante ne provoque le désir de la cadence parfaite que si l'accord de la tonique a été préalablement entendu.

C'est pourquoi les cadences évitées ont lieu plus généralement avec l'accord de septième de dominante

Deux accords de septième de dominante peuvent se succéder, s'ils appartiennent à deux tons relatifs directs de premier ordre, à condition toutefois que leur enchaînement ne produise pas, soit des octaves ou des quintes défectueuses, soit des fausses relations d'aucune espèce. Ainsi l'accord de septième de dominante *sol si ré fa* (ton d'*ut*), se liera à celui du ton de *la* mineur, *mi sol♯ si ré;* mais la succession fondamentale de ces deux accords produirait, par mouvement semblable, les deux quintes justes *sol ré* et *mi si*. Le moyen de les éviter est d'écrire l'un des deux accords dans un renversement quelconque; ex. A.

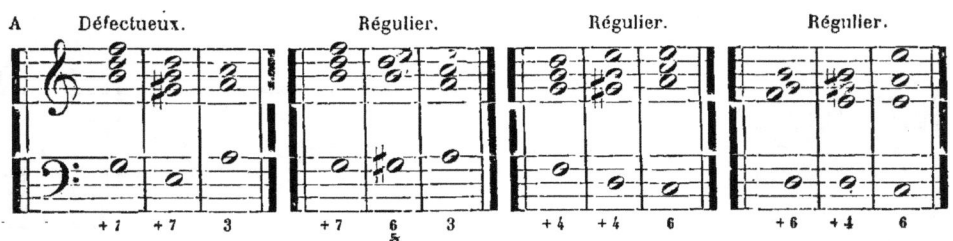

Voici des modulations exécutées par des résolutions détournées de ce genre; ex. B.

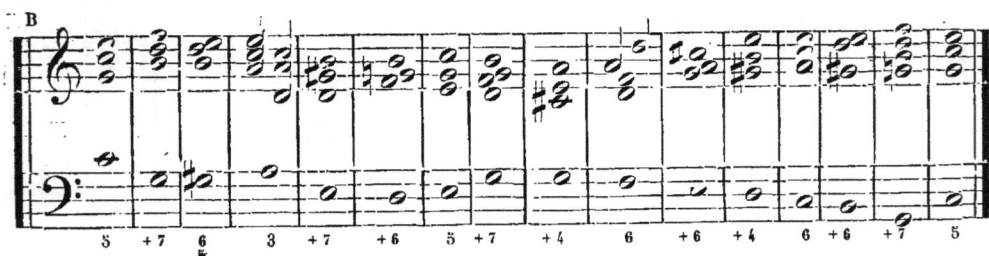

Dans l'exemple A ci-dessus, les deux accords de septième de dominante, qui forment une résolution détournée, appartiennent à deux gammes dont les toniques se suivent par tierce mineure inférieure. C'est-à-dire que, si le premier appartient au ton d'*ut*, le second accuse le ton de *la* mineur.

La marche contraire de ces deux accords produit également une bonne résolution détournée; ex. C.

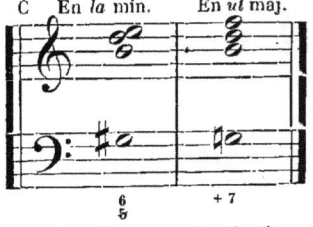

Au deuxième acte du *Médecin malgré lui*, Gounod a placé une résolution détournée du même genre que la précédente; ex A ci-après.

Voici une marche chromatique ascendante produite par une combinaison de la résolution détournée de l'exemple A (page précédente); ex. B.

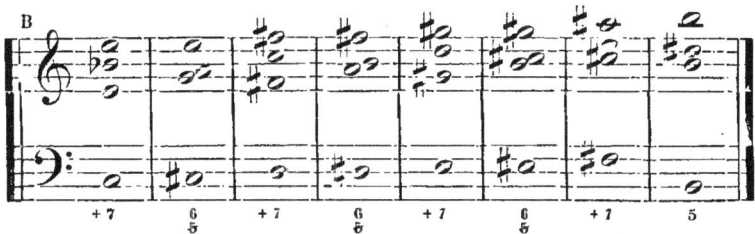

On pourra de même faire une marche chromatique descendante en prenant pour première période l'exemple C de la page 220.

Autre marche où les accords sont fondamentaux; ex. C.

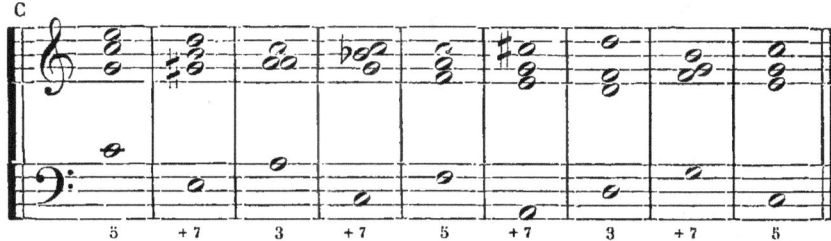

L'emploi de l'accord de septième de dominante, sous toutes ses faces, permet de varier les formules modulantes établies dans les tons relatifs. Nous en donnons ici trois exemples : D de cette page, A et B à la page suivante.

DE L'ACCORD DE SEPTIÈME

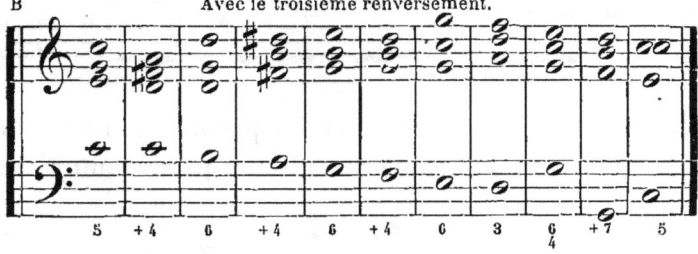

On vient de voir comment une progression d'harmonie, formée par une suite d'accords de septième de dominante enchaînés fondamentalement par quinte juste inférieure, donne lieu à une marche chromatique descendante exécutée simultanément par la basse et une partie supérieure, lorsque ces accords se présentent alternativement du premier au troisième renversement.

Examinons ce qui se passe lorsque ces accords sont enchaînés par quinte juste supérieure; ex. B.

On remarquera que la dissonance de septième, *si* ♭ du premier accord, reçoit une résolution exceptionnelle en montant d'un demi-ton chromatique au *si* ♮ du deuxième; que la note sensible *mi*, de l'accord complet *ut mi sol si* ♭, par sa résolution naturelle sur le *fa*, prive de sa quinte le deuxième accord, et que le même fait se produit d'un accord à l'autre dans toute l'étendue de la progression.

Si l'on veut que le deuxième accord soit renversé, le premier étant fondamental, on arrivera nécessairement sur l'accord de sixte sensible.

Le troisième sera fondamental et le quatrième au deuxième renversement, et ainsi de suite; ex. D.

Supposons maintenant que le premier accord soit écrit dans son premier renversement. Dans ce cas, le deuxième se présentera sous la forme de l'accord de triton. L'ensemble de la marche produira la gamme chromatique ascendante exécutée simultanément par la basse et l'une des parties supérieures; ex. A.

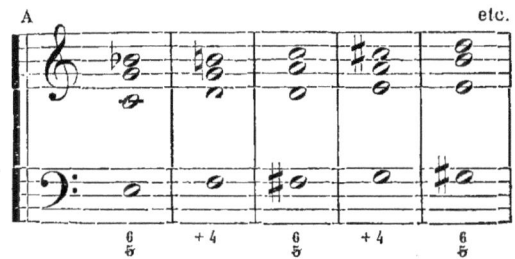

Ces trois exemples montrent qu'ici l'harmonie marche en sens contraire de la cadence évitée ou de la résolution détournée qui résulte de la marche fondamentale par quinte juste inférieure.

Les marches des exemples C et D ci-dessus sont rarement employées; mais on fait usage de la marche chromatique en A.

DU CHANGEMENT D'ASPECT

§ 221. Etant donné un accord de septième de dominante écrit sous un aspect quelconque, si on le présente immédiatement sous un autre, on suspend la résolution naturelle de cet accord; généralement, ce changement d'aspect se pratique de manière qu'en partant de l'accord fondamental, par exemple, on passe au premier renversement; de celui-ci on arrive au second, puis enfin au troisième; ex. B.

On pratique également le changement d'aspect en sens contraire, mais alors le point de départ est un renversement; ex. C.

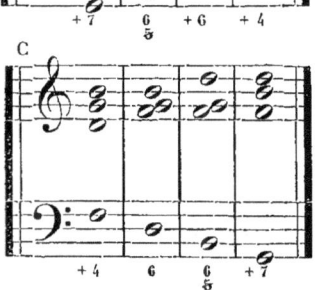

Le passage d'*aller et retour* de l'accord fondamental à celui de triton est d'une harmonie moins pure, parce que la dissonance monte forcément sur la dominante; ex. D. Il est plus rarement employé que les autres.

Le changement d'aspect se fait aussi sans passer à la face la plus voisine. Ainsi, du deuxième renversement on peut attaquer l'accord fondamental en passant par-dessus le

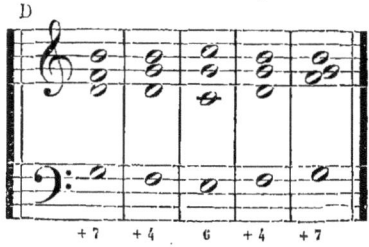

premier renversement; ex. A. Dans cet exemple, on voit en (a) que le changement de l'accord de septième de dominante du ton de *fa* a lieu de l'accord de sixte sensible à l'accord fondamental, en passant par dessus l'accord de triton.

Quelquefois, on place des notes de passage, soit à une partie, soit à deux parties simultanément et par mouvement contraire; ex. B et C.

Par exemple, voici un passage de la *Marseillaise* qui peut être accompagné par un changement d'aspect de l'accord de septième de dominante; ex. D.

Disons, pour terminer, que l'accord de septième de dominante est l'agent le plus actif de la modulation, et c'est là que la musique moderne trouve ses plus abondantes richesses. La succession de cet accord avec celui de la tonique, forme la base de l'édifice harmonique, et c'est autour de ces deux accords que viennent se grouper ceux dont il nous reste à démontrer l'origine et l'emploi.

DE L'ACCORD DE SEPTIÈME DE SENSIBLE

§ 222. On sait que, dans le mode majeur, l'accord de quinte diminuée, posé sur la note sensible, se résout naturellement sur celui de la tonique fondamental; ex A.

Lorsque cet accord dissonant est, par suite d'une prolongation, surmonté d'une tierce, l'accord de quatre sons qui en résulte remplit la même fonction que l'accord qui lui sert de base; ex. B.

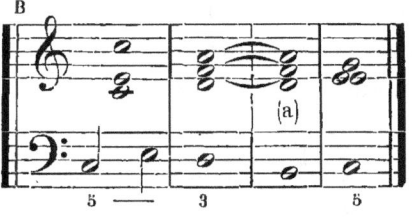

Dans l'exemple B, le *la*, quinte de l'accord du second degré, *ré fa la*, étant prolongé dans l'accord de quinte diminuée *si ré fa* en (a), on voit se produire l'agrégation *si ré fa la* que l'on nomme : accord de *septième de sensible*, parce que la susdominante *la* forme une septième mineure avec la note sensible *si* qui lui sert de fondamentale.

De même que tous les accords de quatre sons, celui de septième de sensible, *si ré fa la*, composé d'une septième mineure, *si la*, d'une quinte diminuée, *si fa*, et d'une tierce mineure, *si ré*, se chiffre par : $\frac{7}{5}$. Pour en simplifier la sténographie, on néglige le chiffre 3, et l'on traverse le 5 d'une barre afin d'indiquer la quinte diminuée *si fa*; soit : $\frac{7}{5}$.

Dans la formule de l'exemple B ci-dessus, à l'aide de laquelle on a montré l'origine de l'accord de septième de sensible, *si ré fa la*, la dissonance *la* est préparée.

Dans la pratique de cet accord, cette précaution n'est pas indispensable; nous dirons même que, sans la préparation, l'accord est plus caractérisé; ex. C.

Dans son état fondamental, l'accord de septième de sensible, *si ré fa la*, se résout sur l'accord de la tonique, également fondamental.

Dans ce mouvement, la fondamentale *si* monte à la tonique, la tierce *ré* à la médiante, la quarte *fa* descend d'un degré sur la médiante, et la dissonance de septième *la* descend aussi d'un degré sur la dominante. Quelquefois on fait descendre la tierce *ré* sur la tonique.

Dans cet exemple, la disposition des notes du premier accord fait voir que, dans toute harmonie à quatre parties, si l'on veut éviter deux quintes défectueuses par mouvement semblable, on ne doit pas doubler la fondamentale de l'accord de la tonique; ex. A.

Si l'on place à la première partie la tierce ou la quinte, cette faute d'harmonie n'a pas lieu.

Sur le clavier, on donne à cet accord trois positions; ex. B.

La résolution naturelle de l'accord de septième de sensible sur l'accord de la tonique, avec lequel il produit une sorte de terminaison du sens musical, le rend propre à opérer directement la modulation dans les tons du mode majeur; ex. C.

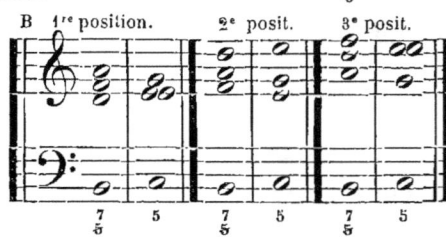

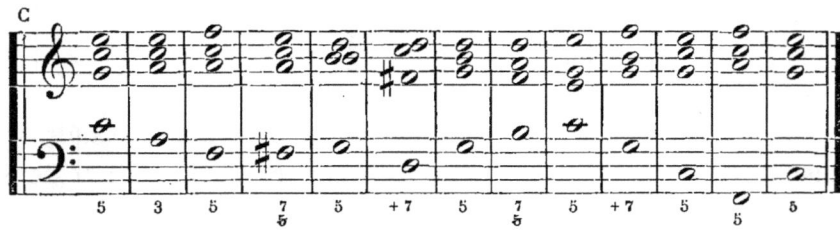

Cet accord ne procure pas l'impression si douce que donne la résolution de l'accord de sixte et quinte diminuée, avec lequel on peut le comparer sous le rapport de la fonction harmonique; une certaine âpreté inhérente à sa nature le fait reconnaître facilement. Rossini l'emploie souvent et toujours avec élégance. En voici un exemple, tiré de l'ouverture d'*Armide*; ex. D.

L'accord de septième de sensible se résout aussi quelquefois sur celui de septième de dominante au premier renversement. Cette résolution consiste simplement à faire descendre la dissonance de septième sur la dominante; ex. E ci-contre.

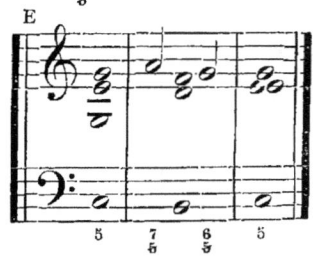

Dans l'harmonie à trois parties, on supprime la tierce de cet accord; ex. A.

Remarque. En général, dans un accord de septième, la fondamentale et la dissonance de septième sont les deux notes les plus essentielles; aussi, lorsqu'on doit supprimer une des quatre notes, l'élision doit porter sur la quinte. L'accord de septième de sensible fait exception à ce principe, parce que la quinte diminuée lui communique sa couleur caractéristique.

L'accord de septième de sensible se prête à faire des progressions d'harmonie modulantes dans les tons du mode majeur; ex. B et C.

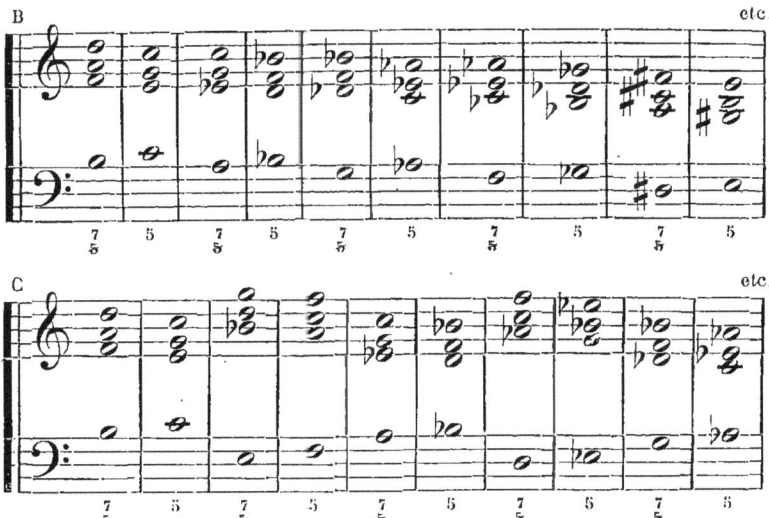

Cet accord reçoit une résolution exceptionnelle qui consiste à faire descendre la fondamentale d'un demi-ton chromatique au lieu de la faire monter sur la tonique. Il en résulte un accord de triton avec lequel on module dans le ton de la sousdominante; ex. D.

Si l'harmonie est à trois parties, on arrive sur un accord de quinte diminuée au deuxième renversement; ex. E.

Cet accord de sixte et quarte augmentée se résout également sur celui de la sousdominante.

DE L'ACCORD DE SEPTIÈME

DU PREMIER RENVERSEMENT DE L'ACCORD DE SEPTIÈME DE SENSIBLE

§ 223. On obtient le premier renversement de l'accord de septième de sensible en portant la basse de l'accord fondamental à son octave supérieure, soit :

Si ré fa la accord fondamental
Ré fa la si premier renversement } ex. A.

Ce premier renversement, posé sur la sustonique de la gamme majeure, est composé des intervalles suivants :

    Une sixte   *ré si* chiffrée par 6
    Une quinte *ré la*   —   5
    Une tierce *ré fa*   —   3

Pour le marquer à la basse, on prend les deux chiffres superposés : $\frac{6}{5}$, en plaçant la petite croix à côté et à gauche du chiffre 6 ; soit : $+\frac{6}{5}$.

On le nomme *accord de sixte sensible et quinte*.

La manière d'écrire l'accord de sixte sensible et quinte offre une particularité remarquable que voici : on sait que sa dissonance n'a pas besoin d'être préparée, mais c'est à la condition que l'intervalle de septième mineure, qui sépare sa fondamentale de sa note la plus aiguë, ne devienne jamais, par suite du renversement, un intervalle de seconde majeure ; ex. B.

Cette manière d'écrire le premier renversement est inadmissible en harmonie serrée, parce que la dissonance non préparée de cet accord est toujours le résultat d'une forte accentuation mélodique produite par la première partie. L'effet caractéristique de cette dissonance, *la*, serait contrarié, si on la surmontait de la fondamentale *si*, placée à distance de seconde majeure, comme on le voit ci-dessus en B. C'est pour ce motif que la fondamentale et la note qui fait dissonance doivent se trouver entre elles en rapport de septième. Voici donc de quelle façon on dispose les notes du premier renversement de l'accord de septième de sensible ; ex. C.

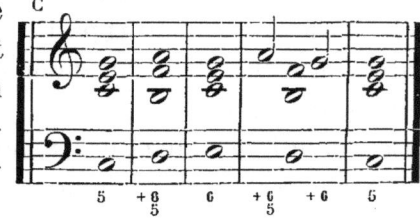

Cet exemple montre que l'accord de sixte sensible et quinte se résout sur le premier renversement de celui de la tonique ou sur le second renversement de l'accord de septième de dominante.

Voici son emploi dans les formules de cadences et dans les modulations ; ex. A.

Dans cet accord, la marche exceptionnelle de la note sensible dont il a été question au § précédent, conduit à une résolution détournée sur l'accord de quinte diminuée fondamental appartenant au ton de la sous-dominante ; ex. B.

DU DEUXIÈME RENVERSEMENT DE L'ACCORD DE SEPTIÈME DE SENSIBLE

§ 224. Le deuxième renversement de l'accord de septième de sensible s'obtient en portant à l'octave supérieure la note de basse du premier renversement ; soit :

Ré fa la si premier renversement
Fa la si ré deuxième renversement } ex. C.

Les intervalles du deuxième renversement sont comptés de la manière suivante :

Une sixte *fa ré* chiffrée par 6
Une quarte *fa si*   —   4
Une tierce *fa la*   —   3

Les deux chiffres superposés $^4_3$ marquent à la basse la combinaison des notes de ce renversement. On ajoute la petite croix placée à gauche du chiffre 4 pour indiquer la quarte augmentée, *fa si*; soit : $^{+4}_3$. Cette agrégation se nomme *accord de triton et tierce*.

Le motif qui, dans le premier renversement, empêche de placer la fondamentale en rapport de seconde avec la dissonance, subsiste également pour l'accord de triton et tierce; on est donc obligé de le disposer de cette manière; ex. A.

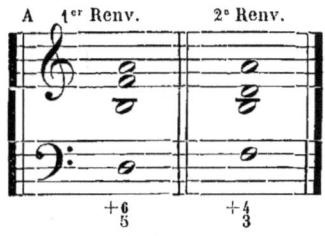

Ici la dissonance est placée à la première partie.

Dans sa résolution naturelle, l'accord de triton et tierce marche sur le premier renversement de l'accord de la tonique; ex. B.

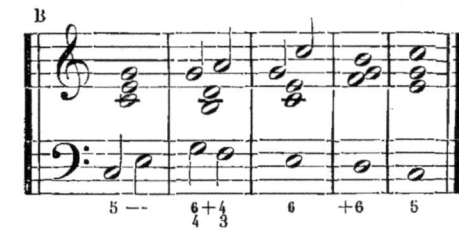

On le résout aussi quelquefois sur l'accord de triton; ex. C.

Rossini a employé ce renversement d'une manière ravissante dans le grand duo du premier acte de l'opéra du *Barbier*; ex. D.

Avec l'accord de sixte sensible et quinte (premier renversement), et celui de triton et tierce (deuxième renversement), on fait des marches d'harmonie modulantes; ex. A et B de la page suivante.

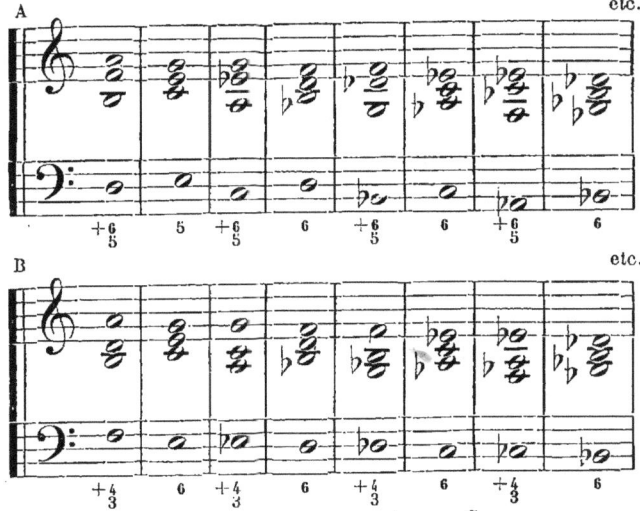

Dans l'harmonie à trois parties, on supprime la sixte *ré* de l'accord de triton et tierce, *fa la si ré*; ex. C.

Lorsque la note sensible *si*, c'est-à-dire la quarte de l'accord de triton et tierce, se résout exceptionnellement en descendant d'un demi-ton chromatique, il en résulte une résolution détournée sur l'accord de sixte et quinte diminuée du ton de la sousdominante; ex. D.

Voici une formule monotonique dans laquelle l'accord de septième de sensible est employé sous les trois formes précédentes, avec leur résolution normale ex. E.

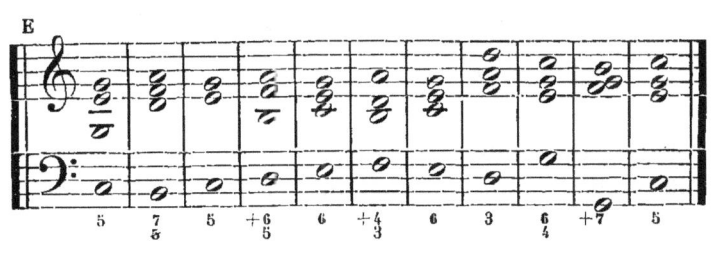

DU TROISIÈME RENVERSEMENT DE L'ACCORD DE SEPTIÈME DE SENSIBLE

§ 225. La note de basse du deuxième renversement étant portée à son octave supérieure, on obtient le troisième renversement, soit :

232 DE L'ACCORD DE SEPTIÈME

Fa la si ré   deuxième renversement
La si ré fa troisième renversement } ex. A.

L'accord de septième de sensible, au troisième renversement, se nomme : *accord de seconde sensible*. Cette dénomination provient de ce que la note sensible est en rapport de seconde avec la note de basse.

Les intervalles de ce troisième renversement sont ainsi comptés en partant toujours de la note de basse :

    Une sixte   *la fa*, chiffrée par 6 ;
    Une quarte *la ré*,   —   4 ;
    Une seconde *la si*,   —   2.

On l'indique à la basse par le chiffre +2, tiré de l'ensemble $\frac{6}{\frac{4}{2}}$ qui représente un accord de septième au troisième renversement.

L'emploi de l'accord de seconde sensible exige la préparation de la note de basse, c'est-à-dire de la dissonance; aussi cet accord peut-il être employé en harmonie serrée, et les prescriptions relatives au premier et au deuxième renversement n'ont pas leur raison d'être dans le cas qui nous occupe, car l'accentuation mélodique, formée par la dissonance de cet accord, disparaît ici, puisque cette note est à la basse.

La résolution naturelle de l'accord de seconde sensible se fait sur le deuxième renversement de l'accord de la tonique ou sur l'accord de septième de dominante fondamental; ex. B et C.

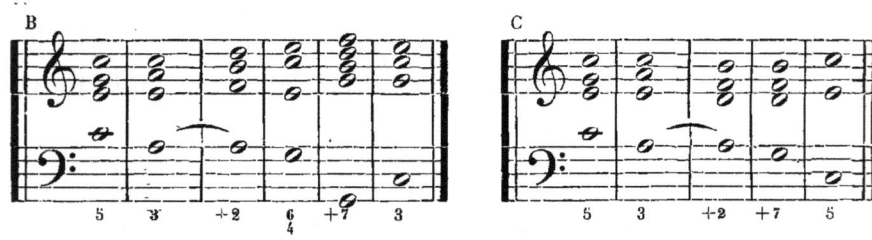

Voici une succession modulante où les changements de tons sont opérés par l'intermédiaire de l'accord de seconde sensible; ex. D et A ci-après.

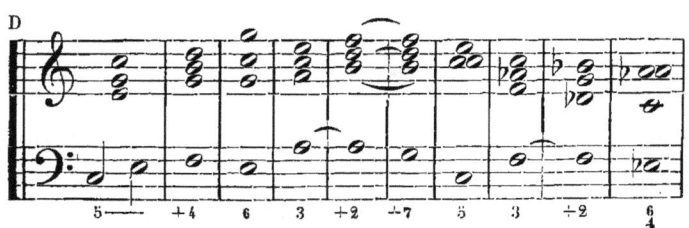

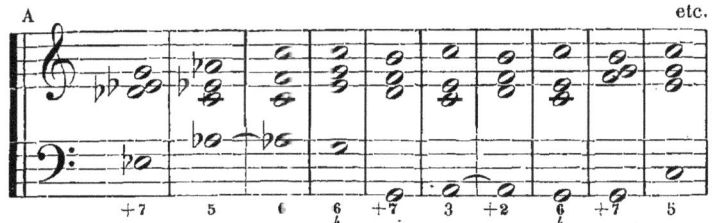

La fondamentale, la quinte et la septième de l'accord de septième de sensible, *si ré fa la*, étant soumises à une marche obligatoire, ne peuvent pas être doublées; mais on double la tierce *ré*, à cause de la liberté de son mouvement; ex. B.

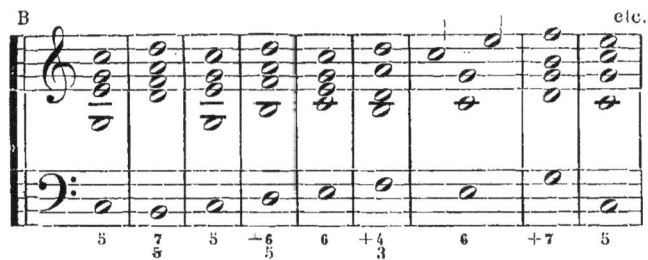

DU CHANGEMENT D'ASPECT

§ 226. Le changement d'aspect se pratique avec l'accord de septième de sensible de la manière suivante; ex. C.

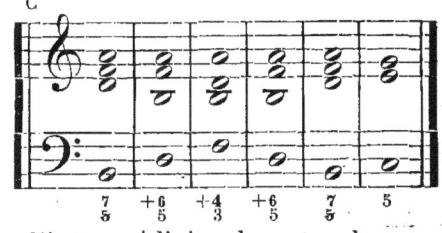

Ce changement ne peut pas être poursuivi jusqu'au troisième renversement, parce que la dissonance manquerait de la préparation qui lui est nécessaire sous cet aspect.

On va également, d'une face à l'autre, par l'intermédiaire de notes de passage exécutées seulement par une partie extrême ou simultanément par la basse et la première partie; ex. D et A ci-après.

DE L'ACCORD DE SEPTIÈME

Emploi de l'accord de septième de sensible dans une succession modulante; ex. B.

DE L'ACCORD DE SEPTIÈME DIMINUÉE

§ 227. L'analogie complète qui existe entre l'harmonie monotonique du mode majeur et celle du mode mineur a été souvent l'objet de nos remarques. On sait, par exemple, que, dans les deux modes, on place sur la note sensible un accord de quinte diminuée. Or si, dans le majeur, cet accord sert de basse à celui de *septième de sensible*, le mode mineur doit également posséder les éléments d'un accord analogue. On en montre l'origine en écrivant, dans le mode mineur, une succession où l'accord de quinte diminuée du second degré s'enchaîne légitimement à celui qui est posé sur la note sensible; ex. A.

Dans une harmonie à quatre parties, si le *fa* de l'accord *si ré fa* (2ᵉ degré) est prolongé dans celui de *sol ♯ si ré* (note sensible), il en résulte un accord de quatre sons *sol ♯ si ré fa*; ex. B.

Ce nouvel accord de septième, composé d'un accord de quinte diminuée, *sol si ♯ ré*, surmonté d'une tierce mineure, *ré fa*, offre un ensemble de trois tierces mineures superposées, *sol ♯ si, si ré* et *ré fa*.

On peut dire aussi qu'il renferme les deux accords de quinte diminuée inhérents au mode mineur et combinés de la manière suivante en *la* mineur :

Sol ♯ si ré   accord de quinte diminuée de la sensible ;
Si ré fa accord de quinte diminuée du second degré.

C'est ainsi que la note sensible de la gamme mineure, formée à l'aide du signe d'élévation, devient la fondamentale d'un accord de septième nouveau dont nous allons examiner l'emploi.

Dans l'accord de quatre sons, *sol ♯ si ré fa*, la note *fa* est à distance de septième diminuée de la fondamentale *sol*; c'est pour ce motif qu'on le nomme *accord de septième diminuée*.

§ 228. La résolution naturelle de l'accord de septième diminuée *sol ♯ si ré fa* est la même que celle de l'accord de quinte diminuée *sol ♯ si ré* qui lui sert de base ; mais avec cette différence que l'accord de septième diminuée amène la quinte de l'accord de la tonique, tandis que celui de quinte diminuée, dans son mouvement naturel sur le même accord, ne produit que la fondamentale et la tierce, ainsi qu'on peut le voir aux exemples A et B cidessus.

Cet accord n'a pas besoin de préparation ; ex. C.

La résolution de cet exemple produit une sorte de conclusion du sens musical du genre de celle qui résulte de l'accord de sixte et quinte diminuée, en mouvement sur l'accord de la tonique ; ex. A et B.

Les intervalles de l'accord de septième diminuée, *sol ♯ si ré fa*, comptés à partir de la fondamentale, sont les suivants :

Une septième   *sol ♯ fa*, chiffrée par 7 ;
Une quinte   *sol ♯ ré*,   —   5 ;
Une tierce   *sol ♯ si*,   —   3.

Dans son état fondamental, on indique cet accord à la basse par le chiffre 7 traversé d'une barre ; soit ⁊.

De même que l'accord de septième de dominante, celui de septième diminuée se frappe *à priori* ; toutefois, le vague qui caractérise l'harmonie de cet accord lui ôte la faculté que possède le premier de déterminer sur-le-champ le ton auquel il appartient.

On lui donne trois positions sur le clavier ; ex. C.

La marche résolutive des quatre notes de l'accord de septième diminuée fait voir que, quelle que soit la position prise, la fondamentale *sol ♯* monte d'un demi-ton sur la tonique *la*. Le mouvement de la tierce *si* est de monter d'un demi-ton sur la médiante ; la quinte descend d'un ton sur la tierce ; enfin la dissonance de septième descend d'un demi-ton sur la dominante.

§ 229. L'accord de septième diminuée est employé dans les formules de cadences ; ex. D.

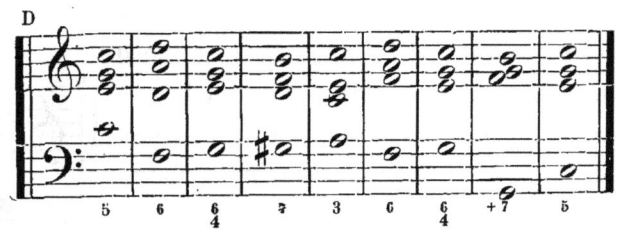

Une formule de ce genre a été employée par Méhul dans l'ouverture célèbre de la *Chasse du jeune Henri* ; ex. A ci-après.

DIMINUÉE

Dans les successions modulantes, l'accord de septième diminuée accuse le plus ordinairement des tons du mode mineur; ex. B.

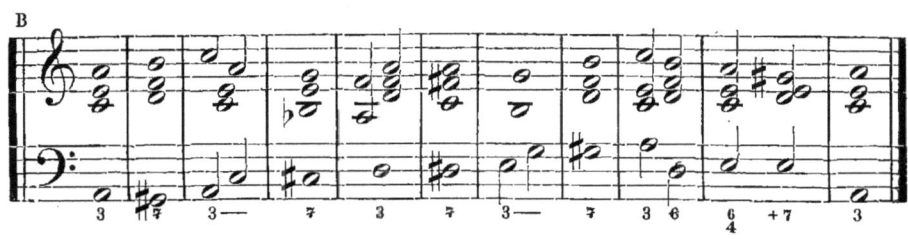

DU PREMIER RENVERSEMENT DE L'ACCORD DE SEPTIÈME DIMINUÉE

§ 230. La fondamentale de l'accord de septième diminuée, *sol ♯ si ré fa*, étant portée à son octave supérieure, il en résulte l'agrégation *si ré fa sol ♯*; ex. C.

Le premier renversement, *si ré fa sol ♯*, se compose de :

Une sixte   *si sol ♯*, chiffrée par 6 ;
Une quinte *si fa*,   —   5 ;
Une tierce *si ré*   —   3.

Ce renversement se marque à la basse par les deux chiffres superposés, $\frac{6}{5}$; mais, pour établir une distinction entre lui et le premier renversement de chacun des deux accords de septième précédents, on place la petite croix à gauche du chiffre 6 et l'on traverse le 5 d'une barre ; soit : $^{+}\frac{6}{5}$. On le nomme *accord de sixte sensible et quinte diminuée*.

Posé sur la sustonique de la gamme mineure, il se résout sur le premier renversement de l'accord de la tonique; ex. D.

Sa résolution sur l'accord de la tonique fondamental est défectueuse, car elle amène deux quintes consécutives par mouvement semblable, dont la deuxième est juste (§ 93); ex. A.

L'accord de sixte sensible et quinte diminuée reçoit trois positions sur le clavier; ex. B.

DU DEUXIÈME RENVERSEMENT DE L'ACCORD DE SEPTIÈME DIMINUÉE

§ 231. Pour obtenir le deuxième renversement, on porte la note de basse du premier à son octave supérieure; soit :

Si ré fa sol ♯, premier renversement
Ré fa sol ♯ si deuxième renversement } ex. C.

Le deuxième renversement se compose de :
        Une sixte   *ré si*   chiffrée par 6:
        Une quarte *ré sol*   chiffrée par 4:
        Une tierce *ré fa*   chiffrée par 3.

On le marque à la basse par les deux chiffres $\frac{4}{3}$ superposés.

La quarte augmentée, *ré sol♯*, est indiquée par la petite croix placée à gauche du 4, soit $^{+4}_{3}$. Il se nomme accord de *triton et tierce mineure*.

Cette similitude dans le chiffrage, avec le second renversement de l'accord de septième de sensible, n'expose pas à confondre ces deux accords, parce que, appartenant à des modes différents, on est averti d'avance de quelle espèce d'accord on doit faire l'emploi dans tel ou tel mode.

La résolution naturelle de l'accord de triton et tierce mineure a lieu sur le premier ou le deuxième renversement de l'accord de la tonique. Cette dernière résolution est plus rare que la première; ex. D.

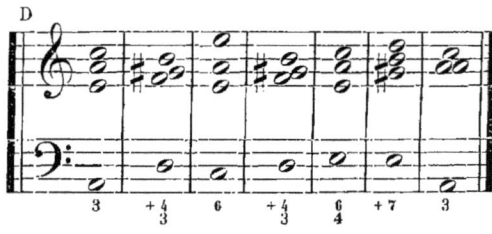

DIMINUÉE

Pour éviter la doublure à la première partie de la note de basse *ut* du premier renversement de l'accord de la tonique, on a fait monter la sixte *si* de l'accord de triton et tierce, sur la dominante *mi*.

On lui donne trois positions sur le clavier; ex. A.

Voici la manière d'employer le premier et le deuxième renversement dans une succession modulante; ex. B.

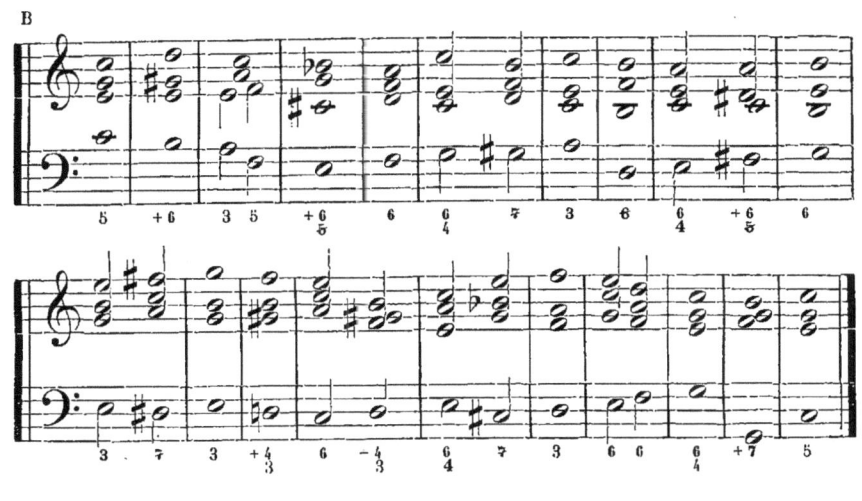

DU TROISIÈME RENVERSEMENT DE L'ACCORD DE SEPTIÈME DIMINUÉE

§ 232. La note de basse de l'accord de triton et tierce mineure étant portée à son octave supérieure, on obtient le troisième renversement. Voici la combinaison :

Ré fa sol♯ si   deuxième renversement
Fa sol si♯ ré   troisième renversement   } ex. C.

Il se compose de :

      Une sixte   *fa ré*   chiffrée par 6;
      Une quarte   *fa si*   —   4;
      Une seconde   *fa sol♯*   —   2.

Pour signaler à la basse le troisième renversement de l'accord de septième diminuée, on prend le chiffre 2; mais la seconde *fa sol♯*, étant augmentée, nous l'indiquerons par la petite croix à droite du chiffre 2; soit : 2+. C'est ainsi qu'on pourra le distinguer du chiffrage de l'accord de septième de sensible dans son troisième renversement. On le nomme *accord de seconde augmentée*.

Sa résolution naturelle a lieu sur le deuxième renversement de l'accord de la tonique ou sur l'accord parfait majeur de la dominante; ex. A et B.

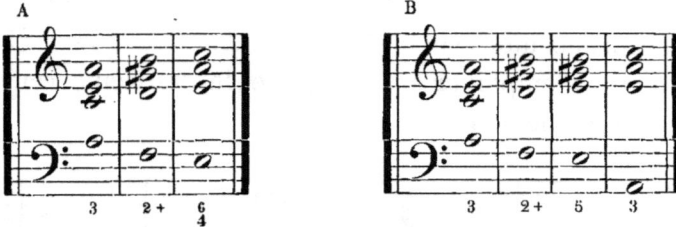

Il reçoit trois positions sur le clavier ; ex. C.

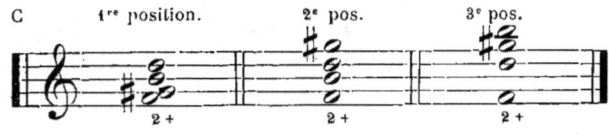

DU CHANGEMENT D'ASPECT

§ **233.** Le changement d'aspect simple s'opère d'une face à l'autre de la manière suivante; ex. D.

On le pratique avec des notes de passage comme en E.

Voici une succession modulante dans laquelle l'accord de septième diminuée apparaît sous tous ses aspects, avec leur résolution naturelle; ex. A ci-après.

DIMINUÉE

Dans le mouvement résolutif de l'accord de septième diminuée fondamental, si l'on fait descendre la note sensible d'un demi-ton chromatique, au lieu de la faire monter sur la tonique, et si, en même temps, l'accord résolutif est accusé en mode majeur, on obtient un accord de triton; ex. B.

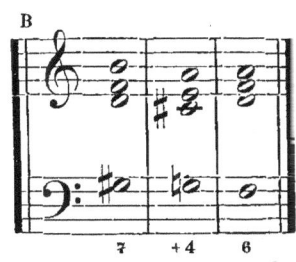

On voit, dans cet exemple, que l'accord de septième diminuée du ton de *la* mineur reçoit une résolution exceptionnelle sur l'accord de triton du ton de *ré* mineur (sousdominante); dans la deuxième mesure, l'*ut* a été dièsé pour produire l'accord *la ut mi* en mode majeur.

Cette résolution exceptionnelle, pratiquée sur les renversements de l'accord de septième diminuée, produit chaque fois une résolution détournée sur une des faces du même accord de septième de dominante; ex. C.

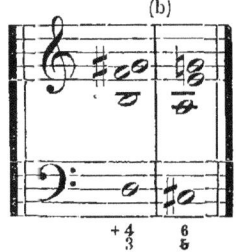
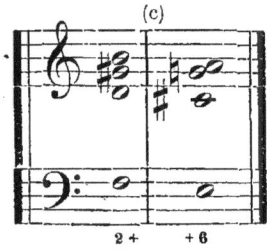

En (*a*), le premier renversement passe à l'accord de septième de dominante fondamental.

En (*b*), le deuxième renversement fait une résolution détournée sur l'accord de sixte et quinte diminuée.

En (*c*), le troisième renversement produit l'accord de sixte sensible.

Avec l'accord de septième diminuée, on pratique de bonnes progressions d'harmonie modulantes. En voici quelques types avec la résolution qui appartient à chacune des formes de cet accord; ex. A.

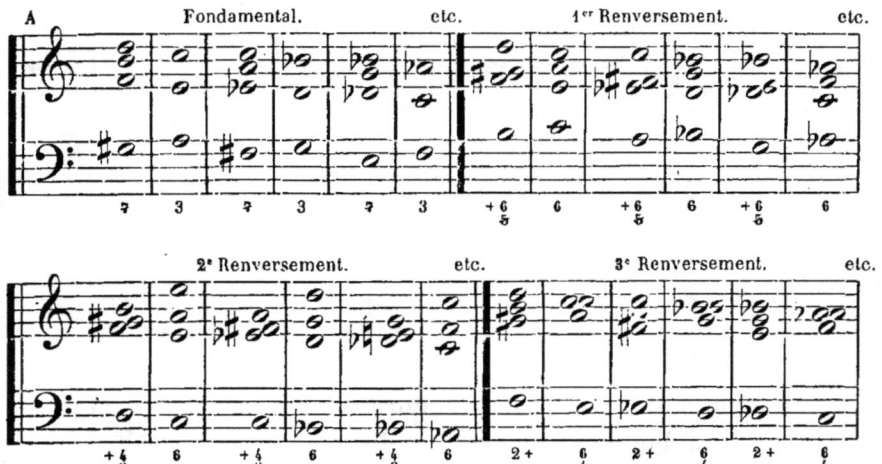

Les résolutions détournées des exemples B et C de la page précédente donnent lieu également à des marches d'harmonie chromatique descendantes; ex. B.

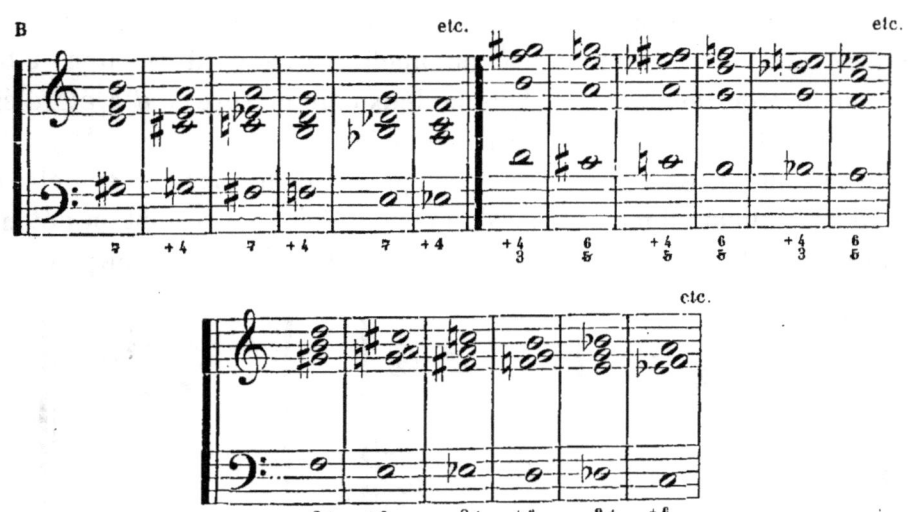

Par exception, l'accord de septième diminuée est résolu quelquefois sur
l'accord parfait majeur; ex. A.

La résolution de l'accord de septième diminuée,
sur l'accord parfait majeur de la tonique, est empreinte d'une sorte d'âpreté harmonique dont l'effet peut quelquefois exprimer des situations pénibles
ou déchirantes. Le chœur des démons d'*Orphée aux
Enfers* offre un exemple d'une résolution exception-
nelle de cet accord, ce qui met la musique en parfait rapport avec le sens
des paroles; ex. B.

Dans cet exemple, l'effet dont nous venons de parler est évidemment produit par l'*ut* ♯ accidentel de la deuxième et de la quatrième mesure.

DES PROPRIÉTÉS ENHARMONIQUES DE L'ACCORD DE SEPTIÈME DIMINUÉE

§ 234. Les trois tierces mineures superposées dont se compose un accord
de septième diminuée fondamental font que, par enharmonie, chacun de ses
renversements peut être envisagé sous l'aspect d'un nouvel accord de septième diminuée fondamental. Par exemple, l'accord *sol* ♯ *si ré fa*, septième
diminuée en *la* mineur, étant renversé une première fois, devient *si ré fa
sol* ♯. Si l'on change le *sol* ♯ en *la* ♭, les
quatre notes *si ré fa la* ♭, superposées par tierces mineures, produisent
l'accord de septième diminuée fondamental du ton d'*ut* mineur; ex. C ci-
contre.

L'accord de septième diminuée fondamental d'*ut* mineur, *si ré fa la* ♭,
étant renversé une première fois, devient *ré fa la* ♭ *si*; par enharmonie, le
si naturel peut être changé en *ut* ♭, et ce premier renversement se trans-

forme en accord de septième diminuée fondamental de *mi* ♭ mineur; ex. A.

Enfin, si la note de basse de l'accord *ré fa la* ♭ *ut* ♭ fondamental est porté à l'octave supérieure, on obtient son premier renversement *fa la* ♭ *ut* ♭ *ré*, lequel, par la transformation enharmonique du *ré* en *mi* ♭♭ se change, à son tour, en accord de septième diminuée fondamental du ton de *sol* ♭ mineur; ex. B.

Pour éviter l'armure de neuf bémols du ton de *sol* ♭ mineur, on lui substitue enharmoniquement le ton de *fa* ♯ mineur, qui n'a que les trois dièses constitutifs du ton de *la* majeur; ex. C.

La conséquence de ce principe est que chacune des quatre notes d'un accord de septième diminuée peut devenir la note sensible d'un ton du mode mineur. Ainsi, supposé que l'accord de septième diminuée *sol* ♯ *si ré fa* subisse les quatre transformations enharmoniques ci-dessus indiquées, mais sans déplacer les notes sur le clavier, il est évident que les nouveaux accords de septième diminuée qui résulteront de ces changements se présenteront chacun sous un aspect différent. Les voici avec leur résolution :

1° *Sol* ♯ *si ré fa*, septième diminuée fondamental du ton de *la* mineur; ex. D.

2° *La* ♭ *si ré fa*, septième diminuée au troisième renversement du ton d'*ut* mineur; ex. E.

3° *La* ♭ *ut* ♭ *ré fa*, septième diminuée au deuxième renversement du ton de *mi* ♭ mineur; ex. F.

4° *Sol* ♯ *si ré mi* ♯ septième diminuée au premier renversement du ton de *fa* ♯ mineur; ex. G.

Étant donné un accord de septième diminuée, on peut conséquemment accuser avec lui quatre tons du mode majeur ou mineur. Voici un exemple où les modulations sont produites par l'intermédiaire de l'accord de septième diminuée enharmonique; ex. A.

CARACTÈRE OMNITONIQUE DE L'ACCORD DE SEPTIÈME DIMINUÉE

§ 235. Tout accord de septième diminuée, dont on baisse la fondamentale d'un demi-ton chromatique, se change en accord de septième de dominante; ex. B.

Un accord de septième de dominante, dont la fondamentale est haussée d'un demi-ton chromatique, devient dans ce cas un accord de septième diminuée; ex. C. Il y a ici une résolution détournée

Si l'accord de septième de dominante, dont on hausse la fondamentale d'un demi-ton chromatique pour en faire un accord de septième diminuée, se présente sous une de ses quatre faces, l'accord de septième diminuée qui en résulte se trouvera écrit sous l'aspect analogue, et réciproquement.

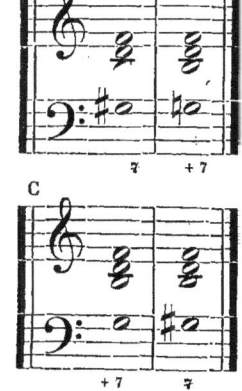

Les exemples B et C ci-dessus offrent l'application de ce principe quant à l'état fondamental des deux accords.

Voici les changements analogues pour les premier, deuxième et troisième renversements; ex. A, B, C ci-après.

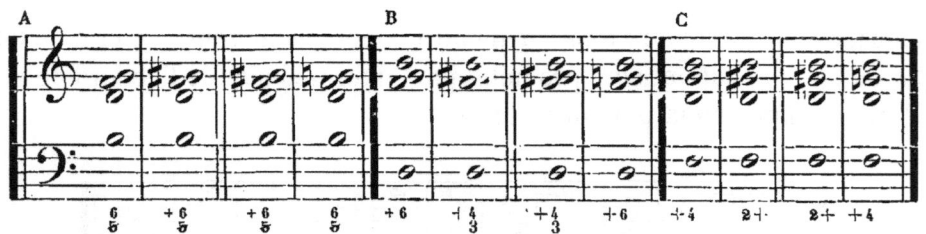

Les trois notes d'un accord de septième diminuée fondamental supérieures à la basse étant haussées chacune d'un demi-ton chromatique, l'agrégation nouvelle produit un accord de septième de dominante fondamental; ex. D.

La réciproque a lieu nécessairement, ainsi qu'on le voit dans l'ex. E.

Un accord parfait majeur ou mineur, écrit sous un aspect quelconque, dont une ou deux notes sont conservées sur le même degré, se lie intimement à un accord de septième diminuée formé au-dessus ou au-dessous de la note conservée; ex. F et G.

Réciproquement, un accord de septième diminuée s'enchaîne facilement à un accord parfait majeur ou mineur, en conservant une ou deux notes communes; ex. H et I.

L'enchaînement de l'accord de sixte sensible et quinte diminuée avec l'accord parfait majeur au deuxième renversement est très usité dans les formules du genre de celles-ci; ex. A.

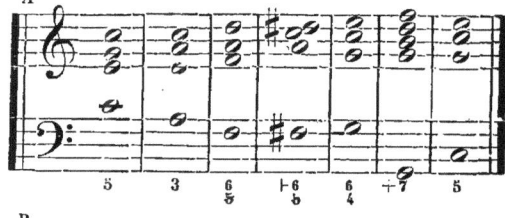

Lorsque cette formule est traduite en mode mineur, l'accord de septième diminuée est écrit à l'état fondamental; ex. B.

Cette résolution de l'accord de septième diminuée, au premier renversement, sur l'accord de quarte et sixte parfait majeur (ex. A), ou celle de l'accord de septième diminuée fondamental sur l'accord

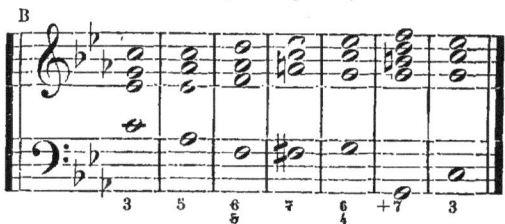

parfait mineur (ex. B), est souvent usitée pour effectuer des modulations inattendues dans des tons du mode majeur ou mineur; ex. C.

Il est à remarquer que la résolution de l'accord de septième diminuée sur un accord parfait, au deuxième renversement, est plus brillante en majeur qu'en mineur.

On voit en (a), ex. C, un accord de triton et tierce qui se résout sur un accord quarte et sixte parfait majeur, la basse descendant d'un ton. C'est une des conséquences du principe établi ci-dessus (ex. H de la page précédente) dont on pourra tirer parti pour opérer des modulations imprévues, et d'après lequel tout accord de septième diminuée, transformé par enharmonie en accord de triton et tierce, s'il n'est déjà écrit sous cette face, se résoudra comme en (a) de l'exemple C.

§ 236. L'accord de septième de sensible *si ré fa la*, passe à l'accord de septième diminuée par l'abaissement de sa dissonance *la* en *la* ♭. La résolution de ce dernier accord peut arbitrairement se faire en mode majeur ou en mode mineur; ex. A.

Mais lorsque l'accord de septième diminuée appartient à un ton de mode mineur bien caractérisé, il se transforme difficilement en accord de septième de sensible, parce que le mode mineur n'emprunte pas, sans précaution, les accords relatifs du mode majeur de même base; ex. B

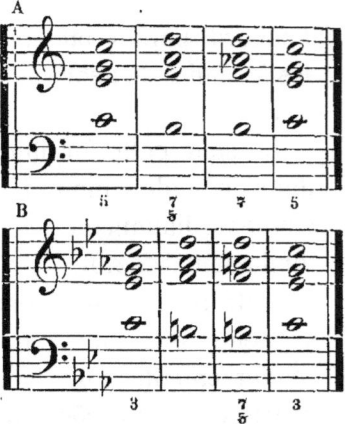

Dans tous les cas, si l'on veut faire usage de l'accord de septième de sensible pour passer du mineur au majeur du même ton, il faut résoudre cet accord sur celui de sixte et quinte diminuée; ex. C et D (1).

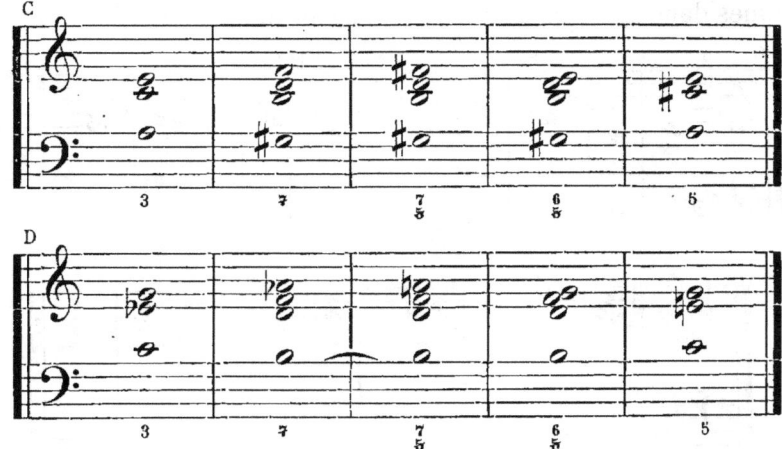

On conçoit aisément que les combinaisons si variées qui ont lieu entre l'accord de septième diminuée et les accords parfaits, l'accord de septième de dominante et celui de septième de sensible, puissent déterminer les modulations les plus éloignées du ton de départ.

Il suffit pour cela de faire intervenir régulièrement l'accord de septième diminuée sous un aspect quelconque; quant au moyen à employer pour réaliser l'introduction de cet accord, il dépend entièrement du goût et de la fantaisie. Veut-on, par exemple, moduler d'*ut* majeur à *mi* ♭ mineur, et revenir en *ut*, voici une des nombreuses combinaisons dont on peut faire usage: ex. A de la page suivante.

(1) Il est bien entendu que toutes ces harmonies plus ou moins agréables ne sont que des éléments dont l'application est soumise aux diverses phases de la composition.

DIMINUÉE

Citons encore quelques types de modulations directes, indirectes ou éloignées, qui soient effectuées par l'intermédiaire de l'accord de septième diminuée résolu sur le second renversement de l'accord tonique d'arrivée; ex. B.

§ 237. Nous allons faire voir actuellement qu'un accord de septième diminuée étant donné, on peut lui faire succéder un accord de septième de dominante appartenant à l'un quelconque des douze tons majeurs ou mineurs compris dans toute l'étendue de notre échelle chromatique.

En résumant d'une manière générale les principes expliqués précédemment, nous ferons remarquer :

1° Que tout accord de septième diminuée peut être suivi d'un accord parfait majeur ou mineur ayant pour fondamentale une des quatre notes constituant cet accord de septième (§ 235) ;

2° Que si chacune des quatre notes d'un accord de septième diminuée est considérée comme étant une sensible, la note placée un demi-ton diatonique au-dessus peut être prise pour la fondamentale d'un accord parfait majeur ou mineur succédant immédiatement à cet accord de septième diminuée.

Il résulte du premier de ces deux principes que l'accord de septième diminuée *sol ♯ si ré fa*, par exemple, peut recevoir immédiatement les huit résolutions suivantes ; ex. A et B.

En vertu du deuxième principe, on obtient encore huit résolutions, savoir : les accords parfaits majeurs ou mineurs établis sur *la*, sur *ut*, sur *mi* ♭ et sur *fa* ♯ ; ex. C et D.

Nous ferons observer que, pour ne pas détruire l'unité dans la démonstration des exemples A, B, C, D, nous avons toujours conservé à l'accord de septième diminuée *sol ♯ si ré fa* sa forme fondamentale. Si l'on voulait se conformer aux règles exposées précédemment, il faudrait écrire les successions (a) et (b) de l'exemple A ci-dessus suivant la manière indiquée à la page suivante : ex. A et B.

DIMINUÉE

Au lieu de faire entendre simplement ces accords parfaits, on conçoit que l'on puisse ajouter à chacun d'eux la septième mineure de leur fondamentale (§ 195). Toutefois, si l'accord résolutif est parfait mineur, on doit avoir le soin de hausser d'un demi-ton chromatique la tierce de la fondamentale, en même temps que la septième mineure fait son apparition (§ 203). Par cette addition, l'accord de septième diminuée *sol* ♯ *si ré fa* pourra se résoudre immédiatement sur les huit accords de septième de dominante ayant pour fondamentales les notes *sol* ♯, *si, ré, fa, la, ut, mi* ♭, *fa* ♯. Chacun de ces accords accusera l'entrée dans les huit tons majeurs ou mineurs *ut* ♯, *mi, sol, si* ♭, *ré, fa, la* ♭, *si;* ex. C et D.

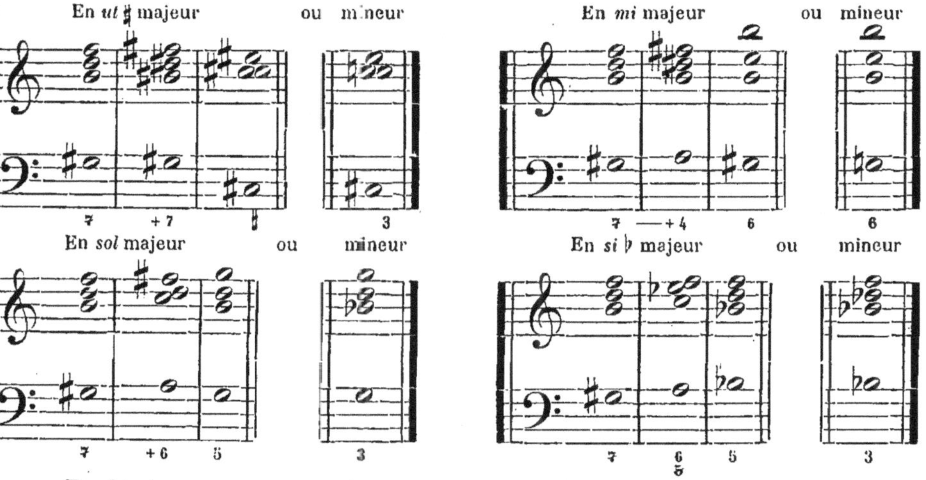

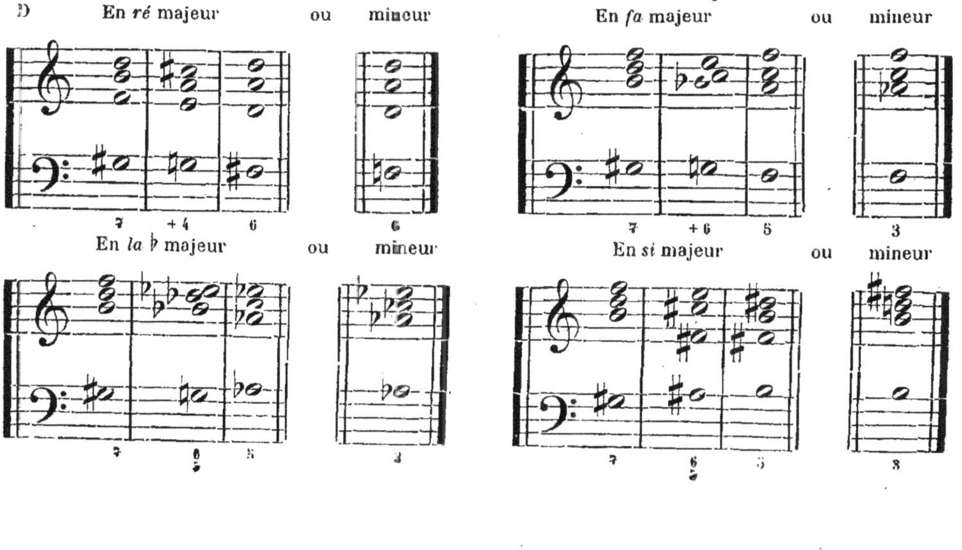

§ 238. Indépendamment de ces huit accords de septième de dominante, qui peuvent succéder à l'accord de septième diminuée *sol ♯ si ré fa*, nous rappellerons le principe en vertu duquel, en abaissant d'un demi-ton chromatique l'une des quatre notes d'un accord de septième diminuée prise comme fondamentale, on obtient sur-le-champ quatre nouveaux accords de septième de dominante dont les fondamentales seront : *sol ♮ si ♭ ré ♭ fa ♭* (ou *mi* par enharmonie). Ces quatre accords accuseront, par conséquent, l'entrée dans les quatre tons suivants majeurs ou mineurs, savoir : *ut, mi ♭, sol ♭, la* ; ex. A, B, C, D.

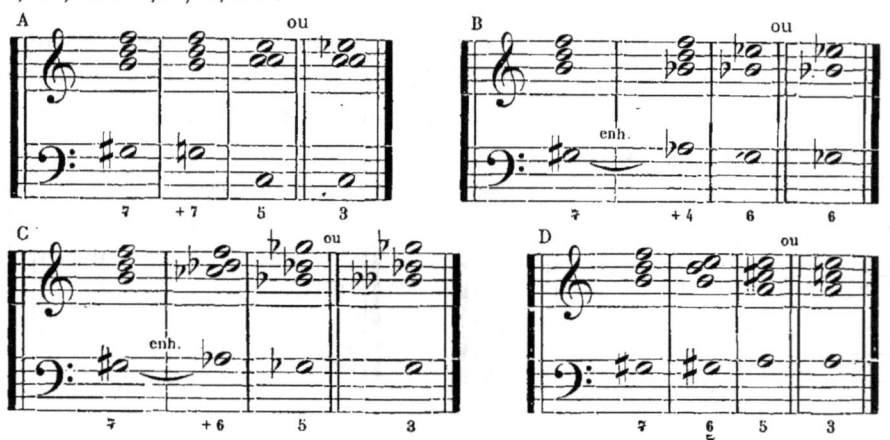

En unissant ces quatre derniers tons aux huit précédents, on s'aperçoit de la réalité du principe général indiqué ci-dessus. En effet, si l'on place les douze toniques précédentes, du grave à l'aigu, elles donnent l'échelle chromatique complète : *ut, ut ♯, ré, mi ♭, mi ♮, fa, sol ♭, sol ♮, la ♭, la ♮, si ♭, si ♮*.

Si l'on voulait faire usage de ces combinaisons harmoniques, il y aurait à examiner les différents aspects sous lesquels on devrait présenter l'accord de septième diminuée afin de le mettre en rapport avec le ton dont il indique l'entrée par modulation, ainsi que les positions qu'il conviendrait le mieux d'employer pour que la marche des parties, exempte de toute irrégularité, soit agréable et paraisse aussi naturelle qu'une modulation effectuée dans les tons relatifs directs à l'aide des moyens les plus simples.

§ 239. Deux accords de septième diminuée, dont les fondamentales forment une quinte juste inférieure ou une quarte juste supérieure, s'enchaînent régulièrement. Ce principe est basé sur la cadence évitée produite par deux accords de septième de dominante se succédant par quinte juste inférieure ; ex. E.

Si chacun de ces accords de septième de dominante a sa fondamentale haussée d'un demi-ton, il en résultera deux accords de septième diminuée enchaînés par quinte juste inférieure ; ex. A.

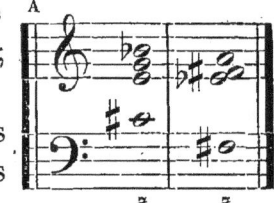

La règle établie au § 207, à propos de la marche des parties d'une cadence évitée résultant de deux accords de septième de dominante liés par quinte juste inférieure, s'applique à la succession des deux accords de septième diminuée de l'exemple B. Cette règle veut que, si le premier accord possède sa quinte, le suivant en soit privé. C'est en effet ce qui a lieu en B, succession que l'on peut considérer comme formant la première période d'une marche d'harmonie composée d'accords de septième diminuée ; ex. B.

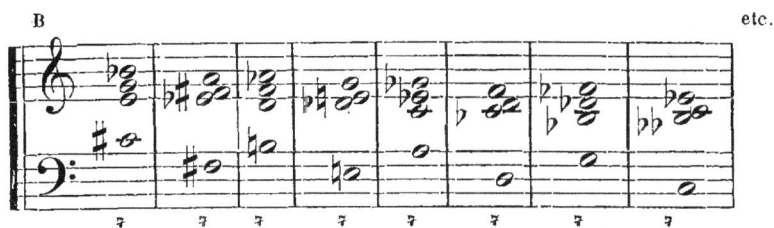

Cette progression d'harmonie est rarement usitée avec les accords fondamentaux, mais elle est souvent employée dans les renversements de l'accord de septième diminuée ; ex. C.

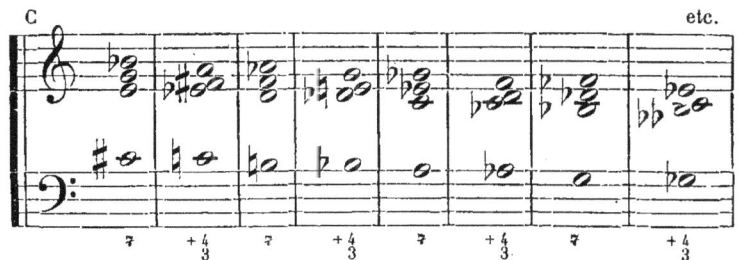

Tous les accords de triton et tierce de l'exemple C pourraient, par enharmonie, se transformer en accords de septième diminuée fondamentaux. Il s'ensuit que des accords de septième diminuée se succèdent par seconde mineure inférieure, car la basse de la progression harmonique, en C, forme la gamme chromatique descendante.

Essayons de démontrer maintenant que l'on peut faire entendre une suite d'accords de septième diminuée par demi-ton en montant.

Le principe de cette marche ascendante est basé sur la cadence évitée produite par deux accords de septième de dominante enchaînés fondamentalement par quinte supérieure, le deuxième étant écrit dans son second renversement; ex. A.

En haussant d'un demi-ton la fondamentale de chacun de ces deux accords de septième de dominante, on obtient alors deux accords de septième diminuée; ex. B.

Les deux accords de l'exemple B forment la première période de la progression harmonique suivante dont la basse dessine la gamme chromatique ascendante ; ex. C.

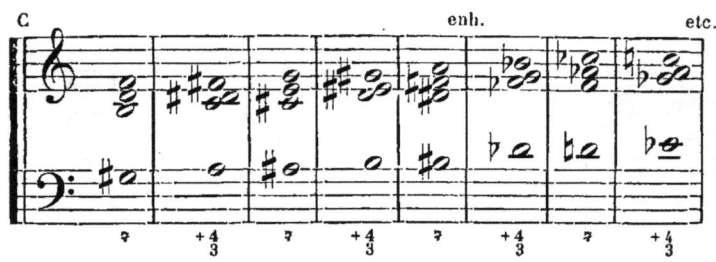

Si dans la pratique des marches conformes à l'exemple C, les accords de septième diminuée étaient trop chargés de signes accidentels, on pourrait, par enharmonie, les remplacer par l'accord de septième diminuée figuré sous un aspect quelconque, mais avec moins de signes.

Quelquefois, l'accord de septième diminuée, résolu sur le second renversement d'un accord parfait, est remplacé par un accord de triton, lequel reçoit ainsi une résolution exceptionnelle; ex. D.

On peut aussi résoudre l'accord de triton sur le deuxième renversement de l'accord parfait majeur.

L'accord de triton et tierce résolu sur l'accord quarte et sixte, la basse descendant d'un ton, est quelquefois remplacé par l'accord de sixte sensible qui lui correspond; ex. E.

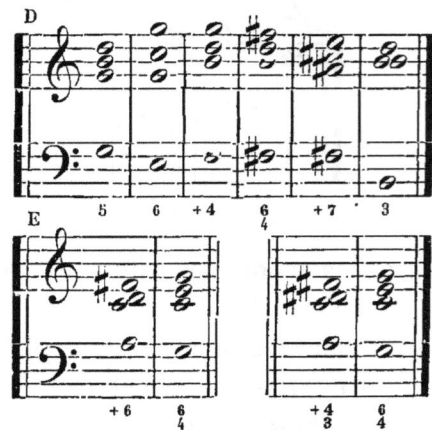

Voici un fragment de l'ouverture de *Quentin Durward*, où l'accord de sixte sensible du ton de *sol* est résolu sur le deuxième renversement de l'accord d'*ut* majeur; ex. A ci-après.

La substitution de l'accord de septième de dominante à l'accord de septième diminuée, résolu en mode majeur, donne lieu à des harmonies d'un puissant effet et toujours inattendues.

Supposons que l'accord de septième diminuée fondamentale *sol* ♯ *si ré fa* du ton de *la* mineur se change, par enharmonie, en *la* ♭ *si ré fa* (accord de seconde augmentée du ton d'*ut* mineur), et qu'il soit résolu sur le second renversement de l'accord parfait d'*ut* majeur, il en résultera une sorte de résolution détournée qui conduira directement dans le ton relatif majeur (troisième degré en mode mineur); ex. B.

Si l'on passe de l'accord de septième diminuée à celui de sixte et *quinte diminuée*, on obtient le résultat suivant; ex. C.

Dans cet exemple, on passe du *sol* ♯ au *sol* ♮, ce qui dispense d'exprimer l'accord enharmonique.

Il a été fait un bel emploi de cette résolution dans la prière de *Moïse*, au passage suivant; ex. D.

N. B. Les harmonies de ces derniers exemples sont plus particulièrement du domaine des altérations dont le principe et les applications seront exposés ultérieurement.

Après l'accord de septième de dominante qui seul peut fixer la modulation, l'accord de septième diminuée est le plus important des accords de l'harmonie moderne. Les couleurs dont il pare les successions modulantes offrent la plus grande variété. Ainsi, après avoir concouru à rendre des situations tristes et douces, il a le pouvoir de produire des effets d'un caractère entièrement opposé. Enfin, la multiplicité des tendances résolutives dont jouit ce remarquable accord, le rend éminemment propre à réaliser de la manière la plus heureuse la plupart des transitions si variées que réclame l'harmonie modulante.

Quand on veut rompre la régularité d'une marche chromatique, on le combine quelquefois avec l'accord de septième de dominante. Ainsi, la résolution détournée de l'exemple B (page 241), que nous reproduisons ici, peut servir à former la première période de la progression suivante; ex. A.

Si l'on veut écrire une marche d'harmonie chromatique ascendante, en combinant l'accord de septième diminuée avec celui de septième de dominante, on formera la première période avec la résolution évitée qui fait moduler de *la* mineur à *sol* majeur; ex. B.

Nous avons vu que, par les propriétés enharmoniques inhérentes à l'accord de septième diminuée, celui-ci dirige la modulation dans des sentiers qui seraient impraticables si l'on employait les moyens ordinaires. Le caractère vague de son harmonie le rend propre à servir de demi-teintes aux effets quelquefois durs et âpres qui résultent de l'emploi des accords consonnants.

C'est l'accord de septième diminuée qui produit l'harmonie chromatique avec laquelle on peut imiter certains effets de la nature, tels que le *vent*, la *pluie*, l'*orage*, etc.

DE SUSTONIQUE (MODE MAJEUR)

Voici l'emploi de l'accord de septième diminuée dans une succession modulante; ex. A.

DE L'ACCORD DE SEPTIÈME DE SUSTONIQUE

(Mode majeur).

§ 240. Les conséquences qui résultèrent de l'introduction de l'accord modulant de septième de dominante conduisirent naturellement les harmonistes à chercher ou du moins à régulariser d'autres accords de septième placés sur les divers degrés de la gamme moderne. L'usage de la prolongation des sons dans l'harmonie, ainsi que les notes de passage amenées par le perfectionnement de la mélodie firent bientôt voir que tous les accords de trois sons ayant chacun pour fondamentale un degré de la gamme, servaient de base à autant d'accords de septième dont on pouvait tirer un grand avantage dans la marche des modulations.

Cherchons d'abord à reconnaître ceux qui sont le plus fréquemment employés dans les deux modes.

Pour cela, écrivons, dans le ton d'*ut* majeur, une formule ordinaire de cadence avec l'accord parfait mineur du second degré; ex. A.

Si l'on prolonge la fondamentale *ut* de l'accord de la tonique dans l'accord parfait mineur *ré fa la*, on obtient un accord de septième, *ré fa la ut*, composé d'un accord mineur, *ré fa la*, surmonté d'une tierce mineure, *la ut*; ex. B.

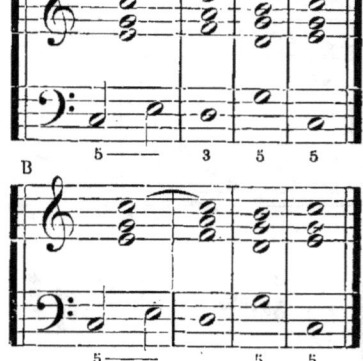

La dissonance de l'accord de septième *ré fa la ut*, résultant de la prolongation de la note *ut* qui appartient à l'accord précédent, se trouve ainsi préparée suivant les prescriptions du § 194. Cette note forme un intervalle de septième mineure avec la fondamentale *ré* (sustonique de la gamme d'*ut*).

Pour ce motif, nous désignerons cet accord par le nom de *septième de sustonique* (1).

Le rôle harmonique le plus naturel de l'accord de septième de sustonique, dans le mode majeur, est identique à celui que remplit l'accord parfait mineur du second degré qui lui sert de base. Il doit donc se résoudre sur la dominante portant accord parfait majeur ou septième de dominante ; ex. C. (Voyez *a* et *b*).

On voit que l'harmonie du mode majeur possède trois accords différents pour le même objet : 1° L'accord parfait majeur de la sousdominante ; 2° l'accord parfait mineur du second degré; 3° l'accord de septième de sustonique. On remarque que, dans le mouvement résolutif de cet accord, sa fondamentale *ré* descend de quinte juste ou monte de quarte juste sur la dominante du ton auquel il appartient; et sa note *ut*, obéissant à la loi natu-

---

(1) Quelques auteurs lui donnent le nom de septième mineure, ou septième de seconde. Reicha l'appelle septième de seconde espèce. L'accord de septième de dominante est pour cet auteur celui de première espèce.

relle des dissonances de septième (§ 192), descend d'un degré sur la sensible, comme on le voit dans l'exemple C ci-dessus.

§ 241. Les intervalles de l'accord de septième de sustonique, comptés à partir de la fondamentale, forment :

1° Une septième *ré ut*, chiffrée par 7
2° Une quinte *ré la*, — 5 } ex. A.
3° Une tierce *ré fa*, — 3

Pour indiquer à la basse cet accord fondamental, on prend les deux chiffres superposés $\frac{7}{5}$.

En harmonie pure, la dissonance de l'accord de septième de sustonique doit toujours être préparée. La non-préparation pourrait, dans bien des cas, produire une sensation désagréable pour l'oreille, dans le genre de celle-ci; ex. B.

Si l'on trouve quelquefois la dissonance de cet accord attaquée sans préparation, ce n'est jamais dans une succession monotonique. La non-préparation, d'un effet très dur, provoque ordinairement une modulation inattendue dans un ton relatif ou même éloigné (1).

En *ut* majeur, par exemple, tous les accords relatifs directs fondamentaux ou renversés qui contiennent la tonique *ut* sont propres à faire une bonne préparation de l'accord de septième de sustonique *ré fa la ut*; ex. C.

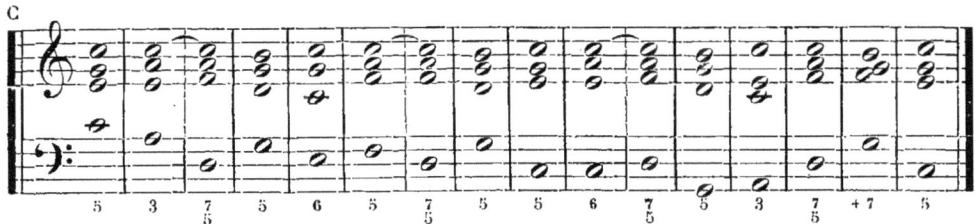

§ 242. L'accord de septième de sustonique fondamental ne peut pas suivre celui de la tonique dans le même état; ces deux accords se trouvant placés par degré conjoint, leur succession fondamentale entraînerait, par mouvement semblable, deux quintes justes consécutives; ex. D.

Mais si l'accord de la tonique se présente dans son premier renversement, l'accord fondamental de septième de

(1) Il est du reste fort rare qu'un accord de septième dont la forme est celle de *ré fa la ut*, soit frappé sans la préparation de sa dissonance ; dans tous les cas, une pareille licence doit toujours être motivée.

sustonique le suit ou le précède;
ex. A.

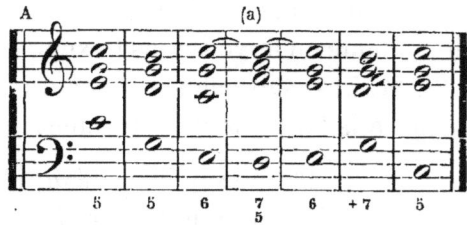

Remarquons que, dans l'exemple A, la dissonance *ut* (en *a*) éprouve un retard dans sa marche descendante sur la note sensible *si*. Cette résolution a lieu néanmoins lorsque l'accord de la tonique au premier renversement passe à l'accord de la septième de dominante. L'exactitude de ce fait se manifeste d'une manière plus frappante lorsque l'accord de septième de sustonique se résout sur le second renversement de celui de la tonique; ex. B.

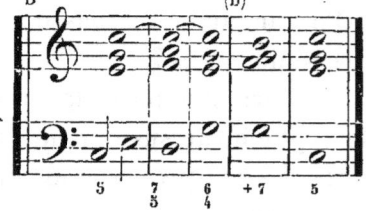

Cette dernière résolution est beaucoup plus fréquemment employée que celle de l'exemple A, parce que l'accord quarte et sixte de la tonique, sollicitant lui-même impérieusement l'accord de la dominante, la note *ut* (quarte de cet accord) continue à remplir le rôle d'une dissonance de septième jusqu'au moment où la note sensible de l'accord de septième de dominante (en *b*) est entendue, et l'on voit alors que la dissonance *ut*, quoique retardée, obéit à la loi naturelle qui régit son mouvement (1).

L'accord de septième de sustonique du mode majeur fondamental, reçoit trois positions sur le clavier; ex. C.

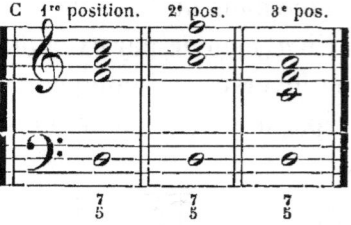

DU PREMIER RENVERSEMENT DE L'ACCORD DE SEPTIÈME DE SUSTONIQUE

(Mode majeur).

§ 243. Pour obtenir le premier renversement de l'accord de septième de sustonique, on porte la fondamentale à l'octave supérieure; soit :

Ré fa la ut   accord fondamental
Fa la ut ré   premier renversement;
          ex. D.

Les intervalles de ce premier renversement, posé sur le 4ᵉ degré de la gamme, se composent de :

---

(1) Si la fondamentale, au lieu de marcher sur la dominante, reste sur le même degré, l'accord résolutif sera renversé. Ainsi *ré fa la ut* se résoudra sur *ré sol si* ou sur *ré fa sol si*.

DE SUSTONIQUE (MODE MAJEUR)

Une sixte *fa ré* chiffrée par 6
Une quinte *fa ut* — 5
Une tierce *fa la* — 3

A la basse, on le marque par les chiffres superposés $\frac{6}{5}$; il se nomme accord de *sixte et quinte*.

L'accord de sixte et quinte est très usité; et, sous cet aspect, l'accord de septième de sustonique peut marcher immédiatement après l'accord de tonique fondamental, attendu que les quintes défectueuses signalées plus haut (§ 242) n'existent pas ici; ex. A.

On sait que la fonction principale de l'accord de septième de sustonique est de remplacer l'accord du 4ᵉ degré ou celui du 2ᵉ dans les formules de cadence.

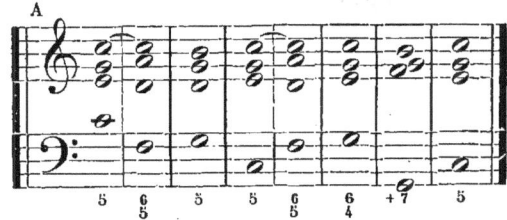

Nous avons dit (§ 241) qu'en harmonie pure la dissonance de l'accord de septième de sustonique exige la préparation rigoureuse, et que, dans ce cas, la note de l'accord précédent qui prépare cette dissonance se maintient sur le même degré.

Mais généralement, dans le style libre, les compositeurs sont moins rigoureux sur cette préparation, et souvent ils attaquent l'accord de *sixte et quinte* sans maintenir sur le même degré la partie qui prépare; ex. B.

On voit dans cet exemple que la note *ut* de l'accord *la ut mi* en (a), qui prépare la dissonance de l'accord de *sixte et quinte* subséquent, cède sa place à la deuxième partie pour monter au *ré* de l'accord *fa la ut ré*.

Il en est de même en (b). La seconde partie *ut* de l'accord *ut sol ut mi* passe au *ré* de l'accord de sixte et quinte qui lui succède, lequel est résolu sur le second renversement de l'accord de la tonique.

Il arrive, par exception, que l'accord de septième de sustonique est suivi de l'accord parfait mineur du 2ᵉ degré qui lui sert de base.

On trouve un exemple de ce changement dans un chœur de la *Création*, d'Haydn; ex. A ci-après.

Dans ce cas, la dissonance *ut* de l'accord de sixte et quinte ne reçoit pas sa résolution naturelle.

DU DEUXIÈME RENVERSEMENT DE L'ACCORD DE SEPTIÈME DE SUSTONIQUE

(Mode majeur).

§ 244. La note de basse de l'accord de *sixte et quinte* étant portée à l'octave supérieure, il en résulte un deuxième renversement; soit :

Fa la ut ré premier renversement
La ut ré fa deuxième renversement } ex. B.

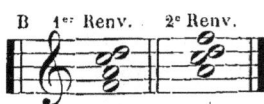

Le deuxième renversement, posé sur le 6ᵉ degré de la gamme majeure, se compose de :

Une sixte   *la fa*   chiffrée par 6
Une quarte   *la ré*   —   4
Une tierce   *la ut*   —   3

Ce renversement se chiffre à la basse par $\frac{4}{3}$, il se nomme *accord de tierce et quarte*.

La résolution de l'accord de tierce et quarte a lieu sur celui de la dominante, sur celui de septième de dominante, ou sur le deuxième renversement de l'accord de la tonique; ex. C.

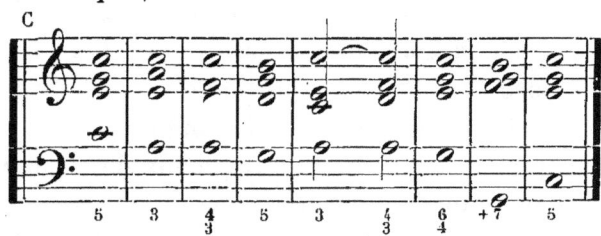

L'accord de tierce et quarte est moins fréquent que les deux formes du même accord précédemment expliquées. Non seulement son emploi exige

DE SUSTONIQUE (MODE MAJEUR)

la préparation de la note qui forme la dissonance, mais encore il faut que la note de basse ou la note qui fait avec elle quarte juste, soit entendue dans l'accord précédent (1).

Remarque. Une loi que les acousticiens n'ont pas encore expliquée exige, en harmonie sévère, que, dans les renversements des accords consonnants et dissonants qui renferment l'intervalle de quarte juste formé par la basse et une partie supérieure, cette quarte soit préparée, non pas à la manière des dissonances de septième, mais par le frappement, dans l'accord précédent, d'une des deux notes qui la forment. Une quarte juste peut donc être préparée de plusieurs manières; ex. A, B, C.

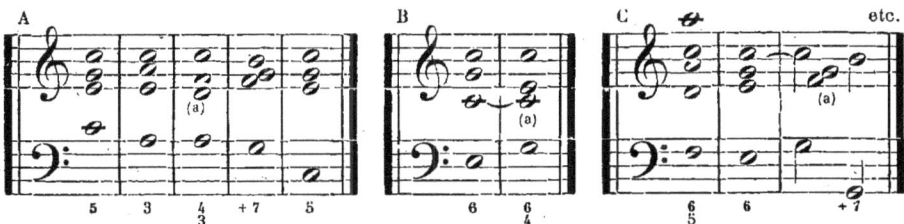

L'exemple A offre une quarte *la ré* en (a) préparée par la basse. La quarte *sol ut* de l'exemple B est préparée par la troisième partie. Enfin, dans l'exemple C, on trouve la quarte juste *sol ut*, résultant d'un retard, préparée par la première partie.

La préparation de la quarte juste, établie dans les conditions énoncées ci-dessus, est généralement plus nécessaire dans les accords dissonants que dans les accords parfaits.

L'accord de tierce et quarte reçoit trois positions sur le clavier; ex. D.

DU TROISIÈME RENVERSEMENT DE L'ACCORD DE SEPTIÈME DE SUSTONIQUE

(Mode majeur).

§ 245. Si l'on porte la note de basse de l'accord de tierce et quarte à l'octave supérieure, on obtient le troisième renversement de l'accord de septième de sustonique; soit :

---

(1) Cette règle est du domaine de l'harmonie scolastique du style le plus sévère ; car l'accord de tierce et quarte peut se frapper, comme les autres faces de l'accord, en préparant seulement sa dissonance.

La ut ré fa   deuxième renversement }
Ut ré fa la   troisième renversement } ex. A.

Les intervalles du troisième renversement forment :
         Une sixte   *ut la* chiffrée par 6
         Une quarte   *ut fa*   —   4
         Une seconde *ut ré*   —   2

On prend les deux chiffres superposés $\frac{4}{2}$ pour marquer à la basse ce renversement que l'on nomme accord de *seconde et quarte*. Sous cet aspect, l'accord de septième de sustonique est très usité. Le plus souvent il est précédé de l'accord de la tonique fondamental, et sa résolution ne peut avoir lieu que sur le premier renversement de l'accord de la dominante ou sur son remplaçant, l'accord de sixte et quinte diminuée; ex. B.

Cette résolution est indiquée par la marche de la basse (1).

§ 246. La préparation de la dissonance est plus rigoureuse au troisième renversement de l'accord de septième de sustonique que dans les autres formes de cet accord, attendu qu'elle est toujours placée à la partie extrême la plus importante de l'harmonie, c'est-à-dire à la basse.

DU CHANGEMENT D'ASPECT

Le changement d'aspect se pratique de la manière suivante; ex. C

On le fait aussi avec des notes de passage; ex. D.

(1) La résolution de l'accord de seconde et quarte sur celui de la tonique fondamental n'est usitée que sur une pédale (v. ci-après le § sur la *pédale*); mais on se sert quelquefois de l'accord de sixte et quinte qui a la sousdominante à la basse, pour opérer une cadence plagale en mode majeur.

Le troisième renversement ne doit pas apparaître, parce que la dissonance *ut* manquerait de préparation.

Remarque importante.

§ 247. L'accord de septième de sustonique *ré fa la ut*, posé sur le 2ᵉ degré de la gamme d'*ut* majeur, se trouve reproduit avec les mêmes notes sur la sousdominante de la gamme de *la* mineur, sa relative directe (6ᵉ degré), dans laquelle il peut remplacer l'accord du 4ᵉ degré *ré fa la*; ex. A.

Bien que l'accord de septième *ré fa la ut*, composé avec les notes de la gamme de *la* mineur, soit identique à l'accord de septième de sustonique du ton d'*ut* majeur, la marche résolutive de ses notes n'est pas la même suivant qu'il est employé dans l'un ou l'autre de ses deux tons. Ainsi, en *ut* majeur, la fondamentale *ré* marche sur la dominante *sol* par un mouvement de quarte en montant ou de quinte en descendant; tandis que, dans le ton de *la* mineur, la fondamentale *ré* se résout sur la dominante *mi* par un mouvement ascendant de seconde majeure. Cette dominante *mi* portera également l'accord parfait majeur ou celui de septième de dominante, comme on le voit dans l'exemple A ci-dessus; on le résout aussi sur l'accord parfait mineur de quarte et sixte de la tonique; ex. B.

Une résolution sur l'accord quarte et sixte de la tonique peut avoir lieu avec l'accord de septième *ré fa la ut*, écrit dans son premier renversement; ex. C.

Quelle que soit la résolution donnée à l'accord de septième *ré fa la ut*, pris dans le ton de *la* mineur, la marche résolutive de la dissonance *ut* est la même que celle du même accord envisagé dans le ton d'*ut* majeur. Cette dissonance *ut* descend immédiatement d'un degré diatonique, si l'accord est résolu sur la dominante portant accord parfait (ex. A ci-dessus); elle reste momentanément en place, si l'accord résolutif se présente au second renversement (ex. B et C). Lorsque l'accord *ré fa la ut* est employé dans le ton de *la* mineur, la dénomination de septième de sustonique qui lui est attribuée en *ut* majeur, serait un contre-sens, puisqu'il est placé sur le quatrième degré en *la* mineur.

Afin d'établir une distinction entre ces deux accords homonymes, nous le désignerons sous le nom de *septième mineure* toutes les fois qu'il sera employé sur le quatrième degré du mode mineur. Quant à la manière de le chiffrer, elle restera la même dans toutes les circonstances. La résolution fera connaître quand (*ré fa la ut*) est un accord de septième de sustonique en mode majeur d'*ut*, ou un accord de septième mineure en mode mineur de *la*.

Au deuxième renversement, *la ut ré fa*, l'accord de *septième mineure* ne peut se résoudre que sur l'accord de sixte de la dominante ou sur le premier renversement de l'accord de septième de dominante; ex. A et B.

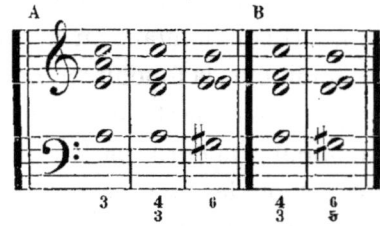

Sa résolution sur l'accord de la tonique ne produirait aucun sens musical (1). Le troisième renversement de l'accord de *septième mineure* se résout sur l'accord quarte et sixte de la dominante ou sur celui de sixte sensible; ex. C.

On conçoit que la similitude des intervalles qui composent l'accord de septième de sustonique d'un ton du mode majeur et de l'accord de septième mineure appartenant au ton relatif (6ᵉ degré) puisse le rendre apte à produire, soit une modulation dans le majeur, soit une modulation définitive ou passagère dans le ton du mode mineur; ex. A de la page suivante.

---

(1) L'accord de septième mineure fondamental, résolu sur l'accord de la tonique dans le même état, produit une cadence plagale en mode mineur.

DE SUSTONIQUE (MODE MAJEUR)

L'accord de septième mineure se résout, par exception, sur l'accord quarte et sixte majeure; cette résolution produit un effet excentrique; ex. B.

N. B. La facilité avec laquelle on peut traiter l'accord de septième mineure, nous dispense de donner plus de détails sur cet accord. Nous avons pensé qu'une remarque suffirait pour bien comprendre la mise en œuvre d'un accord complètement identique à celui de septième de sustonique du mode majeur, et qui remplit néanmoins une fonction à peu près analogue à celle de ce dernier dans un ton et un mode différents.

DES MODULATIONS OPÉRÉES PAR L'INTERMÉDIAIRE DES ACCORDS DE SEPTIÈME DE SUSTONIQUE (MODE MAJEUR) ET DE SEPTIÈME MINEURE.

§ 248. L'accord de septième de sustonique ne porte pas en lui-même la propriété modulante au même titre que les accords de septième de dominante, de septième de sensible et de septième diminuée, lesquels renferment la note sensible ainsi que la sous-dominante. Néanmoins, on peut le considérer comme un excellent intermédiaire, car s'il précède l'accord de la dominante ou celui de quarte et sixte de la tonique du ton dans lequel on veut entrer par modulation, son audition fait pressentir le ton d'arrivée; c'est pourquoi il se prête facilement à moduler dans les tons relatifs de divers ordres; ex. C et D.

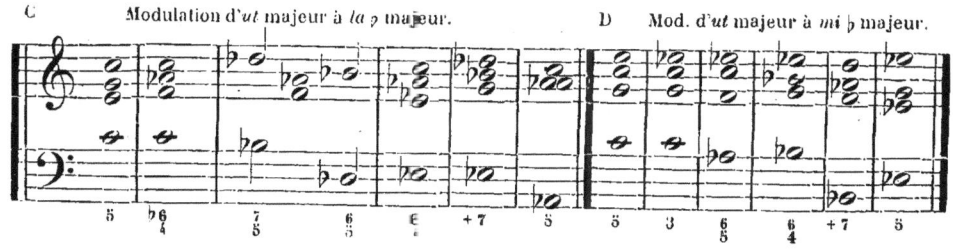

DE L'ACCORD DE SEPTIÈME

On sait que, suivant le degré de relation existant entre les tons que l'on veut enchaîner, les modulations exigent un nombre plus ou moins grand d'accords intermédiaires; ex. A, B.

Il est évident que, dans les quatre exemples précédents, l'accord de septième de sustonique employé dans chacun d'eux pourrait, par homonymie, être considéré comme accord de septième mineure du ton relatif (6ᵉ degré). Ainsi, en C (ci-dessus), on modulerait en *fa* mineur; en D (ci-dessus), le relatif serait *ut* mineur (6ᵉ degré en *mi* ♭ majeur); en A de cette page, on passerait en *sol* mineur; enfin, en B, on pourrait opérer la modulation en *fa* ♯ mineur. Mettons en pratique cette dernière modulation; ex. C.

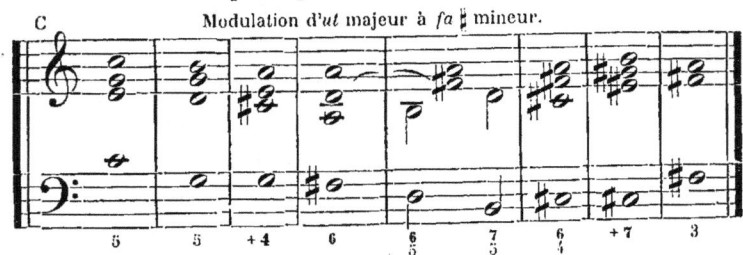

On voit dans ces exemples que l'accord de septième de sustonique des tons d'arrivée, dont la dissonance est préparée, détermine une formule de cadence parfaite qui confirme la modulation.

§ 249. L'accord de septième, établi sur le 2ᵉ degré de la gamme majeure, offre à la modulation des ressources d'un autre genre basées sur le fait suivant :

Lorsque la tierce d'un accord de septième de sustonique (mode majeur)

est haussée d'un demi-ton chromatique, il
en résulte un accord de septième de dominante fondamental appartenant au ton de
la dominante; ex. A.

D'après cela, on conçoit que si la note
fa de l'accord de septième de sustonique
ré fa la ut est affectée du signe dièse lorsqu'il est écrit dans son premier
renversement, il en résultera un accord de sixte et quinte diminuées, fa ♯ la
ut ré; ex. B. Le second renversement donnera un accord de sixte sensible,
la ut ré fa ♯, ex. C. Enfin, l'accord de seconde et quarte, ut ré fa la, se changera en un accord de triton; ex. D.

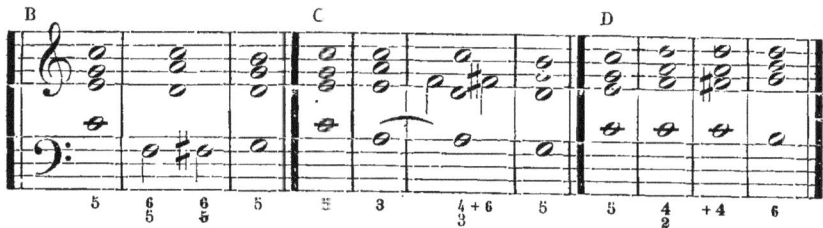

Les modulations que l'on peut faire en haussant d'un demi-ton chromatique la tierce de la fondamentale d'un accord de septième de sustonique
sont très variées; en voici une d'ut majeur à mi ♭ majeur effectuée d'après
cette règle; ex. E.

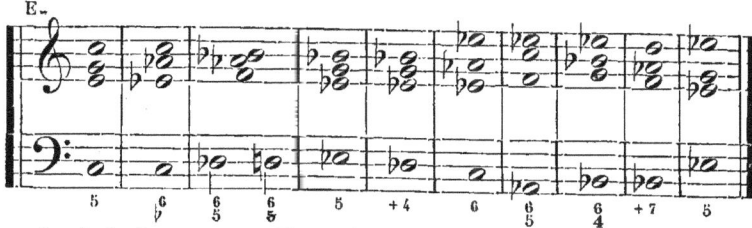

L'accord ré fa la ut, septième de sustonique en ut majeur, ayant pour
base l'accord parfait mineur du 2ᵉ degré, on peut conséquemment former
deux accords de même espèce sur les accords parfaits mineurs des 3ᵉ et 6ᵉ
degrés; les voici : mi sol si ré, la ut mi sol. Quoique ces deux accords
soient formés avec les notes de la gamme d'ut, ils n'appartiennent pas
néanmoins à sa tonalité harmonique. Le premier, mi sol si ré, est l'accord
de septième de sustonique du ton de ré majeur ou septième mineure
en si mineur. Le deuxième, la ut mi sol, remplit les mêmes fonctions dans
le ton de sol majeur sur la sustonique, et dans le ton de mi mineur sur le
4ᵉ degré. On ne peut admettre dans la tonalité harmonique du même ton
que les accords dont on fait usage dans les successions monotoniques. Or,

DE L'ACCORD DE SEPTIÈME

quelles que soient les précautions que l'on prenne dans la préparation de la dissonance des accords de septième établis sur la médiante et sur la susdominante du ton d'*ut* majeur, il sera fort difficile d'effectuer des combinaisons qui permettent l'audition de ces accords, si l'on ne module pas (1).

DE L'ACCORD DE SEPTIÈME DE SUSTONIQUE

(Mode mineur).

§ 250. Dans le mode mineur, l'accord de quinte diminuée du second degré devient la base d'un accord de septième remplissant des fonctions analogues à celles de septième de sustonique dans le mode majeur. On explique l'origine de cet accord en écrivant en *la* mineur, par exemple, la formule de cadence suivante, avec l'emploi de l'accord de quinte diminuée fondamental du second degré ; ex. A.

De la prolongation du *la* du premier accord dans le second *si ré fa*, il résulte une agrégation de quatre sons, *si ré fa la*, laquelle constitue un accord de septième posé sur le 2e degré de la gamme mineure ; pour ce motif, nous nommerons accord de *septième de sustonique (mode mineur)* cet accord composé d'un accord de quinte diminuée *si ré fa*, surmonté d'une tierce majeure *fa la*, et dont la résolution est identique à celle de l'accord qui lui sert de base ; ex. B.

Remarque importante.

§ 251. L'accord *si ré fa la*, septième de sustonique en *la* mineur, se compose des mêmes notes que l'accord *si ré fa la*, septième de sensible en *ut* majeur. Néanmoins, la résolution du premier est si différente, dans le ton de *la* mineur, de celle qui est dévolue au second dans le ton d'*ut* majeur, qu'ils

---

(1) Nous ferons observer, toutefois, que les accords de septième *mi sol si ré* et *la ut mi sol* peuvent faire partie d'une marche d'harmonie écrite avec les notes de la gamme d'*ut* que l'on trouvera ci-après aux §§ qui concernent l'accord de *septième majeure* ; mais on verra, du reste, que cette marche n'est pas une succession monotonique ordinaire.

DE SUSTONIQUE (MODE MINEUR)

forment entre eux, malgré cette similitude d'intervalles, deux accords parfaitement distincts l'un de l'autre (§ 247).

Voici la différence des deux résolutions; ex. A et B.

§ 252. L'accord *si ré fa la*, septième de sustonique en *la* mineur, étant composé des mêmes intervalles que l'accord de septième de sensible en *ut* majeur, les chiffrages sont identiques, à l'exception du troisième renversement, ainsi qu'on le verra plus loin.

L'accord fondamental *si ré fa la* se chiffre donc par $\frac{7}{5}$ et reçoit trois positions sur le clavier; ex. C.

Dans son état fondamental, l'accord de septième de sustonique (mode mineur), quoique placé par degré conjoint avec celui de la tonique, peut cependant succéder à ce dernier accord dans le même état, parce que la seconde quinte *si fa* est diminuée (voy. § 93); ex. D.

La succession fondamentale de ces deux accords, produite en sens contraire, serait défectueuse, attendu que la seconde quinte est juste; ex. E.

Son enchaînement avec l'accord de la tonique, marchant après lui, ne peut avoir lieu que si ce dernier accord se trouve renversé; ex. F.

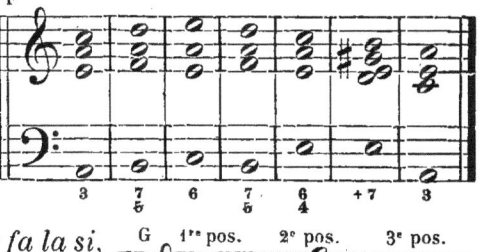

Ces diverses résolutions ont une analogie complète avec celles de l'accord de septième de sustonique du mode majeur (§ 242).

§ 253. Le premier renversement, *ré fa la si*, posé sur le 4ᵉ degré de la gamme mineure et chiffré par $^{+6}_{5}$, se nomme *accord de sixte et quinte (mode mineur)*; il reçoit trois positions; ex. G

Sous cet aspect, l'accord de septième de

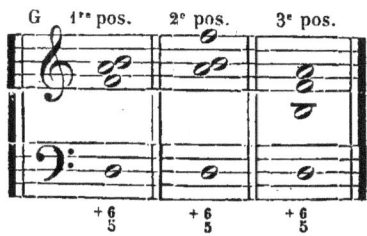

sustonique (mode mineur) est très usité, parce que sa note de basse étant placée sur la sousdominante, la cadence parfaite est fortement pressentie; ex. A.

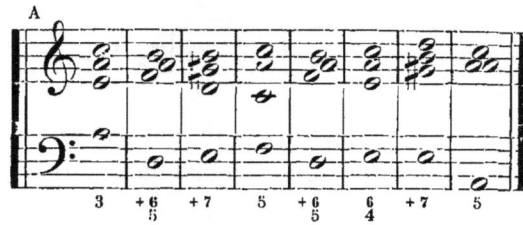

§ 254. Le deuxième renversement, *fa la si ré*, placé sur le 6ᵉ degré de la gamme mineure, se chiffre par $+\frac{4}{3}$; nommé accord de *triton et tierce*, il reçoit trois positions; ex. B.

Sa résolution a lieu sur la dominante portant accord parfait majeur, sur celui de septième de dominante ou sur l'accord de quarte et sixte de la tonique; ex. C.

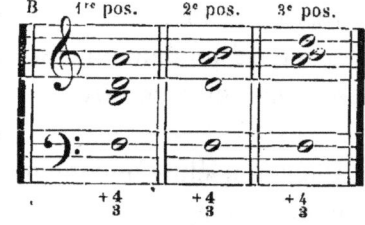

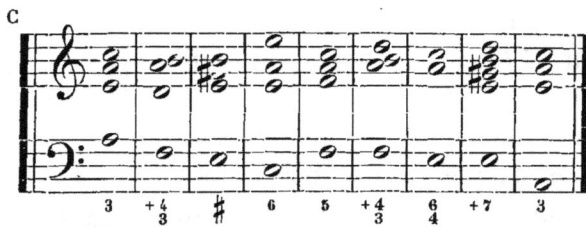

Le premier et le deuxième renversement de l'accord de septième de sustonique du mode mineur ont le privilége de pouvoir, dans une succession monotonique, être frappés sans préparer la dissonance; il produit, dans ce cas, un effet étrange qui n'a rien de blessant pour l'oreille; ex. D.

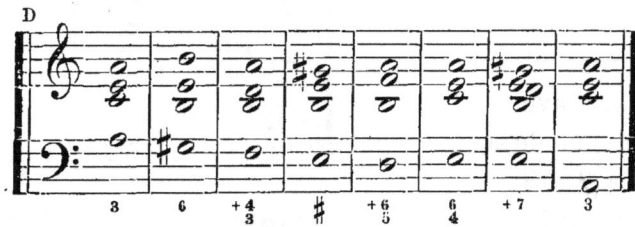

§ 255. Le troisième renversement, *la si ré fa*, posé sur la tonique de la gamme mineure, et nommé accord de *seconde*, se chiffre par 2. C'est la seule différence qui existe, quant au chiffrage, avec le troisième renversement de l'accord de septième de sensible, son homonyme, que nous avons chiffré par +2 (§ 225).

DE SUSTONIQUE (MODE MINEUR)

L'accord de seconde reçoit trois positions sur le clavier; ex. A.

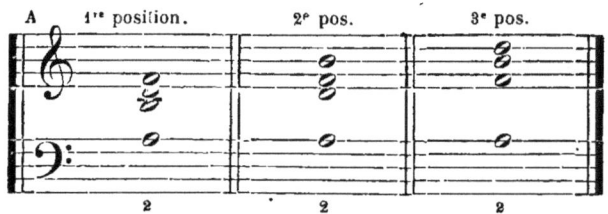

La résolution de l'accord de seconde ne peut avoir lieu que sur le premier renversement de l'accord de la dominante ou sur celui de sixte et quinte diminuée, car la tonique qui en forme la dissonance, étant à la basse, ne peut, dans sa marche résolutive, se diriger que sur la note sensible du ton auquel l'accord appartient; ex. B.

Le troisième renversement de l'accord de septième de sustonique du mode mineur est très-usité; mais il ne provoque pas le sentiment de la cadence parfaite, puisqu'il ne peut être suivi que de l'accord de sixte de la dominante ou de son équivalent harmonique.

§ 256. L'accord de septième de sustonique (mode mineur) est un très bon agent pour effectuer des modulations dans les tons mineurs; ex. C. D.

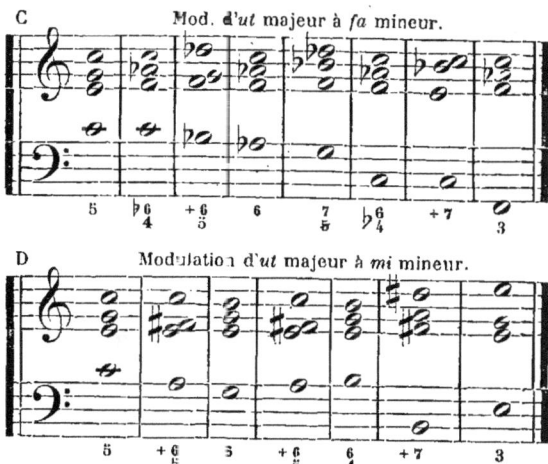

L'accord de septième de sustonique (*mode mineur*), *ré fa la♭ ut*, se transforme en celui de septième de dominante, *ré fa♯ la♮ ut*, en élevant d'un demi-ton sa tierce et sa quinte. Il en est de même pour les renversements de cet accord qui, par l'élévation des deux notes *fa* et *la♭*, se changent en accord de septième de dominante écrit sous l'aspect correspondant. Il peut alors servir d'intermédiaire pour lier deux tons très éloignés l'un de l'autre.

§ 257. Nous avons vu plus haut (§ 254) que, dans une succession monotonique, le premier et le deuxième renversement pouvaient quelquefois être attaqués sans préparation de la dissonance. Toutefois, cette préparation est nécessaire quand ces accords servent d'intermédiaire à une modulation en mode mineur, ainsi qu'on le voit dans les exemples C et D de la page précédente.

On passe quelquefois de cet accord en mode majeur à celui du mode mineur sans quitter le premier de ces modes; ex. A.

On peut aussi, en majeur, frapper cet accord sans faire entendre au préalable, dans son état naturel, la note qui doit être baissée; ex. B.

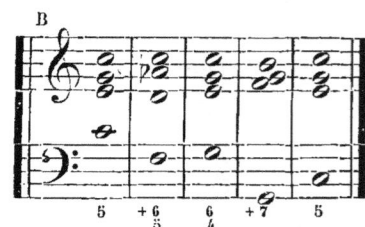

Dans le mode mineur, l'emploi de l'accord de septième de sustonique doit être toujours fait avec celui qui est approprié à ce mode. Ainsi, en *ut* mineur, par exemple, l'audition du *la* ♮ donnerait lieu à une intolérable fausse relation.

Remarque. L'accord de septième de sustonique des deux modes peut être frappé sans la quinte de sa fondamentale. Ces accords sont alors utilement employés dans l'harmonie à trois parties. Celui du mode majeur fondamental peut même, dans ce cas, s'enchaîner à l'accord de la tonique dans le même état, sans produire les quintes défectueuses (V. § 242).

DU CHANGEMENT D'ASPECT.

Avec l'accord de septième de sustonique (mode mineur), le changement d'aspect se pratique simplement, ou avec des notes de passage, du fondamental au premier et au deuxième renversement; ex. C de cette page et A de la page suivante.

DE SUSTONIQUE (MODE MINEUR)

Voici une formule modulante où l'on trouve l'emploi de l'accord de septième de sustonique des deux modes; ex. B.

DE L'EMPLOI DES ACCORDS DISSONANTS DANS L'ACCOMPAGNEMENT DE LA GAMME DIATONIQUE MAJEURE ET MINEURE.

§ 258. Si le lecteur a conservé le souvenir des principes qui ont été exposés aux §§ 40 et 41, à propos de la basse fondamentale ou non-fondamentale, il doit savoir que l'accompagnement le plus simple d'une gamme diatonique est formé par les trois accords parfaits fondamentaux de ses notes tonales, et que, si l'on place le chant à la basse, on obtient l'harmonie consonnante de l'ex. B (page 36).

Quelles que soient les précautions que l'on prenne pour enchaîner régulièrement les accords consonnants de cet exemple, le résultat est toujours assez pauvre; mais au point où nous sommes arrivés, il est déjà possible d'apporter un perfectionnement à l'harmonie de la gamme par un emploi convenable des accords de septième; ex. C de cette page et A de la suivante.

DE L'ACCOMPAGNEMENT

Mode mineur.

Les exemples précédents font voir que, dans la gamme ascendante des deux modes, le 2ᵉ degré reçoit l'accompagnement de l'accord de sixte sensible en (*a*). Sur le 4ᵉ degré de la gamme, en (*b*), on place convenablement le premier renversement de l'accord de septième de sustonique. Enfin, sur la note sensible, en (*c*), l'accord de sixte et quinte diminuée remplace le premier renversement de l'accord de la dominante. L'harmonie de la gamme descendante est susceptible d'une plus grande variété, car l'arrivée sur la dominante peut, en mode majeur, se faire par une modulation fugitive dans le ton de cette note à l'aide d'un accord de sixte sensible posé sur le *la*, en (*d*); ex. C de la page précédente.

Dans le système de gamme mineure descendante de l'ex. A, où l'on emploie le signe d'élévation sur le septième degré, on arrive sur la dominante par le deuxième renversement de l'accord de septième de sustonique (mode mineur) frappé sans préparation et placé sur la note *la*, en (*d*).

Dans la gamme descendante des deux modes, le 4ᵉ degré, en (*e*), est accompagné par l'accord de triton, lequel détermine un retour sur l'accord de la tonique (1).

La gamme mineure du système qui, en montant, prend le signe d'élévation sur le 6ᵉ degré, et qui, en descendant, fait entendre le 7ᵉ degré dans son état naturel, peut-être harmonisée de la manière suivante (2); ex. B et C.

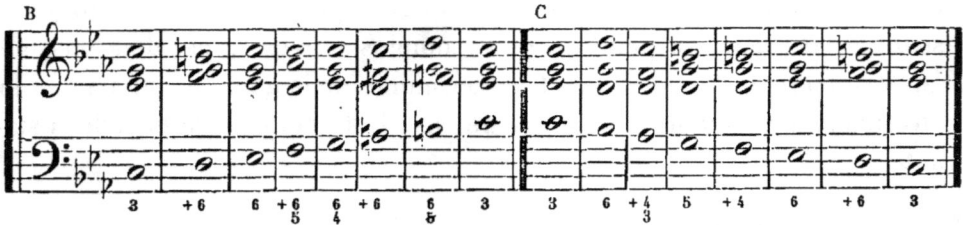

§ 259. La gamme majeure, ascendante ou descendante, peut recevoir

---

(1) Cette manière d'accompagner la gamme se nommait autrefois la *règle d'octave*.

(2) Ces divers accompagnements, que l'on nomme aussi la *gamme harmonique*, sont de bonnes formules qu'il est utile de pratiquer, dans tous les tons des modes majeur et mineur, par l'emploi des accords écrits dans leurs diverses positions.

DES GAMMES

des accompagnements divers. Ainsi, le premier tétracorde, *ut ré mi fa*, donne lieu à une résolution détournée établie entre l'accord de sixte sensible qui a le *ré* pour note de basse, et celui de sixte et quinte diminuée du ton de *fa* majeur; ex. A.

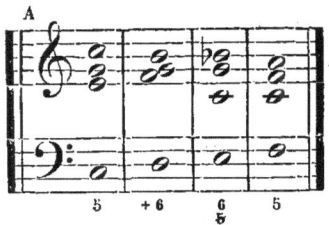

Le second tétracorde, *sol la si ut*, recevra évidemment un accompagnement identique; ex. B.

Si l'on joint ces deux tétracordes ainsi accompagnés, en portant les accords du premier, *ut ré mi fa*, à l'octave supérieure, on obtiendra le résultat que voici; ex. C.

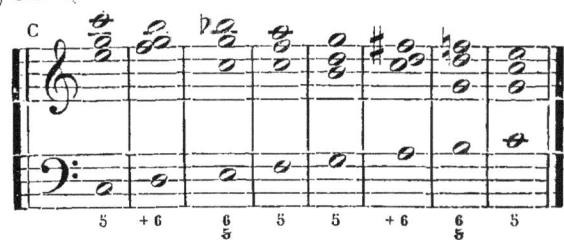

Pour éviter la rudesse qui a lieu au passage de l'accord de *fa* du premier tétracorde, à celui de *sol* du second tétracorde, on peut remplacer l'accord de la dominante *sol* par celui d'*ut* écrit au deuxième renversement. Par ce changement, on obtient plus d'unité dans l'harmonie générale de cette formule; ex. D.

Si l'on intervertit l'ordre des parties en transportant le chant de la première à la basse, et réciproquement celui de la basse à la première partie, il en résultera la formule suivante; ex. E.

278 DE L'ACCORD DE

Les quatre accords qui accompagnent le premier tétracorde d'une gamme majeure forment la première période d'une progression d'harmonie modulante que l'on peut prolonger indéfiniment; ex. A.

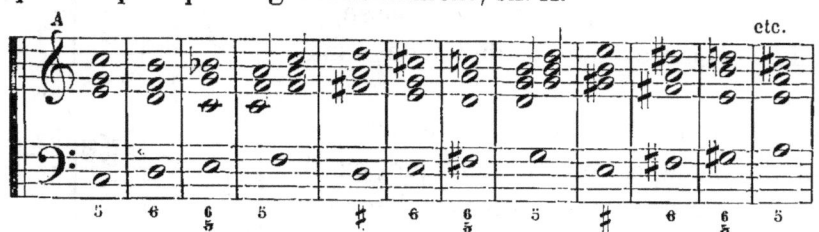

Cette marche harmonique peut être formée en sens inverse en plaçant à la basse le chant de la première partie; ex. B.

Au passage d'une période à l'autre de ces deux marches, on a dû remarquer un changement de position qui a pour but d'éviter une fausse relation d'octave en même temps qu'une fausse relation de triton (1).

DU PRINCIPE DE L'ALTÉRATION ET DE L'ACCORD DE SIXTE AUGMENTÉE.

§ 260. Un accord d'une espèce nouvelle et qui se lie intimement aux accords de septième dont on connaît jusqu'ici l'origine et l'emploi, nous oblige, pour les besoins de la pratique, d'interrompre momentanément la théorie des accords de septième et de ceux qui s'y rattachent.

Jusqu'à présent, on a vu la dissonance prendre sa source dans la prolongation du son d'un accord dans celui qui le suit, ou dans les notes de passage placées entre deux accords consonnants. Toutefois, ces artifices harmoniques ne sont pas les seules causes qui produisent la dissonance.

Un fait mélodique très important introduit dans les formes harmoniques des modifications d'un genre nouveau. — Voici son origine :

Lorsque la voix humaine doit émettre deux sons séparés par l'intervalle

---

(1) La marche B est moins correcte que la précédente; l'enchaînement des périodes donne lieu à des octaves cachées qu'il faudrait éviter dans une succession ordinaire.

mélodique de seconde majeure, comme de *sol* à *la*, il arrive souvent que, dans le but de diminuer l'étendue de cet intervalle, elle accuse en passant le demi-ton chromatique *sol* ♯, en montant de *sol* à *la*, et *la* ♭ en descendant de *la* à *sol* (§ 186).

Dans la succession des accords, ce fait mélodique peut être produit par toute partie qui doit franchir l'intervalle de seconde majeure en passant d'un accord à l'autre. Le son intermédiaire, indiqué par le signe d'élévation, s'il faut monter, ou par le signe d'abaissement, s'il faut descendre, détermine dans un accord un intervalle nouveau qui, en harmonie, prend le nom d'*altération*.

En principe, le but de l'altération est de rendre nécessaire la résolution d'une note qui, dans les circonstances ordinaires, pourrait suivre une direction toute opposée.

Pour éclaircir un principe si essentiel, écrivons en *la* mineur une formule renfermant un accord dans lequel une des parties puisse monter ou descendre d'un ton entier, ou bien rester en place, suivant la résolution donnée à cet accord. La fondamentale *ré* de l'accord du 4e degré *ré fa la* va servir à montrer ces trois possibilités ; ex. A, B, C.

 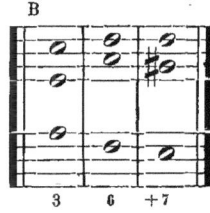 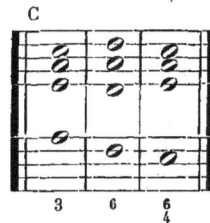

En A, le *ré* de l'accord de sixte, *fa la ré*, monte au *mi* de l'accord suivant.

En B, cette même note *ré* reste en place pour former la dissonance de l'accord de septième de dominante.

En C, cette note descend d'un ton sur *ut*, sixte de l'accord quarte et sixte *mi la ut*.

Supposé que le *ré*, qui fait sixte majeure avec la note de basse *fa*, dans l'accord *fa la ré*, soit haussé d'un demi-ton chromatique, ce *ré* ♯ n'est plus dans ce cas libre de rester en place ou de descendre ; il doit nécessairement monter au *mi* ; ex. D.

L'intervalle de sixte augmentée *fa ré* ♯, qui résulte de l'altération ascendante du *ré*, a valu à l'agrégation *fa la ré* ♯ le nom d'accord de *sixte augmentée*.

DE L'ACCORD DE

Nous chiffrerons cet accord par un 6 suivi d'une petite croix, soit : 6+.

On sait, par le § 53, que tous les intervalles augmentés ou diminués sont dissonants; mais la résolution de ce genre de dissonance n'est pas semblable à celle qui résulte de la prolongation ou de la dissonance naturelle inhérente à l'accord de quinte diminuée. Ici la note altérée doit obéir à la direction qui lui est imposée par le signe accidentel dont elle est affectée, et qui détermine l'intervalle dissonant.

C'est pourquoi l'accord de sixte augmentée, *fa la ré* ♯, se résout sur l'accord fondamental de la dominante, comme on le voit ci-dessus; ex. D.

§ 261. On vient de voir que l'accord parfait mineur de *ré* (4ᵉ degré en *la* mineur), dans son premier renversement *fa la ré*, forme la base de l'accord de *sixte augmentée*, *fa la ré* ♯, dont le but est d'amener un repos sur la dominante.

Envisagée comme un accord proprement dit, l'agrégation *fa la ré* ♯ est invariable (1). On peut toutefois l'écrire sous la forme *fa ré* ♯ *la*; mais la sixte augmentée ne doit jamais, par le renversement, devenir une tierce diminuée. La note de basse de l'accord de sixte augmentée se place sur le 6ᵉ degré de la gamme mineure auquel il appartient en principe. Cette note doit toujours descendre d'un demi-ton diatonique lorsque l'accord se met en mouvement pour opérer la résolution naturelle qui a été signalée dans l'exemple précédent.

Si la formation de l'accord de sixte augmentée exigeait toujours l'espèce de préparation qui a lieu dans l'exemple D ci-dessus, c'est-à-dire s'il fallait faire entendre dans son état naturel la note qui doit subir l'altération, il suffirait alors de faire l'emploi de la sixte augmentée, comme on le verra aux §§ 294 et suivants, dans lesquels il sera fait un exposé spécial des altérations proprement dites.

Toutefois, la possibilité qu'on a de produire l'agrégation *fa la ré* ♯ sans faire la préparation indiquée ci-dessus, lui a donné le droit d'être classée par les théoriciens au nombre des accords; ex. A.

Quand on veut éviter le repos sur la dominante, on donne souvent à l'accord de sixte augmentée une résolution sur celui de la tonique. Mais comme, en toute circonstance, la basse marche sur la dominante du ton, il s'ensuit que

---

(1) C'est ce qui fait dire que l'accord de sixte augmentée n'a pas de renversements; toutefois, les agrégations qui résultent du principe de l'altération, présentent souvent la forme de ces renversements, qui sont alors traités d'une façon particulière, ainsi qu'on le verra ci-après aux altérations proprement dites.

l'accord de la tonique se présente nécessairement dans son deuxième renversement; ex. A.

Dans l'harmonie à quatre parties, on ne double jamais la note de basse ou celle qui produit la sixte augmentée, leur marche résolutive obligatoire les dispense d'une répétition qui rendrait inévitables des octaves défectueuses. Ainsi, dans l'accord *fa la ré* ♯, le *la* seul peut être doublé; ex. B et C.

La disposition des notes de ce dernier exemple appartient à l'harmonie vocale.

En harmonie d'accompagnement sur le clavier, on ne peut produire que les trois sons de l'exemple A ci-dessus.

Cherchons maintenant à faire entrer un quatrième son dans l'accord de sixte augmentée.

§ 262. On sait que l'accord de septième de sustonique (mode majeur) devient, par homonymie, un accord de septième mineure posé sur le 4ᵉ degré de la gamme relative mineure (6ᵉ degré), et que la fonction de ce dernier est de se résoudre sur l'accord parfait majeur de la dominante ou sur l'accord quarte et sixte de la tonique; ex. D et E.

L'accord de septième mineure est figuré dans ces exemples sous l'aspect de son premier renversement, *fa la ut ré*.

Si la note *ré*, sixte majeure de la basse, est haussée par le dièse, on aura de nouveau un accord de sixte augmentée, *fa la ut ré* ♯, mais avec l'adjonction d'un quatrième son, *ut*, placé à distance de quinte juste de la note de basse *fa* (1).

A la basse chiffrée, on indique la quinte de l'accord de sixte augmentée par un 5 placé sous le 6+; soit ⁶⁺⁄₅; ex. F.

(1) C'est le 11ᵉ accord de la classification de Reicha.

L'accord de sixte augmentée avec quinte se résout également sur le deuxième renversement de l'accord de la tonique; ex. A.

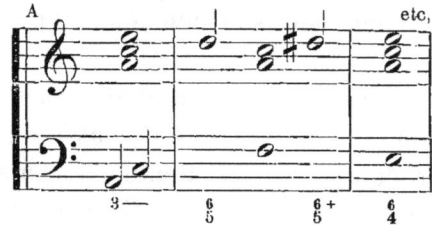

L'accord de sixte augmentée, avec quinte, n'a pas une puissance résolutive plus forte que celui de trois sons; le seul avantage qu'il possède est de mieux s'approprier à l'harmonie composée de plus de trois parties et de se résoudre plus convenablement sur le deuxième renversement de l'accord de la tonique, ainsi qu'on vient de le voir.

On peut aussi le frapper sans faire entendre le premier renversement de l'accord de septième mineure qui l'engendre; ex. B.

La résolution de cet accord sur celui de la dominante produit deux quintes justes par mouvement semblable; ex. C.

Toutefois, les deux quintes *fa ut* et *mi si* ne blessent pas l'oreille, attendu qu'elles ont lieu par seconde mineure.

Nous allons voir tout à l'heure (§ 266) par quel moyen on peut les éviter quand on veut rendre l'harmonie plus correcte et plus pure.

§ 263. Le mode majeur emprunte au mineur de même base l'harmonie de l'accord de sixte augmentée dans les mêmes conditions que ci-dessus. Ainsi le ton de *la* majeur s'appropriera l'accord *fa la ut ré* ♯, en observant toutefois que le 6ᵉ degré, qui sert de note de basse à cet accord, doit être baissé d'un demi-ton chromatique, afin que la note de basse se trouve à distance de sixte augmentée de la note aiguë et qu'elle n'ait à parcourir dans sa résolution que la distance de seconde mineure; ex. D.

SIXTE AUGMENTÉE

L'accord de sixte augmentée avec quinte reçoit trois positions; ex. A.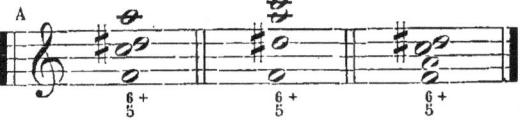

La résolution de cet accord sur celui de quarte et sixte de la tonique est plus énergique et plus brillante en mode majeur qu'en mode mineur.

Lorsque la résolution se fait en majeur sur le deuxième renversement de l'accord de la tonique, quelques maîtres changent, par enharmonie, la quinte juste en quarte doublement augmentée, parce que cette note doit monter d'un demi-ton sur la médiante. Pour chiffrer cet accord, on peut, dans ce cas, signaler la quarte doublement augmentée par : +4+ ; et l'accord par : +6+4+ ; ex. B et C.

 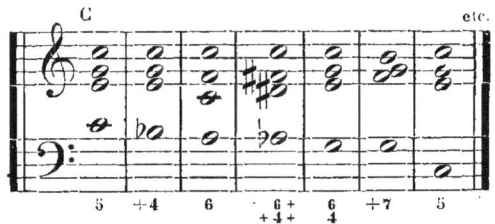

Cette manière d'envisager l'accord de sixte augmentée est plus rationnelle, parce qu'elle est bien en rapport avec le mouvement de la quarte doublement augmentée.

D'autres auteurs ne font aucune différence dans la manière d'écrire l'accord de sixte augmentée avec quinte juste, résolu sur l'accord quarte et sixte majeur ou mineur ; ex. D et E.

 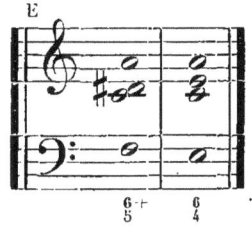

Dans la résolution sur l'accord de quarte et sixte parfait mineur de l'exemple E, la note *ut*, qui fait quinte, reste en place ; tandis que, dans le mode majeur, exemple D, cette même note *ut* naturel n'est affectée d'aucun signe indiquant qu'elle doive monter.

§ 264. En général, l'accord de sixte augmentée simple, avec quinte ou quarte doublement augmentée, offre de précieux moyens d'établir une liaison qui semble naturelle entre des tons quelquefois bien éloignés l'un de l'autre. Cette faculté modulante provient des propriétés enharmoniques qui distinguent cet accord. Sur un clavier, on le frappe avec les mêmes touches qui produisent l'accord de septième de dominante. Par exemple, *sol si ré fa*, septième de dominante en *ut*, est l'enharmonique de *sol si ré mi ♯*, accord de sixte augmentée avec quinte du ton de *si* ; ex. A.

Il résulte de cet exemple que, par enharmonie, on peut instantanément provoquer des modulations inattendues dans des tons éloignés. Ainsi, en partant d'*ut* majeur, par exemple, on modulera facilement en *si* majeur ou mineur par l'accord de sixte augmentée ; ex. B et C.

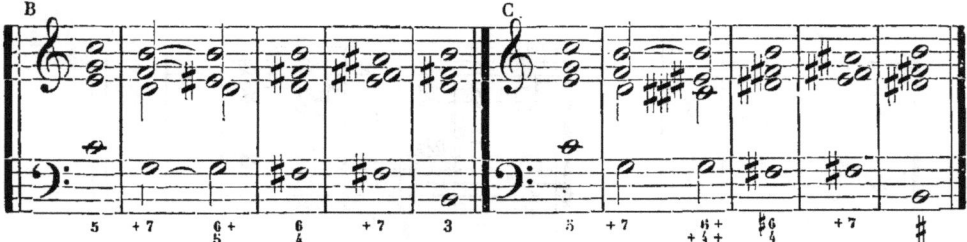

Dans la pratique, on se dispense généralement de figurer l'enharmonie de l'accord de septième de dominante changé en accord de sixte augmentée, et l'on attaque sur-le-champ ce dernier accord ; ex. D.

§ 265. On vient de voir l'accord de septième de dominante changé en celui de sixte augmentée ; voici maintenant un accord de sixte augmentée transformé en accord de septième de dominante suivi de sa résolution naturelle, et *vice versa* ; ex. E.

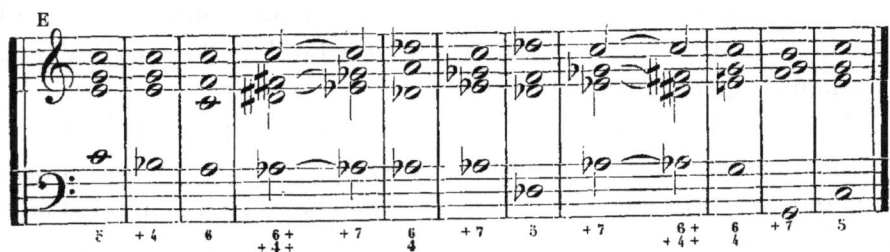

L'accord de septième diminuée, écrit sous un aspect quelconque, donne lieu à un accord de sixte augmentée avec quinte, en abaissant chaque fois d'un demi-ton chromatique la note de basse, et en faisant subir aux notes supérieures la transformation enharmonique nécessaire. Ainsi, à l'état fondamental, on change la septième en sixte augmentée de la manière suivante; ex. A.

Au premier renversement, la sixte augmentée résulte naturellement de l'abaissement chromatique de la note de basse; ex. B.

Le deuxième renversement, *ré fa sol* ♯ *si*, a besoin de la transformation enharmonique de la quarte *sol* ♯ en *la* ♭; ex. C.

Enfin, dans le troisième renversement, *fa sol* ♯ *si ré*, on doit changer enharmoniquement la seconde augmentée *sol* ♯ en *la* ♭, et la quarte *si* en *ut* ♭; ex. D.

Si l'accord de septième diminuée doit passer à celui de sixte augmentée et quarte doublement augmentée, pour être résolu sur le deuxième renversement d'un accord parfait majeur, les transformations enharmoniques sont plus compliquées. Ainsi *sol* ♯ *si ré fa* (septième diminuée fondamental) deviendra *sol* ♮ *si ut*× *mi* ♯. — Le premier renversement *si ré fa sol* ♯ produira l'accord de sixte augmentée et de quarte doublement augmentée de cette manière : *si* ♭ *ré mi* ♯ *sol* ♯, etc.

Ces exemples font voir les immenses ressources qui sont renfermées dans l'harmonie de l'accord de sixte augmentée. Toutefois, un emploi trop fréquent de cet accord deviendrait fatigant, et c'est avec beaucoup de réserve qu'on doit faire usage de ses transformations enharmoniques.

Une des qualités essentielles de l'accord de sixte augmentée consiste dans le pouvoir qu'il a de faire oublier instantanément le mode d'un ton bien déterminé et de transporter l'harmonie dans le mode opposé d'un ton de même base, sans que l'oreille soit affectée de ce brusque changement; ex. E.

L'accord de sixte augmentée a la propriété de rendre douces et agréables des modulations indirectes ou éloignées, qui seraient dures et incohérentes si elles étaient effectuées par les moyens ordinaires. Par exemple, le passage d'*ut* majeur à *la* majeur paraît étrange et peu naturel lorsqu'il est opéré par les accords qui conduisent d'*ut* majeur à *la* mineur; exemple comparatif A et B.

 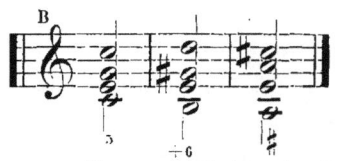

L'âpreté de la modulation B disparaîtra par l'intermédiaire de l'accord de sixte augmentée, résolu sur l'accord quarte et sixte de *la* majeur; ex. C.

La résolution de l'accord de sixte augmentée sur le deuxième renversement de l'accord parfait mineur peut servir de point de départ à une marche de basse chromatique descendante, fort curieuse sous le rapport de la régularité du mécanisme des doigts sur le clavier. Pour arriver au but proposé, au lieu de donner à l'accord de quarte et sixte la suite naturellement indiquée par cet aspect de l'accord parfait, il faut, par une sorte de résolution détournée, le faire suivre d'un accord de triton appartenant au ton relatif indirect du mode mineur dont le principe est exposé au § 138.

On sait que cette relation est établie sur la facilité qu'il y a de moduler, par exemple de *mi* mineur à *fa* majeur, par l'accord de dominante de ce dernier ton; ex. D.

Si l'on place l'accord de *mi* au deuxième renversement et celui de septième de dominante dans son troisième, on obtient le résultat suivant; ex. E.

Par une résolution détournée, on peut substituer à l'accord de sixte de l'exemple E, celui de septième de dominante fondamental de *ré* mineur; ex. A ci-après.

SIXTE AUGMENTÉE

Supposons maintenant que l'accord de quarte et sixte de ce dernier exemple provienne de la résolution normale de l'accord de sixte augmentée indiqué plus haut, on aura la combinaison suivante; ex. B.

L'accord de septième de dominante fondamental de l'exemple A, changé par enharmonie en accord de sixte augmentée, donnera lieu à une nouvelle série semblable à cette dernière, et l'on pourra ainsi continuer indéfiniment cette marche chromatique; ex. C.

On arrête cette marche à volonté, en donnant une résolution normale à l'un ou l'autre des divers accords qui la composent. On remarquera que tous ces accords sont, de l'un à l'autre, liés par deux notes communes; toutefois, l'enharmonie nécessaire à la formation de l'accord de sixte augmentée déplace, dans l'écriture musicale, l'une des notes de l'accord de septième de dominante qui lui donne naissance; mais cette note reste la même sur le clavier, et c'est en cela que consiste la régularité du mécanisme annoncée ci-dessus.

Par analogie, on peut, en sens contraire, produire une marche chromatique ascendante exécutée par la basse et parfaitement régulière; ex. D.

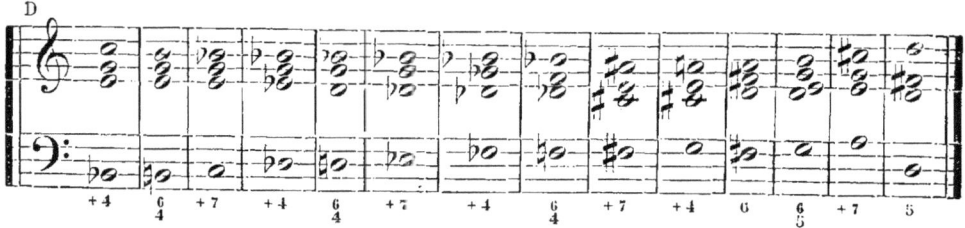

Le point de départ de cette marche ascendante consiste dans la possibilité de résoudre un accord de triton sur le deuxième renversement d'un accord parfait en faisant monter la basse d'un demi-ton, ainsi que cela a été expliqué au § 239. A la troisième mesure de l'exemple D ci-dessus, l'accord de septième de dominante *ut mi sol si* ♭, qui semble annoncer une cadence parfaite dans le ton de *fa*, est, par une résolution détournée, suivi de l'accord de triton du ton de *la* ♭ avec lequel on recommence une nouvelle série chromatique ascendante, laquelle est suivie d'une troisième, et ainsi de suite jusqu'au point où l'on veut arrêter la marche.

De l'accord de sixte augmentée avec quarte augmentée.

§ 266. On sait que l'accord de septième de sustonique (mode mineur) se frappe quelquefois sans préparation lorsqu'il se présente dans son premier ou son deuxième renversement de cette manière : ex. A. (V. § 254.)

Supposé que, dans l'accord de triton et tierce *fa la si ré*, on élève d'un demi-ton chromatique la note *ré* qui fait sixte majeure avec la note de basse *fa*; par cette altération, on obtiendra la combinaison suivante *fa la si ré* ♯; ex. B.

Cette agrégation, composée d'une sixte augmentée *fa ré* ♯, d'une quarte augmentée *fa si*, et d'une tierce majeure *fa la*, prend le nom d'accord de *sixte augmentée avec quarte augmentée*, ou plus simplement : accord de *sixte et quarte augmentées*.

A la basse, on marque cet accord par $^{4+}_{+}$. Ses fonctions sont identiques à celles de l'accord de sixte augmentée avec quinte ou quarte doublement augmentée. Cependant les notes dont il se compose le rendent plus propre que les précédents accords à opérer le repos sur la dominante avec lequel il a une note commune, ainsi qu'on le voit en B ci-dessus.

Les deux quintes consécutives par mouvement semblable signalées, au § 262, à propos de la résolution de l'accord de sixte augmentée avec quinte, n'ont pas lieu avec l'accord de sixte et quarte augmentées, mis en mouvement sur l'accord parfait majeur de la dominante.

Quand on veut opérer le repos sur la dominante, on passe ordinairement de l'accord de sixte augmentée avec quinte à celui de sixte et quarte augmentées; ex. C.

L'intervalle de seconde majeure, qui entre dans la forme de l'accord de sixte et quarte augmentées, le rend plus dur que celui de sixte augmentée avec quinte; mais son âpreté est bientôt rachetée par la douceur de sa résolution sur l'accord parfait majeur de la dominante, ainsi qu'on a pu le voir en A, ci-dessus.

Quelquefois on suit la marche opposée à celle de l'exemple C, c'est-à-dire que l'accord de sixte augmentée, avec quinte ou quarte doublement augmentée, succède à celui de sixte et quarte augmentées; ex. A.

La résolution de l'accord de sixte augmentée pourrait avoir lieu sur l'accord de quarte et sixte majeur.

Cet accord se frappe également sans faire entendre au préalable l'accord de septième de sustonique du mode mineur qui lui donne naissance; ex. B.

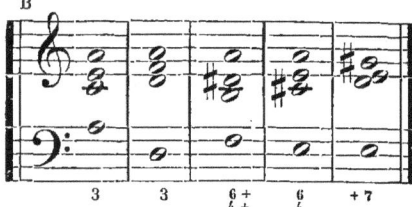

Un exemple de cette manière de produire l'accord de sixte et quarte augmentées, suivi de sa résolution sur le deuxième renversement de l'accord de la tonique, se trouve dans l'accompagnement du chant d'Isabelle : « *Grâce! grâce!* etc., » au quatrième acte de *Robert le Diable*; ex. C.

Dans cet exemple, l'accord de sixte et quarte augmentées *ré♭ fa si♮ sol*, attaqué par les instruments aigus, est précédé de l'accord de sixte de la sousdominante *ré fa si♭*, qui en prépare la sixte augmentée. Le *ré♭* du chant de *Robert* est délicieusement accompagné par cet accord.

On peut écrire l'accord de sixte et quarte augmentées dans trois positions différentes; ex. D.

Dans l'accompagnement de la gamme mineure descendante, on place l'accord de sixte augmentée avec quinte ou celui de sixte et quarte augmentées sur le 6ᵉ degré, pour amener le repos sur la dominante; ex. A et B, ci-après.

290 DE L'ACCORD DE

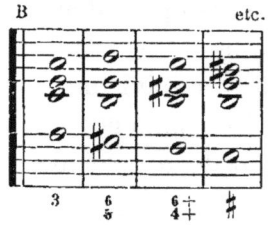

Les renversements de l'accord de sixte et quarte augmentées ne sont pas usités. Les agrégations qui en représentent la forme sont traitées comme on le verra ci-après aux §§ qui concernent les altérations.

Remarque. Si l'on prend pour exemple le ton de *la* mineur, on trouve que les accords qui précèdent ordinairement le repos sur la dominante *mi* forment une famille de huit espèces d'accords, savoir :

1° Le premier renversement de l'accord parfait mineur du 4e degré, *fa la ré* ;

2° L'accord de sixte augmentée simple, qui dérive du précédent, *fa la ré* ♯ ;

3° Le deuxième renversement de l'accord de quinte diminuée, *fa si ré* ;

4° L'accord de septième mineure au premier renversement, *fa la ut ré* ;

5° L'accord de sixte augmentée avec quinte, *fa la ut ré* ♯, qui dérive du précédent ;

6° L'accord de sixte augmentée et quarte doublement augmentée, *fa la si* ♯ *ré* ♯ ;

7° L'accord de septième de sustonique du mode mineur au deuxième renversement, *fa la si ré* ;

8° L'accord de sixte et quarte augmentées *fa la si ré*♯ qui dérive du précédent. — Tous ces accords sont également employés en mode majeur.

DE L'ACCORD DE SEPTIÈME MAJEURE.

§ 267. Parmi les divers accords de septième dont on a jusqu'ici indiqué la forme et la fonction, celui de septième de dominante, de septième diminuée, et l'accord de septième de sensible ont la propriété de provoquer directement la modulation. Quant aux accords de septième de sustonique des deux modes, leur action modulante ne se manifeste que lorsqu'ils sont suivis de l'un des trois premiers ou de l'accord de la tonique renversé.

Nous allons terminer la série des accords de septième par celui qui est le moins agréable à entendre et qui, n'ayant qu'une importance secondaire

SEPTIÈME MAJEURE

dans la tonalité harmonique des deux modes, est conséquemment le moins usité (1).

Voici quelle est l'origine de cet accord.

Étant donné un ton du mode majeur, si, dans l'accord du 1er degré, on place au-dessus de la quinte une tierce majeure à l'aide de la prolongation d'un son de l'accord précédent, on obtient un accord de septième qui a pour base un accord parfait majeur dont la quinte est surmontée d'une tierce majeure; ex. A.

L'agrégation des quatre sons *ut mi sol si*, chiffrée par 7, prend le nom d'accord de *septième majeure*, parce que la dissonance *si* forme l'intervalle de septième majeure avec la fondamentale *ut*. La dissonance de cet accord doit toujours être préparée.

Sur la sousdominante, on trouve un autre accord de septième majeure, *fa la ut mi*; ex. B.

La résolution la plus naturelle de l'accord de septième majeure n'a pas lieu sur l'accord parfait; sa basse descend de quinte ou monte de quarte, et lorsqu'il est frappé dans une succession monotonique, la note de basse résolutive porte l'accord de septième qui lui est dévolu dans la tonalité harmonique dissonante.

Ainsi, lorsqu'il est posé sur la tonique, il se résout sur la sousdominante portant un accord de même espèce; ex. C.

L'accord de septième majeure placé sur la sousdominante se résout naturellement sur celui de septième de sensible, accord homonyme de celui de septième de sustonique du ton relatif mineur (6e degré); ce qui établit, si l'on veut, une modulation dans ce dernier ton; ex. D.

Dans l'enchaînement des trois accords de septième, *ut mi sol si*, *fa la ut mi*, *si ré fa la*, la dissonance *mi* du second accord est préparée par la tierce du premier, et celle du troisième, *la*, par la tierce du second accord de septième; ex. E.

L'accord de septième majeure *ut mi sol si*, et celui de même espèce *fa la ut mi*, inhérents au ton d'*ut* majeur, appartiennent aussi à la gamme

---

(1) Un compositeur moderne, Félicien David, a fait de cet accord un emploi exceptionnel qui donne beaucoup d'originalité à sa musique.

de *la* mineur, relative (6ᵉ degré), dans laquelle ils remplissent une fonction analogue; ex. A.

L'observation du § 203, concernant deux accords de septième de dominante qui s'enchaînent par quinte juste inférieure, s'applique à la liaison des accords de septième des exemples précédents. C'est pourquoi, si le premier accord de septième *ut mi sol si* possède sa quinte, le deuxième *fa la ut mi* ne doit pas être muni de la sienne, et ainsi de suite.

§ 268. On sait que tous les accords parfaits et celui de quinte diminuée d'une gamme majeure, enchaînés par quinte inférieure, produisent la progression harmonique suivante; ex. B.

Si, dans chacun de ces accords de trois sons, on introduit une septième par prolongation, on conçoit que la marche harmonique de l'exemple B se changera en une progression formée par des accords de septième de toutes les espèces, moins celui de septième diminuée; ex. C.

On voit que, dans la marche de septième écrite à trois parties, la dissonance de chacun des accords est préparée par la tierce du précédent, et que les quintes sont supprimées.

Si l'harmonie de cette marche est composée pour quatre parties, la suppression de la quinte n'a lieu que de deux en deux; ex. D.

A cinq parties, les accords sont tous au complet; ex. E.

Comme tous les accords de quatre sons, celui de septième majeure se renverse trois fois. Le premier renversement est un accord de sixte et quinte qui se chiffre par $\frac{6}{5}$. Le deuxième renversement est un accord de tierce et quarte chiffré par $\frac{4}{3}$. Le troisième renversement est un accord de seconde et quarte que l'on signale à son tour avec le seul chiffre 2; ex. F.

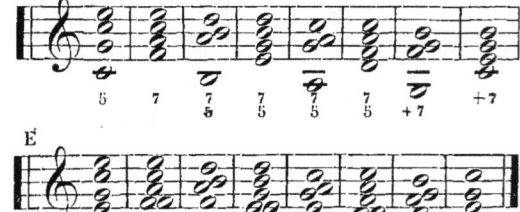

Lorsque, dans la marche d'harmonie précédente, on veut faire usage des

SEPTIÈME MAJEURE

renversements des accords de septième de diverses espèces qui la composent, si le premier de ces accords est fondamental, le second se présente au deuxième renversement, et ainsi de suite ; ex. A.

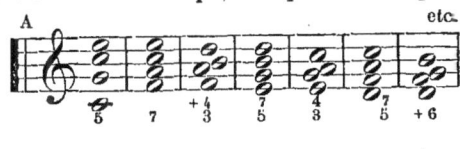

Si le premier est écrit au deuxième renversement, le suivant se présente dans son état fondamental ; ex. B.

Le premier accord de septième étant écrit au troisième renversement, le suivant devra se présenter sous l'aspect du premier renversement, et *vice versa* ; ex. C et D.

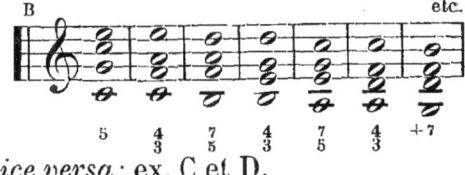

L'accord de septième majeure reçoit quelques résolutions exceptionnelles ; ainsi on le fait suivre quelquefois d'un accord parfait majeur dont la fondamentale est placée à distance de quinte inférieure ou de quarte supérieure de celle de cet accord ; ex. E.

On le résout aussi sur un accord de septième de dominante au premier renversement, en faisant monter sa note de basse d'un demi-ton chromatique. Cette résolution peut encore faire moduler ; ex. F.

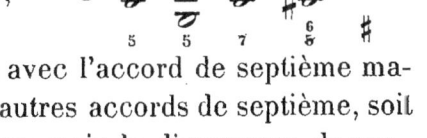

§ 269. Le changement d'aspect s'opère avec l'accord de septième majeure de la même manière que celui des autres accords de septième, soit directement, soit avec des notes de passage ; mais la dissonance de septième ne devant pas quitter le degré où elle se trouve placée, il s'en suit que le troisième renversement ne passe pas au fondamental ; ex. G.

L'harmonie de cet accord est tellement dure qu'on doit en user avec beaucoup de réserve.

DE L'ACCORD DE NEUVIÈME DE DOMINANTE

(Dans les deux modes.)

§ 270. Soit donnée la succession monotonique suivante établie à cinq parties dans le ton d'*ut* majeur; ex. A.

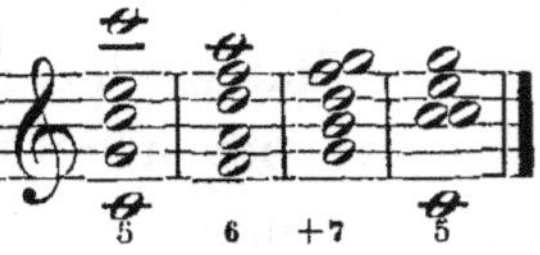

Si l'on prolonge la note *la* (6ᵉ degré de la gamme d'*ut*) qui forme l'accord de sixte *fa la ré*, dans celui de septième de dominante qui le suit, on produira l'agrégation *sol si ré fa la*, composée de cinq sons par tierces superposées, et dans laquelle la note *sol* (dominante) forme une dissonance de neuvième avec la note aiguë *la*. Pour ce motif, la réunion des cinq sons, *sol si ré la*, prend le nom d'accord de *neuvième de dominante* (mode majeur); ex. B.

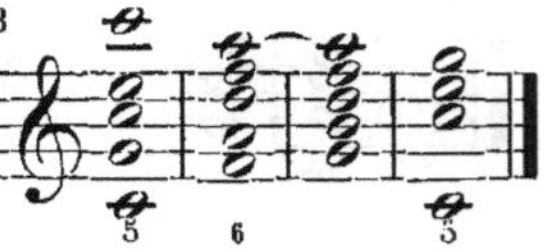

Les intervalles de cet accord, comptés à partir de la note de basse, sont les suivants:

Une neuvième *sol la* chiffrée par 9
Une septième *sol fa* — 7
Une quinte *sol ré* — 5
Une tierce *sol si* — 3

Comme on le voit, l'accord de neuvième de dominante (mode majeur) est composé de l'accord de septième de dominante, *sol si ré fa*, surmonté d'une tierce majeure, *fa la*.

On chiffre cet accord à la basse par $+\frac{9}{7}$. Il se résout sur l'accord fondamental de la tonique ou sur celui de septième de dominante dans le même état; ex. C.

Pour produire l'accord de neuvième de dominante, il n'est pas nécessaire de préparer la dissonance de neuvième, ainsi que nous l'avons fait dans les exemples ci-dessus, destinés à démontrer son origine; ex. D.

Les passages mélodiques les plus simples peuvent être accompagnés quelquefois par l'accord de neuvième de dominante.

Tout le monde connaît la naïve romance: *Ma Normandie*, de Frédéric

DE DOMINANTE

Bérat, dans laquelle le dernier vers de chaque couplet produit une accentuation mélodique formant la dissonance non préparée d'un accord de neuvième de dominante résolu sur l'accord de septième de dominante fondamental; ex. A.

L'accord de neuvième de cet exemple, en (a), est formé par les notes *ré fa ♯ ut* de l'accompagnement et par la note *mi* de la mélodie. On voit qu'il y manque la quinte *la*. C'est en effet la note que l'on doit supprimer quand on l'écrit dans l'harmonie à quatre parties.

L'accord de neuvième de dominante est employé quelquefois pour moduler dans les tons relatifs plus ou moins rapprochés; ex. B.

La disposition des notes de l'accord *sol si ré fa la* doit être telle que la tierce *si* et la dissonance de neuvième *la* doivent toujours se trouver, l'une à l'égard de l'autre, en rapport de septième. Le contact de ces deux notes, mises en rapport de seconde par le renversement de la tierce *si*, détruirait l'effet qui caractérise l'emploi de cet accord. La disposition suivante serait donc défectueuse; ex. C.

Cependant, la quinte *ré* se place quelquefois à la première partie; ex. D.

A quatre parties, lorsqu'on élide la quinte de la fondamentale, cette suppression ne nuit en rien à l'effet de cet accord; ex. E.

Avec l'accord de neuvième de dominante on peut faire une cadence évitée; ex. A ci-après.

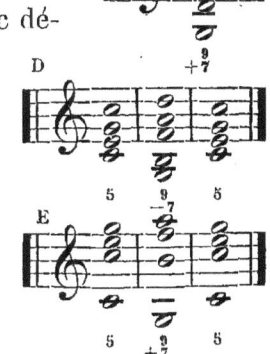

L'effet harmonique de cet accord est à peu près le même que celui de septième de sensible. La dissonance principale non préparée est, comme celle de ce dernier, le résultat d'une accentuation mélodique.

§ 271. Si l'on renverse une première fois l'accord *sol si ré fa la*, en portant la fondamentale à son octave supérieure, la note *sol* vient alors se placer entre le *fa* et le *la*; ex. B.

Cette disposition de notes rend le premier renversement impraticable de cette manière, à cause des deux secondes majeures conjointes, *fa sol* et *sol la*. Le moyen de le rendre praticable consiste à porter la note *si*, tierce de l'accord fondamental, à son octave inférieure, en maintenant toujours la fondamentale *sol* et la dissonance principale *la* à distance de neuvième; ex. C.

Sous cet aspect, il se résout sur l'accord fondamental de la tonique. On le chiffre comme l'accord de sixte et quinte diminuée, avec la superposition d'un 7, soit $\frac{7}{6}$; ex. D.

§ 272. Le premier renversement, *si ré fa sol la*, ayant sa note de basse portée à l'octave supérieure, on obtient le deuxième renversement *ré fa sol la si*, chiffré par $+\frac{5}{4}$; ex. E.

La disposition des notes de l'harmonie serrée rend impraticable le deuxième renversement de l'accord de neuvième de dominante. On rend ce renversement praticable en portant la note *ré* à l'octave inférieure et en maintenant la fondamentale et la dissonance principale en rapport de neuvième; ex. F.

§ 273. Le troisième renversement est également impraticable en harmonie serrée; ex. G.

La fondamentale *sol* et la dissonance principale *la* doivent toujours être en rapport de neuvième, et, en même temps, l'intervalle de septième doit séparer la note *si* de la note *la*. Il résulte de ces deux conditions que l'on ne peut obtenir ce renversement, chiffré par $\frac{3}{2}+$, que de la manière suivante; ex. H.

Cette forme peut alors s'approprier à l'harmonie des voix.

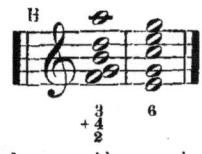

La résolution de ce renversement a lieu sur l'accord de sixte de la tonique, comme on le voit dans l'exemple H ci-dessus.

Le quatrième renversement est considéré comme étant impraticable, parce que la fondamentale vient se placer au-dessous de la note de basse.

Remarque. Pour écrire les renversements de l'accord de neuvième de dominante, on pose d'abord la note de basse, puis au dessus de cette note on place la fondamentale et la dissonance principale à distance de neuvième. Cette note doit toujours occuper la première partie. Les deux autres notes s'intercaleront naturellement entre les deux parties extrêmes.

§ 274. On se sert de l'accord de neuvième de dominante (mode majeur) pour moduler dans les tons relatifs directs ou indirects des divers ordres et du mode majeur; ex. A, B, C.

L'accord de neuvième de dominante est quelquefois employé dans les marches d'harmonie; ex. D.

§ 275. Pour obtenir l'accord de neuvième de dominante (mode mineur), on procède de la même manière qu'en mode majeur. Le résultat des cinq sons *sol si ré fa la*♭ produit l'accord de septième de dominante *sol si ré fa* combiné avec l'accord de septième diminuée *si ré fa la*♭.

On le chiffre de la même manière que celui du mode majeur; mais lorsqu'il sert à moduler, si la note qui fait neuvième est produite par le signe accidentel d'abaissement, on place un ♭ ou un ♮ (suivant le mode) à gauche du chiffre 9.

Sa résolution a lieu directement sur l'accord de la tonique fondamental ou sur celui de septième de dominante dans le même état; ex. E.

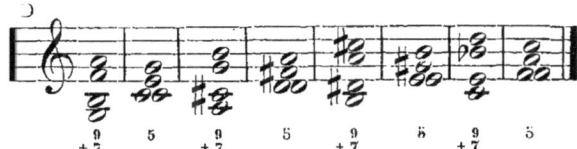

La théorie des renversements est la même que celle de l'accord de neuvième majeure de dominante. Les chiffrages sont également identiques.

Quand on module par l'intermédiaire de l'accord de neuvième mineure de dominante, les tons dans lesquels on passe doivent être du mode mineur; ex. A, B, C de la page suivante.

L'accord de neuvième mineure de dominante se prête également à faire une cadence évitée; ex. D.

Dans l'harmonie à quatre parties, on supprime la quinte de la fondamentale.

Voici une formule modulante avec l'emploi de l'accord de neuvième de dominante.

DES ACCORDS DE SEPTIÈME DE DOMINANTE, DE SEPTIÈME DE SENSIBLE ET DE SEPTIÈME DIMINUÉE SUR LA TONIQUE

§ 276. Dans les deux modes, il arrive parfois que l'on frappe l'accord de septième de dominante en même temps que la tonique est entendue à la basse, ce qui produit l'agrégation *ut sol si ré fa*. Si l'on considère, dans ce cas, la note *ut* comme fondamentale, une superposition de cinq tierces produira en principe l'accord *ut mi sol si ré fa*. La note aiguë *fa* forme un intervalle de onzième avec la note *ut*, ce qui a fait donner à cette combinaison harmonique de six sons le nom d'accord de onzième. Dans la pratique, on retranche toujours la tierce *mi*. Cet accord, qui se chiffre par 11, reçoit les quatre positions suivantes; ex. E.

On remarquera que, suivant la position, l'intervalle de onzième devient une quarte juste; quelquefois même la neuvième, *ut ré*, est exprimée par la seconde; tout cela dépend de la distance des voix.

L'accord de onzième ne se renverse pas; il se résout sur celui de la tonique fondamental; ex. A et B ci-après.

ET DE TREIZIÈME

Son enchaînement avec l'accord de la tonique le rend propre à faire une cadence évitée; ex. C.

Cet exemple montre que cet accord peut servir d'intermédiaire pour opérer des modulations.

Dans l'harmonie à quatre parties, on supprime la note *ré*, quinte de l'accord de septième de dominante.

L'emploi de l'accord de onzième a lieu dans le courant des phrases; mais il est plus généralement employé à la fin des périodes.

§ 277. Dans le mode majeur, lorsque l'accord de septième de sensible, *si ré fa la* (en *ut*), est accompagné à la basse par la tonique, il en résulte une combinaison, *ut si ré fa la*, que l'on nomme *accord de treizième*, parce que la note aiguë *la* forme l'intervalle de treizième avec la note *ut* que l'on considère alors comme la fondamentale de l'agrégation *ut mi sol si ré fa la*, composée de sept sons par tierces superposées.

Dans la pratique, on supprime la tierce *mi* et la quinte *sol*, ce qui réduit l'accord de treizième aux notes *ut si ré fa la*, que l'on chiffre à la basse par 13 (1). La fonction harmonique de l'accord de treizième est la même que celle de l'accord de onzième; ex. D.

On opère quelquefois la résolution de l'accord de treizième sur celui de onzième; v. (*a*).

§ 278. L'accord de treizième, en mode mineur, s'obtient en frappant l'accord de septième diminuée, en même temps que la tonique est entendue à la basse. On le chiffre par 13, et il se résout comme le précédent; ex. E.

Le mode majeur fait quelquefois usage de l'accord de treizième mineure; mais alors il faut placer un bémol à côté du chiffre 13; ex. F.

Le contraire n'a jamais lieu.

(1) L'intervalle de treizième se traduit souvent par celui de sixte dont il est le redoublement.

Quelquefois, on produit une série des trois accords précédents dans cet ordre; ex. A.

Mais l'accord de 13° du mineur ne précède jamais celui du majeur.

DE L'HARMONIE ARTIFICIELLE

DU RETARD

(Suite du § 187.)

§ 279. Pour établir le principe fondamental qui forme la base des accords de septième, au § 187, nous avons fait un premier exposé des modifications qui déjà étaient usitées dans l'harmonie du moyen-âge. D'après cela, on sait que le *retard* proprement dit résulte de la prolongation d'un son de l'accord qui précède dans celui qui le suit, et qu'il a pour effet de modifier momentanément la forme des accords, sans changer leur destination.—On sait aussi que la note retardée doit toujours obéir à la loi de la prolongation, c'est-à-dire descendre d'un degré diatonique.

Le principe général sur lequel repose cet artifice harmonique peut être formulé de la manière suivante :

Lorsque, dans la succession de deux accords, une ou plusieurs notes du premier doivent descendre d'un degré diatonique, ces mêmes notes peuvent être prolongées dans l'accord suivant et se substituer momentanément aux notes correspondantes qui devaient concourir à sa formation; les dissonances qui résultent de cette prolongation se résolvent en descendant d'un degré et placent ainsi le deuxième accord dans son état naturel.

Le *retard* constitue donc un de ces artifices harmoniques qui, non-seulement donnent aux accords une forme accidentellement variée, mais aussi qui rendent possibles certaines successions impraticables avec ces mêmes accords établis dans la forme primitive de l'harmonie plaquée.

Nous allons examiner particulièrement le retard de chacune des notes des deux accords parfaits et de celui de quinte diminuée, envisagés d'abord dans leur état fondamental. Nous nous occuperons ensuite du retard de chacune des notes des accords de sixte, puis de celles des accords de quarte et sixte, et enfin des notes des accords dissonants de septième envisagés sous leurs divers aspects.

DU RETARD

Du retard de la fondamentale dans les accords parfaits et celui de quinte diminuée fondamentaux.

§ 280. On a vu que les accords de trois sons renfermés dans la tonalité harmonique d'un ton donné ne peuvent, dans aucun cas, produire une succession conjointe établie de la manière suivante, à cause des quintes défectueuses qui se produisent par le mouvement semblable; ex. A.

Mais si la fondamentale du premier accord introduit, par sa prolongation, un retard dans le second, si celle du second est prolongée dans le troisième et ainsi de suite, la succession conjointe de l'exemple A, modifiée de la sorte, deviendra praticable; ex. B.

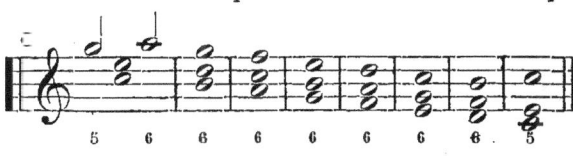

L'agrégation qui se produit au second temps de chaque mesure est un *retard* que l'on désigne sous le nom de *seconde et quarte*. Ce retard, peu usité du reste, se marque à la basse comme on le voit en B par les chiffres superposés $\frac{4}{2}$ (1).

Du retard de la fondamentale dans les accords de sixte.

§ 281. Au premier renversement d'un accord de trois sons, la fondamentale forme la sixte. Si l'on retarde la fondamentale d'un accord écrit sous cet aspect, on dit alors que la *sixte* est retardée par la note conjointement supérieure, laquelle forme une septième avec la note de basse.

Ecrivons en *ut* majeur la marche d'harmonie que nous connaissons et qui résulte d'une série d'accords de sixte dont les fondamentales sont placées par degré conjoint; ex. C.

Si, dans chacun de ces accords de sixte, la fondamentale, c'est-à-dire la sixte de la note de basse se trouve retardée par la note diatoniquement supérieure de l'accord précédent, on obtient chaque fois un retard de la sixte par la septième, excepté dans le premier accord, *ut mi la*; ex. A de la page suivante.

---

(1) Ce chiffrage ne doit pas être confondu avec celui qui indique le troisième renversement de l'accord de septième de sustonique (mode majeur).

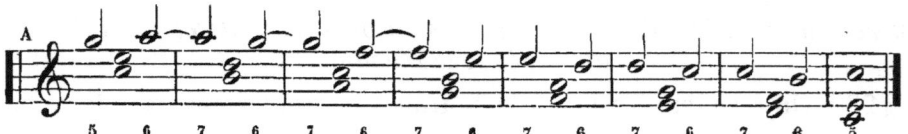

Cet exemple montre que l'on chiffre le retard de la sixte par la septième en plaçant un 7 sous la note qui produit ce retard, et un 6 sous la note résolutive.

§ 282. Le retard de la sixte par la septième est également en usage dans les successions ordinaires.

Soit donnée dans les deux modes la formule de cadence parfaite dans laquelle l'accord de sixte du second degré est employé; ex. B et C (1).

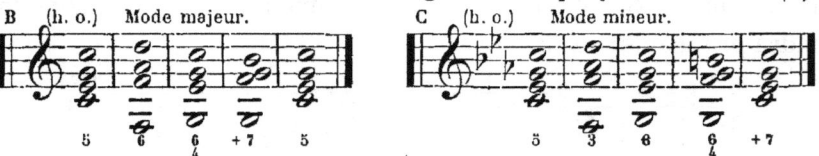

Voici les mêmes exemples avec le retard de la sixte par la septième; ex. D, E.

Règle générale. La résolution obligatoire de la note qui retarde s'oppose à ce qu'elle soit doublée, car deux octaves défectueuses seraient nécessairement le résultat de cette doublure. D'un autre côté, pendant que le retard a lieu, la note retardée ne doit pas être reproduite à une autre partie.

Voici l'emploi du retard de la sixte par la septième dans les deux modes.

Du retard de la fondamentale dans les accords de quarte et sixte.

§ 283. On sait que dans un accord de quarte et sixte, comme *sol ut mi*,

---

(1) Les lettres (h. o.), qui seront placées au-dessus des exemples qui vont suivre, signifieront l'*harmonie ordinaire*, et les lettres (h. r.) signifieront la même harmonie avec le retard.

DU RETARD

la fondamentale *ut* forme la quarte de la note de basse. Si cette note est retardée par celle qui lui est diatoniquement supérieure, on dit alors que la quinte retarde la quarte. Ce retard se chiffre par : $^6_5\,^-_4$. Les deux chiffres 5 4 expriment le retard et sa résolution; le petit trait horizontal placé à la droite du 6 signifie que ce chiffre est prolongé au-dessus du 4, ce qui remet l'accord dans son état normal; ex. A et B en harmonie ordinaire.

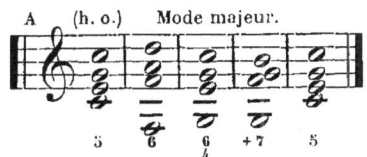 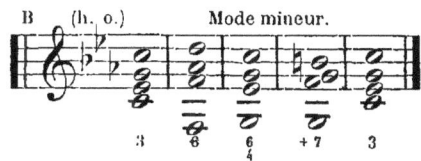

La note *ré* de l'accord de sixte peut retarder la fondamentale (c'est-à-dire la quarte) de l'accord de quarte et sixte qui suit; ex. C et D.

Dans la troisième mesure des exemples C et D, la note *ré* produit une quinte avec le *sol* de la deuxième partie; cette note retarde la quarte *ut*.

Ce retard n'est pas usité dans l'accord de quinte diminuée.

Voici une succession modulante où l'on trouve l'emploi des deux espèces de retards qui viennent d'être expliqués.

Du retard de la tierce dans les accords parfaits et dans celui de quinte diminuée, fondamentaux.

§ 284. Toutes les fois que, dans la succession de deux accords (le second étant parfait fondamental), l'une des notes du premier est placé diatoniquement au-dessus de la tierce du second, de manière à produire le retard de cette dernière note, on obtient une agrégation de sons composée d'une quarte et d'une quinte que l'on indique à la basse par les deux chiffres superposés $^5_4$ et que l'on nomme le *retard de la tierce par la quarte*. La tierce est exprimée par le chiffre 3 que l'on place à droite du chiffre 4, et l'on fait suivre le 5 de la petite barre horizontale, ce qui remet l'accord dans son état normal, soit : $\frac{5-}{4\,3}$. Dans l'accord de quinte diminuée, on barre le chiffre 5, soit : $\frac{5-}{4\,3}$, ex. A, B, C.

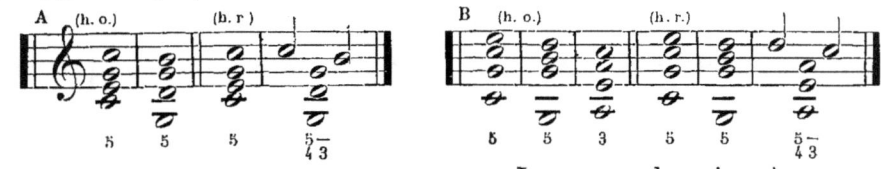

Les accords qui amènent un repos sur la dominante, et dont l'énumération a été faite page 290, donnent lieu au retard de la tierce par la quarte ; l'accord de repos peut être placé dans une position quelconque.

Il en est de même de deux accords parfaits majeurs ou mineurs qui s'enchaînent par quarte supérieure. Ainsi, dans une cadence plagale, l'accord terminatif peut avoir la tierce retardée.

Voici une formule avec l'emploi du retard de la tierce par la quarte.

Du retard de la note de basse dans les accords de sixte.

§ 285. Lorsque les accords parfaits et celui de quinte diminuée se présentent dans leur premier renversement, la tierce de la fondamentale est alors à la basse. Or, si cette note de basse est retardée par celle de l'accord précédent qui lui est conjointement supérieure, il en résulte une agrégation formée d'une seconde et d'une quinte que l'on chiffre par $\frac{5-}{2-}$; les deux barres indiquent le mouvement résolutif de la note basse ; ex. A et B.

DU RETARD

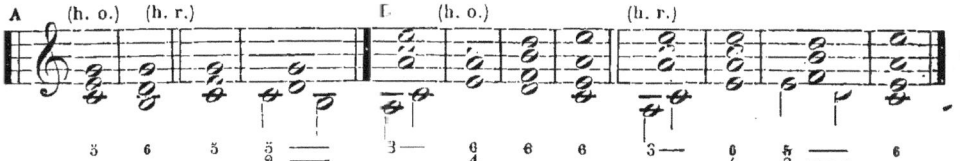

Succession modulante avec l'emploi du retard de la note de basse dans les accords de sixte.

Du retard de la sixte dans les accords de quarte et sixte.

§ 286. On sait que la tierce d'un accord parfait fondamental devient la sixte dans le deuxième renversement des accords parfaits. Ainsi, *mi* dans *ut mi sol* fait sixte dans *sol ut mi*.

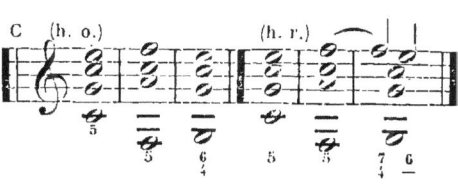

Si cette note *mi* est retardée par la note *fa* d'un accord précédent, il en résulte une agrégation composée d'une quarte *sol ut* et d'une septième *sol fa*, que l'on chiffre par : $\frac{7\ 6}{4\ -}$; ex. C.

Formule monotonique avec l'emploi du retard de la sixte dans le deuxième renversement des accords parfaits.

Ce retard n'est pas usité avec l'accord de quinte diminuée.

Du retard de l'octave de la fondamentale par la neuvième dans les accords de trois sons fondamentaux.

§ 287. La note diatoniquement supérieure à celle qui fait octave est une neuvième. Lorsque l'octave est retardée par la neuvième, on chiffre ce retard par un 9 placé à gauche d'un 8 : l'ensemble de ce chiffrage se figure par $\frac{9\ 8}{5\ -}$, pour l'accord parfait majeur, par $\frac{9\ 8}{3\ -}$, pour l'accord parfait mineur, et par $\frac{9\ 8}{5\ -}$ pour l'accord de quinte diminuée.

Deux accords qui marchent par seconde supérieure ascendante peuvent amener le retard de l'octave par la neuvième ; ex. A.

Ici la note *la* retarde l'octave de la fondamentale de l'accord *sol si ré*.

Dans une cadence rompue établie entre l'accord de la dominante et celui de la susdominante, la tierce du premier retarde l'octave de la fondamentale du second ; ex. B.

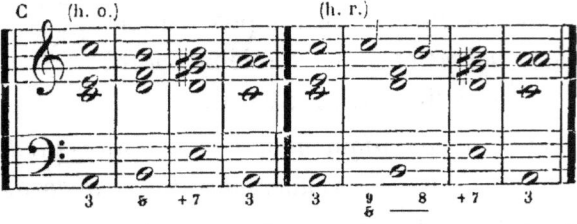

L'accord de quinte diminuée *si ré fa* (2ᵉ degré en *la* mineur), succédant à l'accord de la tonique, peut avoir l'octave de sa fondamentale retardée dans des conditions identiques à celle des exemples précédents ; ex. C.

Quelquefois, le retard de l'octave se résout sur le premier renversement de l'accord qui, dans les circonstances ordinaires, se présente à l'état fondamental. Dans ce cas, le chiffre 6 doit être substitué au chiffre 8 ; ex. D.

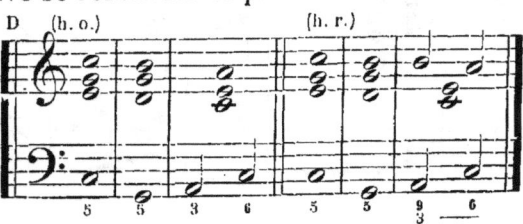

DU RETARD

Ce cas peut aussi se présenter dans le mode mineur.

Voici l'emploi du retard de l'octave par la neuvième dans une succession modulante :

Du retard des notes de l'accord de septième de dominante.

§ 288. Dans l'accord de septième de dominante, *sol si ré fa*, pris pour type, le retard de la fondamentale *sol* par le *la* produit l'accord de septième de sensible *si ré fa la*. Dans ce cas, le retard n'est pas classé.

Le retard de la tierce *si* est en principe le même que celui de la tierce dans l'accord *sol si ré* qui lui sert de base. Pour le distinguer de ce dernier, on surmonte d'un 7 le chiffrage du retard de ladite note *si* dans l'accord de *sol*; ex. A.

Au premier renversement, *si ré fa sol*, le retard de la note de basse *si* donne l'agrégation *ut ré fa sol*, composée d'une quinte, d'une quarte et d'une seconde, que l'on chiffre par $\frac{5}{2}$; la résolution du retard s'exprime par le chiffrage ordinaire de l'accord de sixte et quinte diminuée. Voici la manière dont on chiffre ce retard : $\frac{5\ 6}{2\ 5}$; ex. B.

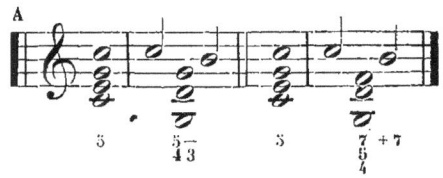

Au deuxième renversement, *ré fa sol si*, la note *si*, que l'on nomme la sixte, étant retardée par la note *ut*, il en résulte une septième retardant la sixte que l'on chiffre par $\frac{7\ +6}{3}$; ex. C.

Au troisième renversement, *fa sol si ré*, la note *si*, quarte dans cette forme de l'accord, étant retardée par *ut*, quinte de la note de basse *fa*, il en résulte une quarte retardée par la quinte, que l'on chiffre par $\frac{6\ +4}{2}$; ex. D.

DU RETARD

Les résolutions de tous ces retards sont les mêmes que celles de l'accord dans sa forme naturelle.

Voici une formule qui renferme le retard de la note sensible *si* dans toutes les formes de l'accord de septième de dominante *sol si ré fa*.

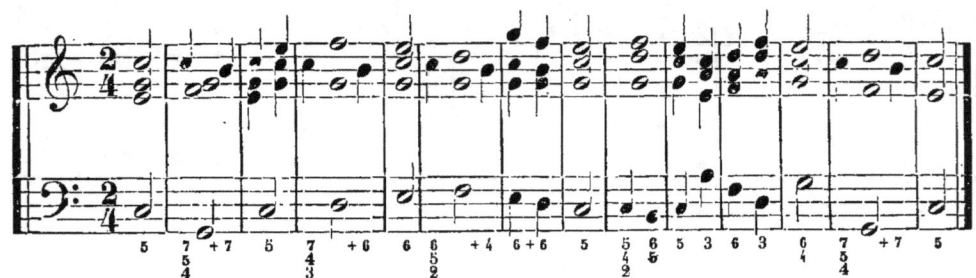

§ 289. La note *ré*, quinte de l'accord de septième de dominante, *sol si ré fa*, se retarde par le *mi*. A l'état fondamental, ce retard produit l'agrégation *sol si mi fa*, c'est-à-dire la sixte *mi* retardant la quinte *ré*, que l'on chiffre par $+\frac{6\,5}{7}$. Dans la pratique, on doit toujours placer les notes *mi fa* en rapport de septième; ex. A.

Au premier renversement, *si ré fa sol*, le retard de la même note produit une quarte retardant la tierce. On chiffre cette agrégation par $\frac{4\,3}{6\,5}$; ex. B.

Remarque. L'accord de sixte sensible, *ré fa sol si*, ayant le *ré* pour sa note de basse, le retard de cette note n'est pas usité sous cet aspect.

Dans l'accord de triton, *fa sol si ré*, la sixte *ré* étant retardée par le *mi*, on obtient l'agrégation *fa sol si mi* qui se chiffre par $+\frac{7\,6}{4}$; ex. C.

En général, le retard de la quinte est moins usité que celui de la tierce.

Voici une succession modulante où l'on trouve les trois retards qui viennent d'être expliqués.

DU RETARD

Du retard des notes de l'accord de septième diminuée.

§ 290. Dans l'accord de septième diminuée *sol ♯ si ré fa*, par exemple, on ne retarde que la note *si*, tierce de l'accord fondamental, sixte dans le second renversement et quarte dans le troisième.

Le retard de ce même *si*, note de basse du premier renversement, n'est pas usité.

Voici les trois espèces de retards que l'on produit dans cet accord avec la manière de les chiffrer ; ex. A, B, C.

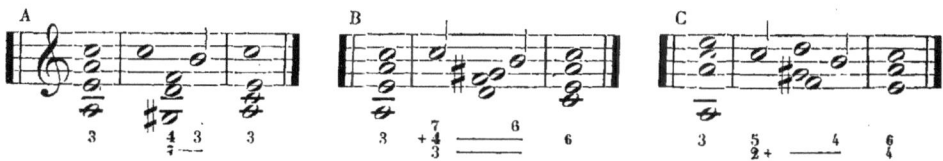

Formule dans laquelle il est fait une application de ces retards :

DE L'APPOGGIATURE

(Suite du § 171 concernant les notes étrangères à l'harmonie).

§ 291. L'*appoggiature* (du verbe italien *appoggiare*, appuyer) est formée par une ou plusieurs notes qui, le plus souvent, sont étrangères aux accords, et que l'on place au-dessus ou au-dessous de la partie principale.

Essentiellement mélodiques, ces notes précèdent toujours la partie qui doit les exécuter; elles prennent momentanément sa place, et enlèvent, à leur profit, une portion de la valeur des notes de cette partie.

Cet ornement mélodique, qu'on appelle également *notes de goût*, se figure, soit avec des notes ordinaires, soit avec des petites notes.

Dans le second cas, la valeur de ces petites notes est, sous le rapport de l'écriture musicale, indépendante de celles qu'elles escortent; mais leur exécution doit être conforme au principe exposé ci-dessus; ex. A et B.

Dans l'exemple B, chaque appoggiature est supérieure à la note appuyée. Voici la même formule avec des appoggiatures inférieures; ex. C.

On remarquera que l'appoggiature inférieure est affectée d'un dièse toutes les fois que, par sa position diatonique, elle ne se trouve pas naturellement placée à distance de demi-ton de la note appuyée.

Un ensemble de notes mélodiques constitue souvent l'appoggiature d'une note donnée; ex. D.

Voici, en notes ordinaires, l'équivalent de l'exemple D; ex. E.

Lorsque plusieurs notes forment une appoggiature, elles peuvent se trouver placées entre elles par degrés *conjoint* ou *disjoint*; mais celle qui précède immédiatement la note appuyée doit se trouver toujours placée à un degré au-dessus ou au-dessous de cette note.

Les appoggiatures ne s'indiquent pas à la basse chiffrée.

Il existe des appoggiatures qui produisent, dans les accords, le même effet que certains retards; ex. A, B.

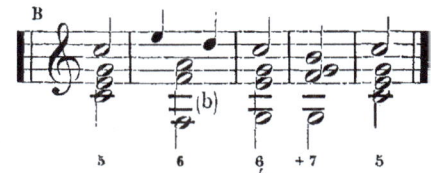

On voit dans l'exemple A, en (*a*), le retard de la sixte par la septième *mi* caractérisée par la préparation de cette note, tandis que dans l'exemple B, en (*b*), le *mi* n'étant pas préparé, il en résulte une appoggiature supérieure.

Quelquefois on place des appoggiatures sur plusieurs parties simultanément; ex. C.

De la syncope et du contre-temps harmoniques.

§ 292. La *syncope mélodique* est, comme on le sait, une note frappée sur un temps faible qui, prolongée sur le temps fort, déplace le scandé de la mesure. Si la note qui doit se prolonger pour produire la syncope est divisée par la moitié de sa valeur à l'aide du silence correspondant à cette moitié, la syncope mélodique prend alors le nom de *contre-temps*.

Dans la succession des accords, lorsque une ou plusieurs parties marchent à contre-temps, le résultat produit la *syncope* et le *contre-temps harmoniques*; ex. D et E.

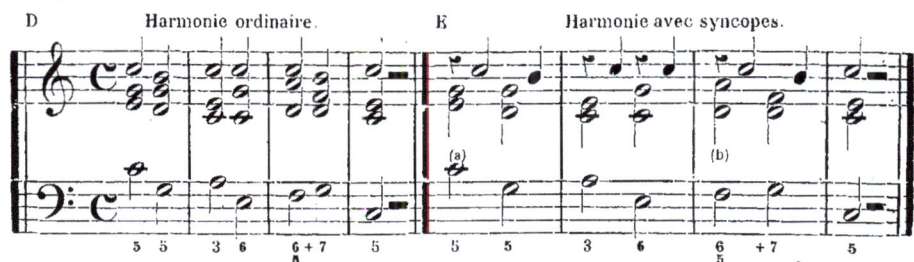

Si l'on examine attentivement les syncopes des deux mesures (*a*) et (*b*) de l'exemple E, produites par la première partie, on reconnaît que l'effet est semblable à celui du retard de la tierce dans l'accord parfait fondamental et dans celui de septième de dominante.

Les syncopes et les contre-temps que l'on place à toutes les parties, séparément ou simultanément, ne sont pas indiqués par la basse chiffrée.

La syncope de la basse est la moins usitée, parce que le rhythme et la mesure s'appuyent principalement sur les notes graves de l'harmonie ; l'effet que doivent produire les accords risquerait quelquefois d'être altéré par l'absence momentanée de la basse.

De l'anticipation.

§ 293. *L'anticipation*, comme son nom l'indique, résulte d'une note entendue avant l'accord auquel elle appartient.

Supposons que, dans la succession de deux accords, une des notes du second soit frappée avant la fin de la durée du premier, il est évident que cette note, étrangère à l'harmonie du premier, produira un effet inverse à celui d'un retard; ex. A et B.

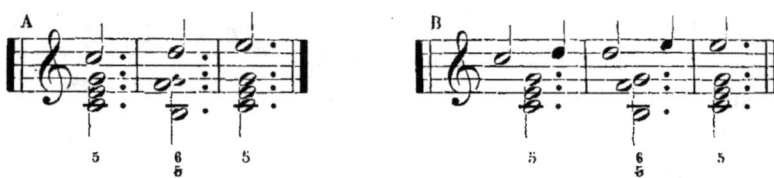

L'anticipation ne doit pas être confondue avec la note de passage proprement dite et telle que nous l'avons définie au § 171 ; elle peut avoir lieu par degré conjoint ou disjoint et se pratique à toutes les parties ; ex. C.

De même que les syncopes et les appoggiatures, l'anticipation ne se marque pas à la basse chiffrée.

La forme et la résolution naturelle de certains accords ont le caractère de l'anticipation.

Par exemple, lorsqu'on fait marcher l'accord de sixte et quarte augmentées après celui de sixte augmentée avec quinte, pour faire un repos sur la dominante, la note qui fait quarte augmentée produit une sorte d'anticipation; ex. D.

La fondamentale des accords de onzième et de treizième produit l'effet d'une anticipation ; ex. A.

On voit ici que la note *ut* de la basse est entendue avant l'accord qu'elle porte dans la dernière mesure.

DES ALTÉRATIONS

§ 294. On sait par le § 264 que, toutes les fois qu'une ou plusieurs notes d'un accord sont affectées d'un dièse ou d'un bémol, il s'opère un changement dans la nature des intervalles qui composent cet accord, et que c'est en cela que consiste le principe de l'*altération*.

Il s'ensuit que, altérer les intervalles d'un accord ou les notes qui les forment en partant de la note de basse, signifie la même chose. Par exemple, dans l'accord *ut mi sol*, si on altère le *sol*, on dit que la quinte est altérée; au premier renversement *mi sol ut*, si l'on altère le *sol*, on dit que la tierce de l'accord de sixte est altérée.

Contrairement aux dissonances qui résultent des diverses espèces de retards, lesquels ne changent pas la destination des accords, celles qui sont amenées par l'artifice de l'altération se détournent quelquefois de leur marche naturelle et provoquent ainsi des modulations inattendues.

L'*altération* proprement dite exige que la note qui est affectée d'un signe accidentel soit entendue d'avance dans son état normal, c'est-à-dire conformément à l'armure. C'est par suite d'une dérogation à cette règle que les différentes sortes d'accords de sixte augmentée, dont l'origine, la forme et l'emploi ont été indiqués au § 260 et suivants, ont pris, parmi les accords dissonants, la place spéciale qui leur a été assignée.

Pour caractériser les principales altérations en usage, nous allons procéder comme nous l'avons déjà fait dans la théorie des retards, en examinant d'abord particulièrement l'agrégation que produit l'altération de telle ou telle note de chacun des accords parfaits ou de celui de quinte diminuée envisagés sous tous leurs aspects. Nous nous occuperons ensuite des accords de septième.

Règle générale. Pour éviter les quintes ou les octaves défectueuses, on ne double jamais une altération.

DES ALTÉRATIONS

Lorsque la doublure d'une note est altérée, l'autre doit rester dans son état naturel.

De l'altération des notes de l'accord parfait majeur, de l'accord parfait mineur et de celui de quinte diminuée.

§ 295. Si la note de basse d'un accord parfait majeur fondamental est altérée en montant, il en résulte un accord de quinte diminuée fondamental. Ainsi *ut mi sol* devient *ut ♯ mi sol*, accord de quinte diminuée du ton de *ré*.

Au premier renversement *mi sol ut*, la sixte *ut*, altérée par le dièse, produit le premier renversement de l'accord de quinte diminuée, soit : *mi sol ut ♯*.

La quarte *ut* du second renversement *sol ut mi*, étant diésée, change l'accord simple en celui de quarte augmentée et sixte, soit : *sol ut ♯ mi*.

Voici ces trois transformations ainsi que leur résolution ; ex. A, B, C.

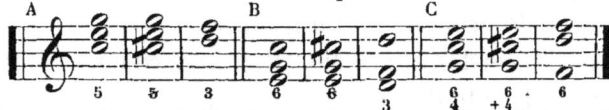

L'altération ascendante de la tierce d'un accord parfait majeur fondamental se chiffre par $\frac{5-}{3♯}$; elle conduit sur l'accord de triton ou sur le deuxième renversement de l'accord de quinte diminuée du ton de la dominante ; ex. D et E.

Au premier renversement, la note de basse *mi*, altérée en montant, se chiffre par 6 — ; la résolution a lieu sur l'accord de sixte et quinte diminuée du ton de la dominante, ou sur celui de quinte diminuée fondamental ; ex. F et G.

Enfin la sixte *mi* du deuxième renversement *sol ut mi*, étant altérée par le dièse, conduit sur l'accord de sixte sensible du ton de la dominante ; on chiffre cette altération par : $^6_4♯$; ex. H.

§ 296. Dans un accord parfait majeur fondamental, lorsque la quinte est altérée en montant, la nouvelle agrégation prend le nom *d'accord de quinte*

DES ALTÉRATIONS

augmentée que l'on chiffre par : 5 ♯ 5, ou plus simplement par : 5 ♯, et qui se résout sur l'accord parfait majeur de la quinte juste inférieure; ex. A (1).

N. B. On conçoit que si la note qui fait quinte dans un accord parfait majeur est bémolisée, le ♮ devra, dans ce cas, remplacer le ♯.

Si l'accord d'*ut* majeur se présente au premier renversement, *mi sol ut*, et que l'on altère la tierce *sol* en montant, on chiffre cette altération par : ⁶⁄₃♯. Le dièse, placé après le chiffre 3, indique l'altération ascendante de la tierce dans l'accord de sixte *mi sol ut*. Sa résolution a lieu sur l'accord fondamental de la sousdominante; ex. B.

Au deuxième renversement, *sol ut mi*, la note de basse *sol*, altérée en montant, produit une agrégation qui s'indique à la basse par une barre placée à droite de chacun des chiffres ⁶⁄₄; soit : ⁶—⁄₄—.

Le mouvement ascendant, imprimé à la note de basse par le signe d'élévation, conduit la résolution sur l'accord de sixte de la sousdominante; ex. C.

L'accord de quinte augmentée, amené de cette manière, est un bon agent de modulation, car avec lui on peut moduler de quinte en quinte juste inférieure; ex. D.

Quelques auteurs ont classé l'accord de quinte augmentée parmi ceux de la tonalité harmonique du mode mineur. A cet égard, le lecteur se souviendra peut-être que, dans notre exposé des accords relatifs du mode mineur (§ 73), nous avons fait connaître que l'accord formé sur le 3ᵉ degré est un accord de quinte augmentée, si l'on suppose que le 7ᵉ degré est haussé d'un demi-ton. Ainsi, en *la* mineur, le 3ᵉ degré *ut* porte l'accord *ut mi sol* ♯. Dans ce cas, l'accord de quinte augmentée se résout sur l'accord de la tonique de la manière suivante; ex. E ci-contre.

(1) Dans les exemples concernant les altérations, l'harmonie ordinaire sera désignée par les lettres (h. o.) tandis que les initiales (h. a.) indiqueront l'harmonie altérée.

La pauvreté de cette résolution explique suffisamment la rareté de l'emploi de cet accord dans le mode mineur.

L'accord de quinte augmentée, résolu sur le premier renversement de l'accord de la tonique en mode mineur, donne lieu à la formule suivante établie dans ce mode; ex. A.

Il peut servir également d'intermédiaire pour moduler d'un ton du mode mineur dans celui du 7ᵉ degré (relatif direct), comme de *la* mineur en *sol* majeur; ex. B.

Cet exemple montre que, si l'on part d'*ut* majeur, l'accord de quinte augmentée sert à passer dans le ton de la dominante. On conçoit que l'on pourrait ainsi moduler de quinte en quinte juste en montant.

§ 297. Dans l'accord parfait majeur fondamental, on altère en montant l'octave de la fondamentale. Cette altération se chiffre par $\substack{8\# \\ 5\,}$; sa résolution s'opère sur le premier renversement de l'accord de la dominante; ex. C.

Cette altération donne lieu à une autre résolution, qui consiste à frapper le troisième renversement de l'accord de septième de sustonique (mode majeur); ex. D.

L'altération descendante de la fondamentale d'un accord parfait majeur conduit l'harmonie sur l'accord de triton de la sousdominante. On la chiffre par : 5— ; ex. E.

§ 298. *Accord parfait mineur*. — Lorsque l'accord parfait mineur fondamental remplit, dans une succession monotonique, la fonction d'accord du 4ᵉ degré, son mouvement sur l'accord parfait majeur de la dominante fait monter sa fondamentale d'un ton entier. Dans ce cas, l'altération ascendante de cette dernière note se chiffre par : 3 —; ex. F.

Au premier renversement *ut mi la*, l'altération ascendante de la fondamentale, qui remplit la fonction de sixte, produit l'accord de sixte augmentée simple : *ut mi la* ♯ (v. § 260).

Au deuxième renversement, l'altération de la fondamentale se chiffre par : $\begin{smallmatrix}6\\4\end{smallmatrix}$♯, ou plus simplement par $\begin{smallmatrix}6\\\sharp\end{smallmatrix}$. La résolution de cette altération a lieu sur le premier renversement de l'accord parfait majeur de la dominante; ex. A.

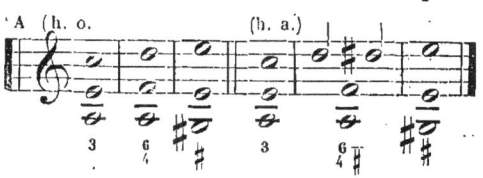

Si la tierce d'un accord parfait mineur fondamental est affectée du signe d'élévation ou du bécarre, il se produit simplement un changement de mode.

§ 299. L'altération descendante de la fondamentale, dans l'accord parfait mineur, se chiffre par : 3 —. Elle conduit sur le deuxième renversement de l'accord de la tonique du ton relatif (3ᵉ degré). Ainsi l'accord de *la* mineur, dont la fondamentale reçoit le ♭, se résout sur l'accord *sol ut mi*.

La tierce d'un accord parfait mineur ne reçoit pas d'altération descendante.

Par exemple si, dans l'accord *la ut mi*, on altérait *ut* par un ♭, il en résulterait la tierce diminuée *la ut* ♭ qui n'est pas usitée.

Si l'on altère la quinte par le bémol, on obtient un accord de quinte diminuée. Ainsi *la ut mi* devient *la ut mi* ♭.

Voici une formule modulante où l'on trouve l'emploi de diverses altérations.

De l'altération des notes dans les accords de septième.

§ 300. Dans l'accord de septième de dominante fondamental, on altère la quinte en montant. Cette altération se chiffre par : $^+{7\atop5}_\sharp$. La résolution est identique à celle de l'accord non altéré ; ex. A.

L'altération ascendante de la quinte de l'accord de septième de dominante *sol si ré fa* doit être disposée de manière à ne pas produire une tierce diminuée avec la dissonance de septième. (V. ex. A (h. a.)

Au premier renversement *si ré fa sol*, l'altération ascendante de la note *ré*, qui remplit ici la fonction de tierce, se chiffre par : ${6-\atop 3}_\sharp$. La résolution est identique à celle de l'accord simple : ex. B.

Au deuxième renversement *ré fa sol si*, la note de basse, altérée en montant, se chiffre de cette manière : + 6 —. Cette altération a pour but de rendre obligatoire la résolution de l'accord de sixte sensible sur le premier renversement de l'accord de la tonique ; ex. C.

Au troisième renversement *fa sol si ré*, la note *ré* remplit la fonction de sixte. Son altération ascendante se chiffre par : $_+{6-\atop 4}_\sharp$. La résolution a lieu de la même manière que celle de l'accord non altéré ; ex. D.

Enfin, si, dans le troisième renversement *fa sol si ré*, la note *ré* (sixte) est affectée de l'altération descendante, on chiffre l'agrégation qui en résulte par : $_+{6\flat\atop 4}$. Cette altération ne change pas la résolution naturelle de l'accord de triton ; ex. E.

§ 301. *Accord de septième de sustonique mode majeur.* — Dans l'accord *ré fa la ut*, septième de sustonique en *ut* majeur, la fondamentale s'altère en montant ; cette altération se chiffre par : ${7-\atop 5}$; elle se résout sur la dominante du ton relatif (6ᵉ degré) portant accord parfait majeur ou bien un accord de quarte et sixte ; ex. F.

Au premier renversement, *fa la ut ré*, la sixte *ré*, altérée en montant, se chiffre par ${6\flat\atop 4}$; la résolution est identique à celle de l'accord sans altération ; ex. G et A, ci-après.

Au deuxième renversement, *la ut ré fa*, l'altération ascendante de la quarte *ré* se chiffre par : $^{4}_{3}\sharp$; elle se résout sur le premier renversement de l'accord parfait majeur de la dominante du ton relatif (6ᵉ degré); ex. B.

Au troisième renversement, *ut ré fa la*, la note *ré* se trouve en rapport de seconde avec la basse *ut*; son altération ascendante

se chiffre par : $^{4}_{2}\sharp$. La résolution s'opère sur le deuxième renversement de l'accord parfait majeur de la dominante du ton relatif (6ᵉ degré).

Dans l'accord *si ré fa la*, septième de sustonique en *la* mineur ou septième de sensible du ton d'*ut* majeur, on altère en montant la note *ré*, tierce de la fondamentale. Le chiffrage a lieu de cette manière : $^{7}_{5}_{\sharp}^{-}$. La résolution est celle de l'harmonie simple; ex. C et D.

Au premier renversement, la note *ré* forme la basse. Son altération se chiffre par : $^{+6}_{\;5-}$; la résolution est la même que celle de l'accord sans altération.

Le *ré* du deuxième renversement *fa la si ré* étant altéré en montant, l'agrégation nouvelle, *fa la si ré* $\sharp$, est un accord de sixte et quarte augmentées auquel on peut donner la résolution indiquée au § 266. Enfin, la note *ré*, quarte dans le troisième renversement *la si ré fa*, produit, par son altération, une agrégation que l'on chiffre par : $^{4\sharp}_{+2}$, quand l'accord est septième de sensible, et par : $^{4}_{2}\sharp$ s'il remplit la fonction de septième de sustonique en *la* mineur. Ces altérations ne changent rien à la résolution normale de ces accords. Toutefois, on ne considère pas comme défectueuse la résolution de l'un de ces deux accords avec altération ascendante de la tierce, lorsque cette résolution est identique à celle de son homonyme affecté de la même altération.

§ 302. *Accord de septième diminuée.* Les altérations ne sont pas nombreuses dans l'accord de septième diminuée; dans tous les cas, elles sont toujours descendantes et n'ont lieu que sur la tierce de la fondamentale. Ainsi, dans l'accord *sol* $\sharp$ *si ré fa*, septième diminuée en *la* mineur, la note *si* étant altérée par un ♭, l'agrégation, chiffrée par : $\frac{6}{3}\flat$, se résout sur le deuxième renversement de l'accord de la sousdominante *ré fa la;* ex. A.

Cet exemple montre que, si l'on renversait l'ensemble *sol* ♯ *si* ♭ *ré fa*, en plaçant le *si* ♭ à la basse, on obtiendrait l'accord de sixte augmentée avec quinte, *si* ♭ *ré fa sol* ♯ (1).

Au premier renversement *si ré fa sol* ♯, l'altération descendante de la note de basse *si*, chiffrée par : $^+\!\frac{6}{3}\!-$, se résout de la même manière que celle de l'exemple précédent.

La note *si*, sixte du deuxième renversement *ré fa sol* ♯ *si*, altérée en descendant, produit une agrégation qui se chiffre par : $^+\!\frac{6}{3}\!\flat$, et que l'on résout sur l'accord fondamental de la sousdominante *ré fa la*.

Au troisième renversement *fa sol* ♯ *si ré*, l'altération, par le bémol, de la quarte *si*, se chiffre par $\frac{4}{2}\flat$; la résolution a lieu sur le premier renversement de l'accord de la sousdominante, *la ré fa la*.

§ 303. *Des altérations simultanées.* — Dans l'enchaînement de deux accords, lorsque deux parties du premier, parcourant en même temps l'intervalle de seconde majeure, pour occuper, dans le second, la place qui leur est destinée, chacune d'elles peut diviser cet intervalle par le demi-ton. Ainsi, la résolution de l'accord de sixte et quinte (mode majeur) sur le deuxième renversement de l'accord de la tonique en fournit un exemple ; ex. B.

Dans cet exemple, le mouvement de la troisième partie *mi* se fait en descendant par seconde majeure, pour occuper le *ré* du second accord. En même temps, la deuxième partie *sol* du premier accord monte par seconde majeure sur le *la* du second. On pourra donc bémoliser la note *mi* et diéser *sol*, ce qui produira deux altérations simultanées, l'une descendante, l'autre ascendante, que l'on chiffre par $\frac{5}{3}\sharp$, et dont la résolution est identique à celle de l'accord sans altération ; ex. C.

Dans cet exemple, au passage de l'accord de sixte et quinte à celui de quarte et sixte de la tonique, on peut encore introduire deux altérations simultanées et ascendantes, de *ré* à *mi* et

---

(1) L'accord de sixte augmentée, dont le principe a été exposé au § 260, a toujours sa note de basse invariablement placée sur le sixième degré de la gamme mineure, et sur le même degré baissé d'un demi-ton, dans le mode majeur. On sait que, dans ce cas, la note qui fait sixte augmentée peut être immédiatement frappée sans avoir été entendue d'avance dans son état naturel ; tandis que, dans les agrégations qui sont amenées par l'altération d'une ou plusieurs notes d'un accord et qui ressemblent aux renversements d'un accord de sixte augmentée, il est indispensable de faire entendre d'abord, sans altération, les notes qui doivent la recevoir.

DE LA PÉDALE

de *fa* à *sol*. On chiffre par : $\begin{smallmatrix}5\sharp\\3\sharp\\3\sharp\end{smallmatrix}$; ex. A.

Remarque. Les agrégations simultanées qui proviennent de diverses altérations ressemblent à des accords connus.

Ainsi l'altération de la première mesure de l'exemple précédent forme, par enharmonie, l'accord de sixte de *la* ♭ majeur.

Dans celle de la deuxième mesure, on trouve un accord de septième diminuée, au premier renversement, dont la résolution a été expliquée au § 235.

Voici une succession modulante où l'on trouve les altérations de l'accord de septième diminuée ainsi que des altérations simultanées.

DE LA PÉDALE

(Suite du § concernant les notes étrangères à l'harmonie.)

§ 304. La tonique et la dominante, sur lesquelles sont construits les deux accords qui servent de base à l'harmonie moderne, ont, pour ce motif, le privilège de pouvoir, dans une suite d'accords, se prolonger sur le même degré plus longtemps que les autres notes de la gamme; ex. A de la page suivante.

L'orgue est le premier instrument sur lequel on ait fait des combinaisons harmoniques de sons. Un clavier, destiné à être mis en mouvement avec les pieds, produit des notes graves que l'on prolonge pendant la succession des accords, c'est pourquoi la prolongation du même son a pris le nom de *pédale*; or, il arrive souvent, dans l'harmonie moderne, qu'une note grave prolongée n'appartient pas à la constitution des accords qui passent au-dessus d'elle. Pour cette raison, on a classé la *pédale* parmi les notes étrangères à l'harmonie. — Par suite, on a aussi désigné assez improprement sous le nom de pédale les sons prolongés que l'on place au milieu ou à l'aigu d'une suite d'accords. C'est pourquoi on distingue trois espèces de pédales :

1° La pédale inférieure; 2° la pédale intérieure; 3° la pédale supérieure. Voici l'exemple d'une pédale inférieure de tonique; ex. B.

§ 305. La pédale ne s'écrit pas toujours avec des notes dont la figure exprime une longue durée, comme celles de l'exemple A; elle affecte souvent des formes diverses dans le genre de celles-ci; ex. C.

DE LA PÉDALE 223

En général, la pédale de la dominante est plus riche que celle de tonique. Le caractère suspensif du 5ᵉ degré de la gamme, permet à cette note de supporter un très grand nombre d'accords qui lui sont complétement étrangers.

Le plus souvent, dans le but de simplifier la basse chiffrée de la pédale inférieure, on pose le chiffre sous la partie qui est immédiatement au-dessus de la pédale, comme si l'harmonie était indépendante de cette note prolongée. C'est ce qui a lieu dans une partie de l'exemple B ci-dessus.

§ 306. Dans la pédale *supérieure* ou *inférieure*, la note prolongée doit toujours former partie intégrante des accords qui la renferment.

Exemple d'une pédale supérieure de tonique :

Exemple d'une pédale supérieure de dominante :

Exemple d'une pédale intérieure de tonique :

DE LA DOUBLE PÉDALE

§ 307. La réunion de tonique et celle de dominante constitue la *double pédale* ; ex. A de la page suivante.

324 CONCLUSION

Remarque. Le principe de la pédale inférieure est basé sur la nécessité où l'on est quelquefois de rentrer dans le ton initial après des modulations qui ont pu faire disparaître le sentiment de ce ton. On le confirme alors par une pédale de tonique, ou l'on prolonge le sens du repos sur la dominante par une pédale établie sur cette note. Tous les accords de la tonalité d'une gamme donnée, surtout ceux qui contiennent la sousdominante et la note sensible, peuvent passer sur la pédale, et les changements de ton qui ont lieu pendant sa durée, se font le plus souvent dans ceux de la dominante et de la sousdominante. Les accords étrangers au ton, plus rarement employés que les autres, rendraient la pédale d'une dureté insupportable, si l'on en produisait consécutivement plus de deux, de manière à amoindrir l'impression du mode et du ton que la pédale est destinée à raffermir.

CONCLUSION

Nous croyons que le meilleur moyen de revenir sur l'ensemble des différentes règles et des indications de toute nature qui composent l'ouvrage qu'on vient de lire, c'est de présenter un morceau de musique excellent, et de terminer notre livre en y essayant l'analyse de l'harmonie et des modulations du maître. Voici, par exemple, un couplet de la délicieuse cansonnette de Chérubin dans le *Mariage de Figaro*, dont un fragment a été déjà cité au § 131.

Nos efforts auront abouti à quelque chose, si, après avoir étudié notre *Harmonie vulgarisée*, l'élève est en mesure de faire, sur n'importe quel morceau, le même travail analytique que sur le couplet de Mozart.

CONCLUSION 327

Analyse harmonique. La première phrase de quatre mesures contient une formule de cadence parfaite et une de cadence imparfaite en *si* ♭, ton principal de ce morceau. Dans les 2ᵉ et 3ᵉ mesures, l'accord de sixte et quinte diminuée *la mi* ♭ *fa ut*, suivi de sa résolution naturelle et l'accord de *sol* mineur (6ᵉ degré) dans son état fondamental, donnent de l'élégance à la marche de la basse. — La deuxième phrase, commençant par ces mots : *Donne vedete, etc.*, renferme un accord de onzième exprimé seulement par sa fondamentale *si* ♭ et les deux notes *ut mi* ♭ qui en forment la neuvième et la onzième. Les deux notes de passage *ut* ♯ *mi* ♮ constituent une double altération suivie d'un repos sur la dominante en (c), amené par cette altération ascendante et simultanée de la quarte et de la sixte de l'accord *fa si* ♭ *ré* ♭, deuxième renversement. Cette phrase est terminée par la formule de cadence parfaite la plus fréquemment employée.

En (*d*), le ton de *fa* majeur (dominante), franchement abordé et fixé par deux cadences parfaites successives, précède une modulation passagère dans le ton de *ré* mineur (3ᵉ degré du principal en (e). Cet accord de *ré* mineur fait alors la fonction ordinaire de l'accord de second degré en *ut* majeur, et sert conséquemment d'intermédiaire pour passer dans ce dernier ton en (*g*). — Du ton d'*ut* majeur, l'harmonie module, par l'accord de triton, dans celui de *fa* majeur (dominante en *si* ♭). Ici la basse exécute un joli dessin sur les notes de l'accord de septième de dominante *ut mi sol si* ♭ écrit sous divers aspects, avant de produire un repos sur la dominante en (*h*), lequel repos est amené par l'accord de sixte augmentée *ré* ♭ *fa la* ♭ *si* ♮.

Au premier temps de la mesure (*i*), sur l'accord de *la* ♭ majeur brusquement attaqué, on entend cette magnifique transition qui nous a déjà servi d'exemple au § 131. A peine le ton de *la* ♭ a-t-il été fixé par une formule simple de cadence parfaite, qu'une modulation passagère semble se dessiner en (*j*), dans le ton d'*ut* mineur; cette modulation, non-confirmée, est suivie d'une autre du même genre dans le ton de *sol* en (*k*), accusé par l'accord de septième diminuée *fa* ♯ *la ut mi* ♭ résolu, par exception, en mode majeur. — L'accord de *sol* majeur sert lui-même à passer au ton d'*ut* mineur que l'on quitte immédiatement en (*l*) pour entrer dans celui de *sol* mineur (6ᵉ degré du principal) en (*m*), après avoir fait entendre une cadence rompue sur l'accord fondamental de *mi* ♭ majeur. — Ici commence une série de modulations fugitives, toutes opérées de la même manière par l'accord de sixte et quinte diminuée. — 1° Dans le ton de *mi* ♭ en (*n*); — 2° dans le ton de *fa* majeur en (*o*), l'accord de *fa* majeur prépare celui de quinte augmentée *fa la ut* ♯, résolu sur le premier renversement de l'accord de *ré* mineur; — 3° de ce dernier ton, on passe à *sol* mineur en (*p*), puis en *si* ♭ majeur (ton principal) en (*q*). On y fait un repos sur la dominante, et ce repos est amené par l'accord de septième diminuée *mi* ♮ *sol si* ♭ *ré* ♭; enfin, une rentrée de basse conduit l'harmonie sur la tonique du ton de départ dans lequel a lieu la reprise de la première phrase de ce morceau.

FIN.

TABLEAU RÉSUMÉ DES ACCORDS ET DE LEUR CHIFFRAGE

HARMONIE SIMPLE

	Chiffrés par
ACCORD PARFAIT MAJEUR fondamental...	5 ♯ ♭
Premier renversement ou accord de sixte...	6
Deuxième renversement ou accord de quarte et sixte.............................	$\genfrac{}{}{0pt}{}{6}{4}$
ACCORD PARFAIT MINEUR fondamental..	3
Premier renversement...	6
Deuxième renversement...	$\genfrac{}{}{0pt}{}{6}{4}$
ACCORD DE QUINTE DIMINUÉE fondamental	5
Premier renversement...	6
Deuxième renversement ou accord de quarte augmentée et sixte..............	$\genfrac{}{}{0pt}{}{6}{+4}$

HARMONIE DISSONANTE

ACCORD DE SEPTIÈME DE DOMINANTE fondamental.................................	+7
Premier renversement ou accord de sixte et quinte diminuée...................	$\genfrac{}{}{0pt}{}{6}{5}$
Deuxième renversement ou accord de sixte sensible.............................	+6
Troisième renversement ou accord de triton.....................................	+4
ACCORD DE SEPTIÈME DE SENSIBLE fondamental....................................	$\genfrac{}{}{0pt}{}{7}{5}$
Premier renversement ou accord de sixte sensible et quinte....................	$\genfrac{}{}{0pt}{}{+6}{5}$
Deuxième renversement ou accord de triton et tierce...........................	$\genfrac{}{}{0pt}{}{+4}{3}$
Troisième renversement ou accord de seconde...................................	+2
ACCORD DE SEPTIÈME DIMINUÉE fondamental......................................	7
Premier renversement ou accord de sixte sensible et quinte diminuée........	$\genfrac{}{}{0pt}{}{+6}{5}$
Deuxième renversement ou accord de triton et tierce...........................	$\genfrac{}{}{0pt}{}{4}{3}$
Troisième renversement ou accord de seconde augmentée.....................	2+
ACCORD DE SEPTIÈME DE SUSTONIQUE (mode majeur) fondamental.............	$\genfrac{}{}{0pt}{}{7}{5}$
Premier renversement ou accord de sixte et quinte..............................	$\genfrac{}{}{0pt}{}{6}{5}$
Deuxième renversement ou accord de tierce et quarte..........................	$\genfrac{}{}{0pt}{}{4}{3}$
Troisième renversement ou accord de seconde et quarte.......................	$\genfrac{}{}{0pt}{}{4}{2}$
ACCORD DE SEPTIÈME DE SUSTONIQUE (mode mineur) fondamental............	$\genfrac{}{}{0pt}{}{7}{5}$
Premier renversement ou accord de sixte sensible et quinte....................	$\genfrac{}{}{0pt}{}{+6}{5}$
Deuxième renversement ou accord de triton et tierce...........................	$\genfrac{}{}{0pt}{}{+4}{3}$
Troisième renversement ou accord de seconde...................................	2
ACCORD DE SEPTIÈME MAJEURE fondamental......................................	7
Premier renversement ou accord de sixte et quinte..............................	$\genfrac{}{}{0pt}{}{6}{5}$
Deuxième renversement ou accord de tierce et quarte..........................	$\genfrac{}{}{0pt}{}{4}{3}$
Troisième renversement ou accord de seconde...................................	2
ACCORD DE SEPTIÈME MINEURE fondamental......................................	$\genfrac{}{}{0pt}{}{7}{5}$
Premier renversement ou accord de sixte et quinte..............................	$\genfrac{}{}{0pt}{}{6}{5}$

330 CHIFFRAGE DES ACCORDS

	Chiffrés par
Deuxième renversement ou accord de tierce et quarte............................	4/3/2
Troisième renversement ou accord de seconde et quarte.........................	4/2
ACCORD DE SIXTE AUGMENTÉE SIMPLE..	6+
ACCORD DE SIXTE AUGMENTÉE AVEC QUINTE...	6+/5
ACCORD DE SIXTE ET QUARTE DOUBLE AUGMENTÉE....................................	6+/4+
ACCORD DE SIXTE ET QUARTE AUGMENTÉES...	6+/4+
ACCORD DE NEUVIÈME MAJEURE DE DOMINANTE fondamental.........................	9/+7
Premier renversement..	7/6/5
Deuxième renversement..	+5/5/4
Troisième renversement...	+3/4/2
ACCORD DE NEUVIÈME DE DOMINANTE (mode mineur, fondamental).................	♭9/+7
Premier, deuxième et troisième renversements, comme le précédent............	
ACCORD DE ONZIÈME ou septième de dominante sur la tonique...................	11
ACCORD DE TREIZIÈME MAJEURE ou septième de sensible sur la tonique.........	13
ACCORD DE TREIZIÈME MINEURE ou septième diminuée sur la tonique...........	13♭

ERRATA

N.-B. — Nous rappelons au lecteur que les exemples de musique sont indiqués à chaque page par A B C, etc. Une erreur de lettre sera donc facile à rectifier. — D'un autre côté, si l'incorrection d'un accord n'est pas relevée, le chiffrage sera un moyen de rectification ; réciproquement, l'accord régulier contrôlera le chiffrage erroné.

Page 24, ex. D et F, 3e mesure, ajoutez une double croche au 3e temps. — P. 53, première ligne, lisez ex. D et non B. — P. 65, ex. D, 2e mesure, lisez *ré* au lieu de *si*. — *Ibid.*, vingt-huitième ligne, lisez *il* pour *elle*. — P. 88, à la note, lisez A au lieu de B. — Au titre, lisez *mineur* pour *majeur* — P. 72, ex. A, 3e mesure, lisez *fa* pour *ut*. — P. 96, ex. B, *ibid*. — Même exemple, 5e mesure, lisez *si* pour *ut*. — P. 104, huitième ligne, *placé* et non *placée*. — P. 105, ex. A, 4e mesure, supprimez le *ré* de l'octave inférieure pour éviter les quintes. — P. 113, quatrième ligne, lisez *la*♭. — P. 121, ex. C, 7e mesure, ajoutez un ♯ au *la*. — P. 123, ex. B, au titre, lisez *ré*♭ mineur. — P. 126, ex. A, 3e mesure. lisez *sol* à la basse. — P. 128, ex. D, supprimez le *sol* à l'aigu. — P. 137, au titre de l'ex. B, lisez *mineur* pour *majeur*. — P. 140, deuxième ligne, lisez ex. B, le B manque à l'exemple. — P. 195, ex. A, 2e mesure, enlevez le ♭ au *si*. — *Ibid.*, ex. E, 4e mesure, supprimez le *ré* de la portée en clé de *sol* pour éviter les quintes. — P. 197, ex. A, 3e mesure, il manque une croche à la basse. — P. 201, quatorzième ligne, lisez *si*♭♭ au lieu de *si*♭. — P. 253, neuvième ligne, lisez ex. A au lieu de B. — *Ibid.*, dixième ligne, lisez ex. E au lieu de B.

TABLE DES MATIÈRES

PREMIÈRE PARTIE

	Pages		Pages
Origine commune de la mélodie et de l'harmonie.	1	descendantes	14
Formation des gammes majeures par quintes ascendantes	11	Du mode	16
		De la tonalité	18
Formation des gammes majeures par quintes		De la gamme mineure et du mode mineur	20

DEUXIÈME PARTIE

De la doublure des notes. De la succession des accords parfaits. — Des cadences harmoniques	29	Des cadences harmoniques (suite du § 27)	66
		De la cadence rompue	68
		De la demi-cadence	69
De la basse fondamentale et de l'harmonie fondamentale	34	De la basse fondamentale	70
		Des mouvements harmoniques	73
De la basse non-fondamentale et des accords renversés	36	Des intervalles exclus de la succession des accords	75
Des intervalles et de leurs renversements	40	Des successions monotoniques	78
De la consonnance et de la dissonance	44	De la modulation et des successions modulantes	79
Renversements des accords parfaits	46		
De la position des accords	48	De la basse chiffrée	80
De la pratique des accords sur le clavier	50	Chiffrage du premier renversement des accords parfaits	82
Du changement de position des accords	51		
Des notes qui peuvent être supprimées dans les accords parfaits	53	Chiffrage du deuxième renversement des accords parfaits	83
De la relation des gammes entre elles et des accords relatifs du mode majeur	54	Chiffrage des trois aspects de l'accord de quinte diminuée	83
Des accords relatifs dans le mode mineur	60	Basse chiffrée générale des accords qui constituent la tonalité harmonique des deux modes	84
Des notes qui peuvent être doublées dans les accords de trois sons	64	De quelques particularités de la basse chiffrée	85

TROISIÈME PARTIE

Des successions monotoniques et des diverses manières dont on peut écrire l'harmonie pour le clavier	88	Des accords relatifs indirects dans le mode mineur	11
De la modulation (suite du § 85)	95	De la relation éloignée	119
De la demi-modulation	104	De la fausse relation	123
Des accords relatifs directs du deuxième ordre dans le mode majeur	106	De la fausse relation chromatique	127
		Des successions modulantes (suite du § 95)	128
De la transition	109	Observations importantes sur la modulation	129
Des accords relatifs indirects du premier ordre dans le mode majeur	111	De la brisure ou arpège	131
		Des marches d'harmonie ou progressions d'harmonie	134
Des accords relatifs indirects du deuxième ordre dans le mode majeur	113	Des marches d'harmonie monotoniques	136
Résumé général des accords relatifs dans le mode majeur	116	Des marches d'harmonie monotoniques avec les accords de sixte	142
		Des marches d'harmonie modulantes	144

TABLE DES MATIÈRES

	Pages
Des notes étrangères à l'harmonie	150
De l'imitation	156
Du contrepoint	161
De la partition	162
Origine des clés	164
Lecture de la musique écrite sur les quatre positions de la clé d'*ut* et sur les deux positions de la clé de *fa*, avec le secours de la clé de *sol*	169
De l'enharmonie	172
Du retard	174

QUATRIÈME PARTIE

HARMONIE DISSONANTE

	Pages
De l'accord de septième de dominante	177
De la résolution de l'accord de septième de dominante fondamental	180
L'accord de septième de dominante ne peut être posé que sur le 5ᵉ degré de la gamme	182
Préparation de la dissonance en général et de la dissonance non préparée	182
Positions de l'accord de septième de dominante fondamental	187
Comparaison entre la tonalité ancienne et la tonalité moderne	188
Emploi de l'accord de septième de dominante dans la modulation	197
De la cadence évitée	202
Du premier renversement de l'accord de septième de dominante	207
Du deuxième renversement de l'accord de septième de dominante	210
Du troisième renversement de l'accord de septième de dominante	213
De l'emploi des renversements de l'accord de septième de dominante dans les marches d'harmonie	216
Du changement d'aspect	222
De l'accord de septième de sensible	225
Du premier renversement de l'accord de septième de sensible	228
Du deuxième renversement de l'accord de septième de sensible	229
Du troisième renversement de l'accord de septième de sensible	231
Du changement d'aspect de l'accord de septième de sensible	233
De l'accord de septième diminuée	234
Du premier renversement de l'accord de septième diminuée	237
Du deuxième renversement de l'accord de septième diminuée	235
Du troisième renversement de l'accord de septième diminuée	239
Du changement d'aspect de l'accord de septième diminuée	240
Des propriétés enharmoniques de l'accord de septième diminuée	243
Caractère omnitonique de l'accord de septième diminuée	245
De l'accord de septième de sustonique (mode majeur)	257
Du premier renversement	260
Du deuxième renversement	262
Du troisième renversement	263
Du changement d'aspect	264
Des modulations opérées par l'intermédiaire des accords de septième de sustonique (mode majeur)	267
De l'accord de septième de sustonique (mode mineur) fondamental et de ses renversements	270
Remarque importante	270
Du changement d'aspect	274
Emploi des accords dissonants dans l'accompagnement de la gamme, dite gamme harmonique	275
Du principe de l'altération et de l'accord de sixte augmentée	278
De l'accord de sixte et quarte augmentée	288
De l'accord de septième majeure et de ses renversements	290
De l'accord de neuvième de dominante (mode majeur)	294
Du premier renversement	296
Du deuxième renversement	296
Du troisième renversement	296
De l'accord de neuvième de dominante (mode mineur et de ses renversements	297
De l'accord de onzième, dit accord de septième de dominante sustonique dans les deux modes	299
De l'accord de treizième (mode majeur), dit accord de septième de sensible sustonique	299
De l'accord de treizième (mode mineur), dit accord de septième diminuée sustonique	299
Du retard	300
De l'appoggiature (suite du §171 concernant les notes étrangères à l'harmonie)	309
De la syncope et du contre-temps harmoniques	311
De l'anticipation	311
Des altérations	313
De la pédale	321
Conclusion	324

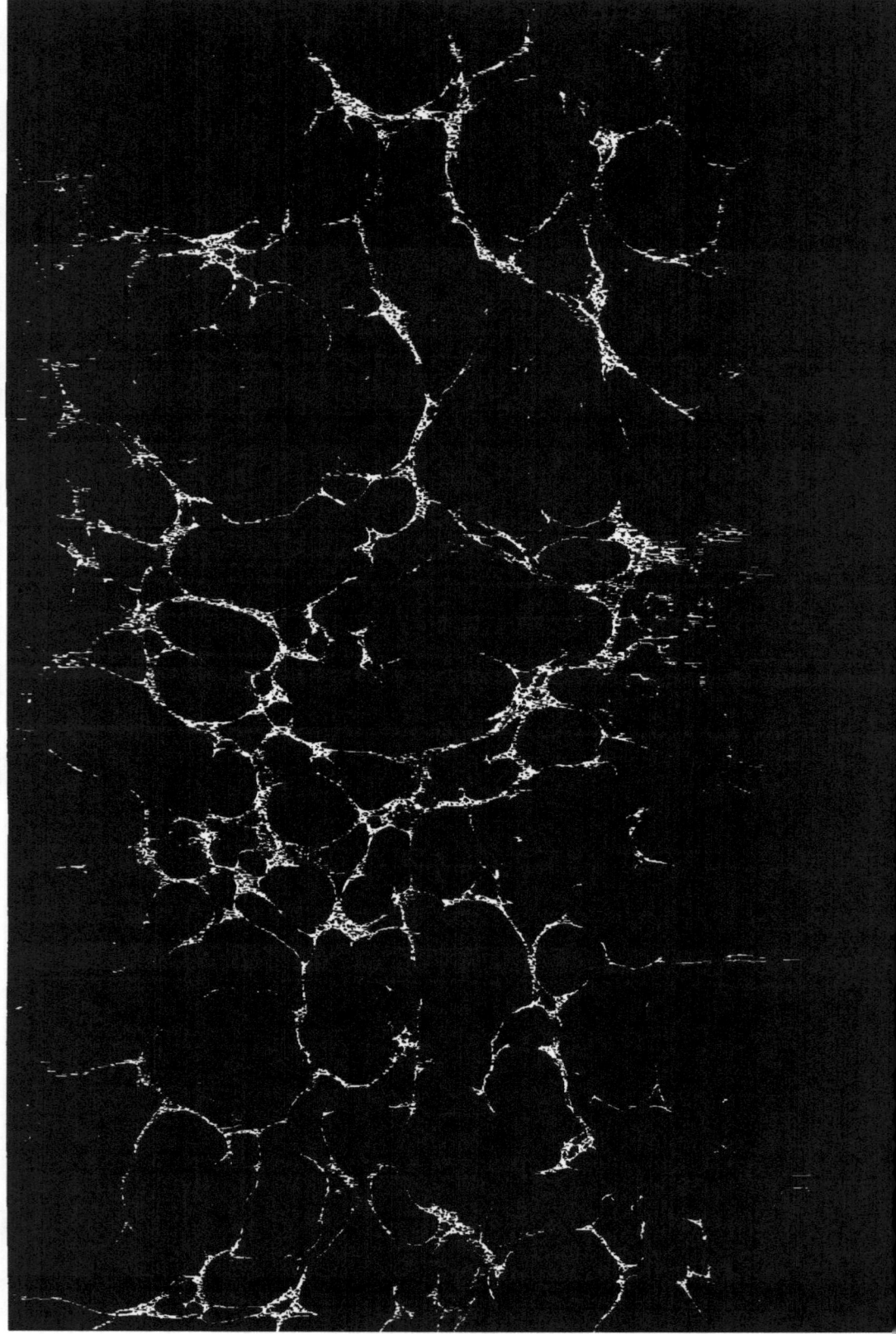

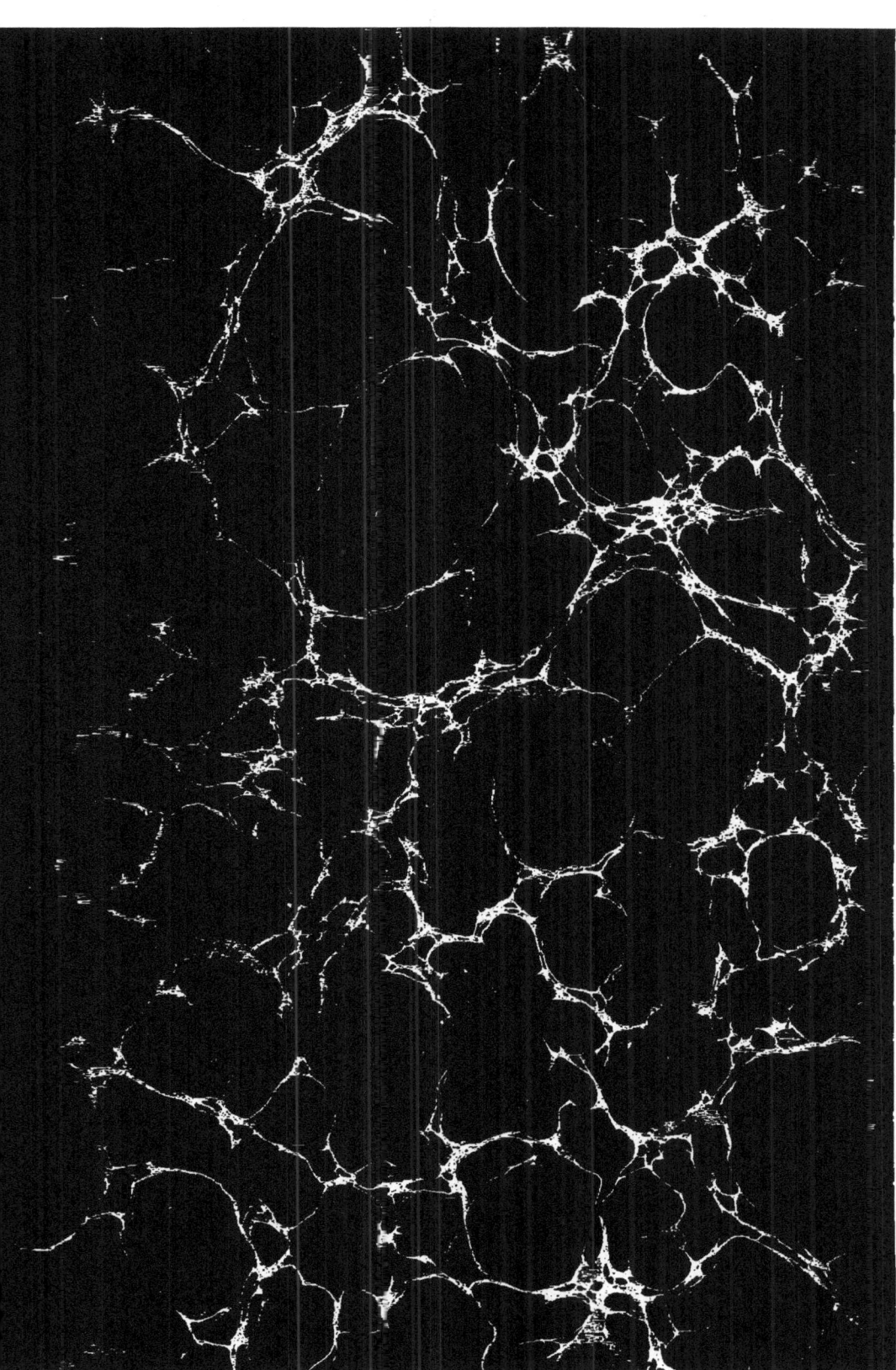

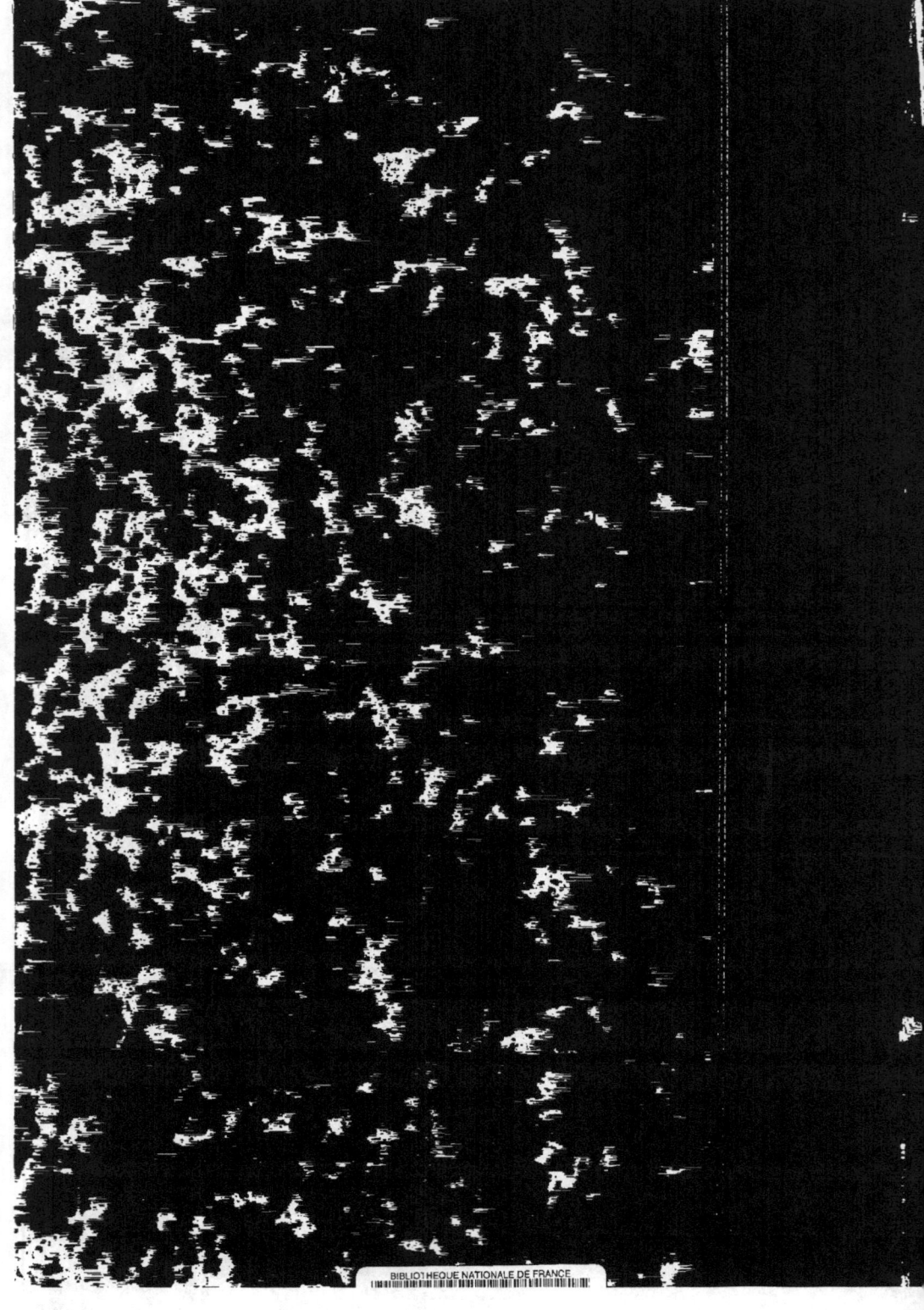

www.ingramcontent.com/pod-product-compliance
Lightning Source LLC
Chambersburg PA
CBHW072005150426
43194CB00008B/1004